함께 만드는 마을,
한국형 마을만들기의 역사·이론·실제
함께 누리는 삶

함께 만드는 마을, 함께 누리는 삶
한국형 마을만들기의 역사·이론·실제
ⓒ 김성균·이창언

초판 1쇄 펴낸날 | 2015년 10월 30일
초판 3쇄 펴낸날 | 2018년 3월 20일

지은이 | 김성균·이창언
펴낸이 | 류수노
펴낸곳 | (사)한국방송통신대학교출판문화원
　　　　우03088 서울시 종로구 이화장길 54
　　　　전화 02-3668-4764
　　　　팩스 02-741-4570
　　　　홈페이지 http://press.knou.ac.kr
　　　　출판등록 1982년 6월 7일 제1-491호

출판위원장 | 권수열
편집 | 박혜원·이강용
본문 디자인 | 티디디자인
표지 디자인 | 김민정

ISBN 978-89-20-01742-1 (03330)

값 17,000원

이 도서의 국립중앙도서관 출판예정도서목록(CIP)은 서지정보유통지원시스템 홈페이지(http://seoji.nl.go.kr)와
국가자료공동목록시스템(http://www.nl.go.kr/kolisnet)에서 이용하실 수 있습니다.
(CIP제어번호 : CIP2015027741)

함께 만드는 마을,

한국형 마을만들기의 역사·이론·실제

함께 누리는 삶

김성균 · 이창언 지음

지식의날개

무진장 먼 깡촌 진안에서 시작된 마을공동체

우리는 흔히 아주 먼 곳을 지칭할 때 '무진장 멀다'라고 표현한다. 그만큼 물리적 거리뿐만 아니라 심리적으로 거리가 멀다는 의미이다. 내륙임에도 불구하고 내륙의 섬으로 여길 정도로 멀게 느껴지는 곳인 무주, 진안, 장수를 통칭하여 우리는 무진장이라고 부른다. 깡촌이라는 표현이 더 정확할 것 같은 무진장의 진안에서 지난 10여 년간 아래로부터의 작은 혁명이 일어나고 있다. 공공행정과 민간의 전문가가 결합하여 만들어 낸 한국의 마을만들기의 효시가 바로 무진장의 한 곳인 무주이다. 이렇게 시작된 진안의 마을만들기는 적잖은 사회적 파장을 일으켰다. 진안의 마을만들기는 정부에서 일방적으로 사업을 결정하고 시행하는 하향식 발전 양식이 아니라 주민 스스로 자주적 발전 양식을 도모했다는 점에서 아주 큰 의미가 있는 곳이다. 민간은 행정보다 먼저 진안에서 보여 준 더불어 사는 삶의 터전을 만들어 가는 과정에 주목했다. 진안의 마을만들기는 시설투자 중심의 물리적 환경개선에서 사람과 거주자 중심의 마을계획 모델을 보여 주었던 것이다.

물리적 공간 그리고 마을

우리가 거주하고 있는 동네를 영어로는 'village' 또는 'town'이라고 한다. 동네가 곧 마을이다. 마을 동(洞)의 뜻에서 유래하고 있는 마을의 의미는 우리만의 전통지리학적 관점을 지니고 있다. 마을 '동'은 '같은 우물을 쓴다'는 뜻을 지닌다. 그리고 마을과 연결된 길의 의미도 현대 도시에서 사용하고 있는 도로 또는 차선과 같은 물리적 환경에 중점을 둔 자동차 중심의 관점이 아니라 큰길, 어귓길, 샛길, 안길, 골목길 등 길의 사용 여부에 따라 길의 의미를 구성하고, 그 길과 길이 연결된 하나의 공간으로 마을을 이해했다. 또한 풍수지리(風水地理)에 대한 이해 역시 마을을 하나의 소우주로 보고 마을, 사람과 공간이 하나로 연결된 완결적 공동체로 이해해 왔다.

풍수지리를 '하늘과 물과 땅과 그 이치'라는 관점에서 바라본 마을의 의미는 마을 구성원 간의 호혜적 관계가 형성된 사람 중심의 공동체, 공간과 공간이 연결된 관계의 공간공동체 그리고 자연에 순응하여 더불어 사는 생명지역공동체의 특징을 지닌다. 이렇듯 전통지리학은 물리적 환경이 아니라 사람, 자연 그리고 공간이 상호 공존한다고 볼 수 있다. 과거 우리 선조가 살았던 마을 단위의 품앗이와 계는 호혜와 나눔 그리고 지역사회 공동체 경제의 상징이었다.

1960년대 농업국가에서 공업국가로 전환하기 위해 진행된 한국적 근대화 프로젝트는 도시에서는 경제개발계획이 농촌에서는 새마을운동이 국가재건의 핵심적 프로젝트였다. 조국 근대화 프로젝트로 시작된 한국의 압축적 성장은 마을에서 지역으로, 지역에서 도시로, 도시에서 부동산으로 공간에 대한 이해가 확장되어 가면서 물리적 환경 구축에 집중해 왔다. 그 결과 우리나라는 '넓은 도로, 높은 빌딩, 꽉 찬 자동차'가 도시를 상징하는 콘텐츠가 되었다. '넓은 도로, 높은 빌딩, 꽉 찬 자동차'라는 공간 콘텐츠는 자동차 중심의 생활문화를 만들고, 신도시는 공간의 권위를 넘어 자본의 권력이 공간을 재편하는 상황에까지 이르렀다. 공간 콘텐츠는 대자본을 앞세운 대형마트가 마을경제를 잠식하였고, 그 과정에서 글로벌 경제가 자연스럽게 지역사회경제를 초토화시키는 결과를 초래하였다. 따라서 글로벌 경제의 확장과 지역사회경제의 위기 앞에 신자유주의와 지역주의 또는 세계화와 지역화의 딜레마가 공존하는 것이 지금 우리가 살고 있는 마을의 현주소이다. 여전히 지역은 국가의 목표를 실현하기 위한 개발수단으로서 경제적 이점지로만 존재할 뿐 그 안에서 호혜적 관계에 기반한 마을의 가치를 찾아보기는 힘든 상황이다.

경제적 공간과 마을

재화와 용역을 기반으로 생산·분배·소비하는 모든 활동, 그리고 이것을 기반으로 이루어지는 사회관계를 경제라고 한다. 즉 경제는 생산·분배·소비 과정에서 재화와 용역에 기반을 둔 사회적 활동이다. 경제를 지역에 적용하면 재화와 용역을 활용하는 수단이 보다 구체적으로 적용되는 것을 알 수 있다. 생산·분배·소비의 활동과정이 재화와 용역을 실행하기 위한 수단으로 적용되는 공간이 지역이다. 따라서 지역경제는 자원배분, 입지, 경제활동의 지리적 유형, 도시 및 지역성장의 문제에만 집중한다. 자원이용의 효율성 극대화와 공간적 입지결정을 위해 지역경제가 동원된다. 즉 지역경제의 본질은 GNP라는 자본스톡의 성장을 위해 활용되고 있는 지역공간의 입지분석에 주안점을 두며, 이것을 통해 이윤의 극대화와 수송비의 극소화에 근거를 둔 최적의 입지모형을 모색하는 것 외에는 별다른 관심이 없다. 결국 지역경제는 지역 외 경제를 기반으로 한 외생적 경제이며, 그 교환대상도 재화에 바탕을 둔 거시경제에만 초점을 둔다. 화폐 이외의 관계망 조성에는 별다른 관심이 없다. 지역경제 분석을 위해 동원되는 입지상 분석, 변화할당 분석, 지역성장 시차분석 등의 방법론 역시 지역 간 경쟁력에 기반한 지역경제 분석기법이다.

결국 지역이나 마을은 국가목표 실현을 위한 개발수단으로 동원되고 있는 물리적 공간, 그리고 재화와 용역의 증진을 위해 동원되는 경제적 논리와 이를 수행하는 경제주체의 경제적 이점지로 취급되는 경제적 공간의 관점 외에는 별다른 의미가 부여되지 않는 것이 현실이다.

함께 만드는 마을, 함께 누리는 삶

성장형 도시의 딜레마, 지방자치

토건 중심의 한국형 성장사회의 결과물인 '넓은 도로, 꽉 찬 자동차, 높은 빌딩'의 공간사회학은 지구적으로는 화석연료사회의 딜레마와 지역적으로 초국적기업의 경제적 거점화로부터 자유롭지 못한 상황이다. 이러한 현실 앞에 지역은 여전히 개발을 의제로 성장동력을 찾아야 하는 상황이다. 토건 중심의 개발지향적 성장사회는 지방재정 구조에도 그대로 적용된다. 가용토지와 가용재원 그리고 택지개발에 따른 인구 증가, 자동차 유입, 담배 소비 등이 지방자치단체의 자주재원이 된다.

지방자치단체의 지방재정은 중앙정부 교부금과 매우 제약적인 지방세수입이 전부이다. 그러나 지방재정 확충의 가장 큰 문제는 외생적 개발에 전적으로 의존한 재정수입 구조에 있다. 지방정부의 재정확충은 인구 증가와 밀접한 상관관계를 지니고 있어 지방정부는 인구 증가를 위한 정책을 주요 정책기조로 삼을 수밖에 없다. 이러한 정책기조는 토목과 토건에 기반한 택지개발 사업을 매우 집중화시킨다. 2009년 5월 제3회 전국기초자치단체장 매니페스토 경진대회에서 보고된 47개 기초자치단체장의 공약평가분석 자료에 의하면 전체 공약 1,970건 가운데 41.2%가 산업·경제의 분야로 파악된 바 있다. 이 수치는 현행과 같이 택지개발을 통하여 재원을 확보할 수밖에 없는 지방재정 구조를 보여 주고 있는 것이며, 지방자치단체장은 재정확충을 위해서는 요소투입형 지역개발이나 정치적 행위를 할 수밖에 없다는 것을 의미한다.

지방자치단체의 재정확충은 인구 증가와 그에 따른 부동산 거래의 활성화, 자동차세 등을 매개로 재원이 확보되는 상황이므로 지방자치단체장은 해당 지역의 인구 증가에 대하여 매우 민감한 반응을 보일 수밖에 없다. 그러나 과도한 인구 증가는 재원확보라는 긍정적 측면은 있으나, 무분별한 택지개발에 따른 난개발, 경관이 전혀 고려되지 않고 수익성만 고려한 토건정책의 한계를 넘지 못하고 있는 것도 분명한 현실이다.

중앙정부로부터 위임받은 사무 또한 지방정부의 재정적 압박요인이 되고 있다. 중앙정부의 시책사업, 특히 시혜적 특징을 지닌 복지 관련 사업은 중앙정부가 수행하여야 할 사업임에도 불구하고 지방정부가 대신 사업을 수행하면서 관련 운영예산은 매칭사업 형식으로 운영되고 있다. 결국 지방정부는 국가 수준의 정책사업을 집행하면서 재정적 압박이 가중되는 '매칭펀드 사업의 딜레마'에 빠지게 된다. 당초에 지방정부는 계획에 없었던 사업을 이행해야 하는 과정에서 부득이 하게 예산을 지출하게 된다. 즉 재정분권이 이루어지지 않은 상황에서 가중되는 행정위임사무는 지방정부의 재정을 압박하는 요인 가운데 하나가 되었다.

특히 중앙정부와 지방정부의 8 대 2 비율 재정구조는 자주재원으로서 지방세를 확보하기 어려운 관리형 도시로서는 재정운영에 있어 매우 난감한 상황에 직면하게 된다. 지방정부의 자주재원은 택지개발에 의하여 인구가 모이면서 그 과정에서 부동산이 거래되고, 삶의 질을 높이기 위해 자동차를 소유하고, 담배 한 개비로 삶의 여유를 되찾는 일련의 소비과정이 자주재원을 확보하는 주요 수입원이 된다. 그 외의 재원은 전부 중앙정부가 가져간다. 결국 지방자치단체가 부족한 재원확보를 위해 경쟁하듯이 택지개발을 하는 이유가 여기에 있는 것이다. 즉 인구의 유입 그리고 그로 인하여 파생적으로 발생하는 사회적 부가요인이 재원을 확보할 수 있는 유일한 길이기 때문이다.

성장형 도시의 지역정치와 딜레마

토건 중심의 성장사회가 드리운 지역정치의 그림자도 매우 짙다. 지역정치는 곧 지역정치 권력과 그 맥락을 같이한다. 지역사회 권력구조는 엘리트론, 다원론, 레짐 그리고 민주주의 이론 등 다양한 의미로 파악할 수 있다. 우리나라의 지역사회 권력은 서구와 같이 자발적 범주집단으로 형성되어 있지 못했던 것이 현실이다. 오히려 한국의 지역사회 권력구조는 사적 교환에 기초한 후견주의의 입장이 강하다.

지역사회 권력은 어떤 변화를 일으키는 잠재능력을 가진 사회적 단위들 사이에서 영향력으로 그 실체가 드러나는가 하면, 일반적으로 모든 결정에 관계하여 영향을 미치는 영향력의 네트워크를 형성하기도 한다. 그리고 그러한 양상은 일정한 지역사회 범위 내에서 지역의 변화를 창조할 수 있는 세력의 주체, 즉 지역사회 권력 엘리트들 간에 형성되어 있는 권력배분 양태, 그리고 권력 엘리트 간의 권력적 상호작용을 분명하게 드러나게도 한다.

그 대표적인 사례가 풀뿌리 보수세력의 대명사인 국민운동육성단체들이다. 1987년 '민주화의 봄' 이후에는 풀뿌리를 기반으로 한 생활자치, 지역자치 운동이 다양하게 등장하면서 이 조직들이 지역사회 권력의 주체로서 동원가능한 자원으로 등장하고 있다. 지역사회를 기반으로 한 생활세계 중심 운동이 핵심 의제화되면서 이 자원이나 조직이 내생적 발전양식에 기초한 사회적 경제, 사람 중심·거주자 중심의 주거재생 및 도시재생 그리고 지역공동체를 기반으로 한 마을공동체 운동 등의 풀뿌리 조직활동에서 지역사회의 새로운 세력으로 등장한 것이다. 새로운 지역사회 세력으로 등장한 풀뿌리 조직에 의해 형성된 지역사회·사람 중심 생활세계의 의제는 정책으로 제도화되고 있는 상황이다. 그러나 이들이 지향하는 생활세계는 국가와 자본에 의해 규정당하거나 그들이 정해 놓은 영역과 규범에 갇혀 있는 것이 아니라, 지속가능성과 사회적 연속성을 고려하면서 지역사회에서 사람과 사회가 총체적으로 생활의제를 재생산하는 진정한 풀뿌리 지역자치를 실현하는 데 있다. 국민운동육성 형식의 정책과 지원, 그리고 최근에 시행되고 있는 변형된 형태의 중간지원조직의 제도화를 통해서는 진정한 의미에서 아래로부터 성취되어야 할 풀뿌리 지역자치의 궁극적인 목적을 이룰 수 없다는 점이다. 완결적이지 못하더라도 스스로 자생적이고 자율적인 삶의 공간을 창출하고 기획해 가는 과정에서 갈등과 호혜의 관계가 형성되는 일련의 과정이 진정한 풀뿌리 지역자치의 모습이다.

따라서 진정한 풀뿌리 지역사회 권력은 정부의 제도와 정책에 의하여 형성된 권력이 아니다. 전통과 일상을 통하여 나타나는 다양한 권력에 대하여 성찰적 인식을 도모하고, 그 과정에서 새로운 규범과 조직이 구성되면서 형성되는 것이 풀뿌리 지역사회 권력이며, 이것이 진정한 지역자치를 이끌어 가는 힘이라고 할 수 있다.

마을만들기, 삶의 가치의 재발견

마을만들기는 단지 행정의 사업지원과 중간지원기구의 역할론에 머무르는 것이 아니라 시민주도성을 지닌 시민정치, 생활정치를 구현하는 정치적 장소인 동시에 스스로의 가치를 재발견하는 생활공간이기도 하다. 마을만들기는 물리적 환경개발 중심에서 사람과 거주자 중심 그리고 현세대와 미래세대를 고려한 생태적 삶의 공간을 이루어 가는 가치발굴형이자 내생적 발전양식이다. 마을만들기는 단순히 물리적 관계의 복원이 아니라 사회적 관계의 복원인 동시에 새로운 삶의 원형을 찾는 보물 찾기이다. 민간에서 시작된 지역공동체 운동이 마을만들기 운동으로 연계되고 그 연장선장에서 행정이 적극 나서고 있는 것이 최근의 동향이다.

이론과 현장을 아우르는 실용서

이 책은 마을공동체 또는 마을만들기를 접하는 분들에게 도움이 되기를 바라는 마음에서 그동안의 경험과 활동, 인터뷰를 바탕으로 하여 작성한 글로 이루어져 있다. 제1장에서는 마을만들기에 대한 개념을 제시하고, '호혜 · 나눔 · 관계의 사회학'이라는 관점에서 게마인샤프트와 게젤샤프트, 커뮤니티와 공동체, 협동조합과 공동체, 아나키즘과 공동체의 관점에서 마을공동체를 이해한다. 그리고 거버넌스, 상향식 내발적 발전, 사회경제와 생활정치 등의 이론이 마을만들기 실행담론으로서 갖는 의미를 제시한다. 이렇듯 1장은 단순한 개념적 이해로 출발하여 사회학적 의미와 함께 실행담론으로서 갖는 마을공동체와 마을만들기의 의미를 재구성하였다. 2장은 한국 공동체의 역사적 과정에 대한 이해를 통하여 마을공동체 운동이 갖는 의미와 마을공동체 운동이 최근에 유행하는 사회적 이슈가 아니라 근현대사 과정에서 등장한 의미를 설명한다. 3장에서는 마을공동체와 마을만들기 운동이 단순한 마을운동이 아니라 생활정치의 재구성이라는 측면에 초점을 맞춘다. 근현대사의 역사적 과정에서 등장한 제도화된 풀뿌리 보수주의 세력과 최근에 정부부처에서 경쟁적으로 등장하고 있는 커뮤니티 기반형 각종 지원법과 중간지원기구의 설치 등이 갖는 의미를 해석한다. 그 과정에서 마을공동체 운동이 마을운동을 넘어 생활정치의 재구성과 내발적 생활정치의 실현이라는 측면에서 아주 큰 의미가 있음을 확인한다. 4장은 마을공동체 운동이 다양한 주체들이 모여 마을공동체에 대한 기본적 담론을 만들고, 그 과정에서 행정과 소통의 과정을 거친 서울시의 사례를 소개한다. 행정은 제도와 정책으로 일을 처리하는 과정에서 사회적 관계망을 형성했다는 것에 주안점을 두고자 한다. 필자는 이를 '사회화' 과정으로 표현하였다. 5장부터는 필자의 경험을 바탕으로 현장에서 적용가능한 마을조사방법론을 기술하였다. 마을조사에 있어서 기본적인 요건은 조사가 아니라 소통임을 확인한다. 6장은 마을계획을 위한 방법론을 기술하였다. 마을계획의 원칙은 행정은 자리를 만들고, 만들어진 자리에서 주민은 기획하고 구성하는 것이다. 7장은 마을학습에 대하여 이야기하고 있다. 마을공동체 또는 마을만들기 사업 전개과정에서 마을교육은 중요한 사안 가운데 하나이다. 마을학습은 교수자·강의자 중심의 교육이 아니라 주민 스스로 삶의 문제를 기획하고 문제해결을 위한 학습의 토대를 만들어 가는 것이 중요하다. 따라서 7장에서는 마을학습의 가치와 방법론을 제시하였다. 8장은 마을공동체를 전개하는 과정에서 보다 건강하고 지속적인 성장을 위해서 필요한 사항이 무엇인지를 살펴보았다.

그 과정에서 행정은 어떤 역할을 해야 하는지, 중간지원기구는 어떤 역할을 도모해야 하는지 등을 살펴보았다. 9장은 마을공동체 사업이 제도화되기 위한 사안들을 검토하였다. 10장은 마을만들기의 핵심으로서 공동체를 형성하는 일을 다루었다. 공동체를 형성하는 과정에서 시민참여를 필요조건 중의 하나로 보고 키움과 성장의 메커니즘에 의한 공동체 성장을 원칙으로 마을공동체를 설명한다. 마지막으로 11장에서는 마을공동체 또는 마을만들기의 궁극적인 목적은 무엇인가를 묻고, 그 대답을 '사람'에서 찾고자 하였다. 마을공동체 또는 마을만들기는 궁극적으로 온전한 시민을 육성하는 일이라고 본다. 대한민국 헌법에서 정하고 있는 "대한민국은 민주공화국이다. 모든 권력은 국민으로 나온다"라는 헌법의 숭고한 가치는 평범한 시민으로부터 시작된다고 보며, 그 가능성을 발현시키는 기초가 마을이라고 필자는 생각한다.

따라서 이 책은 마을을 이해하는 입문서로서 마을에 대한 개념과 확장되고 있는 개념적 지평에 도움을 주는 것뿐만 아니라, 이론에 기초하여 실천적 방법론을 모색하는 데 도움이 되고자 하는 마음에서 집필되었다.

이 책이 나오기까지 김찬수 박사님, 오수길 박사님, 김정진 연구원, 지역사회연구원 식구들이 많은 도움을 주셨다. 또한 바쁜 일정에도 불구하고 격려를 아끼지 않으신 박원순 시장님, 조희연 교육감님, 이계안 이사장님, 강득구 의장님, 김동춘 교수님, 손혁재 원장님, 오병용 사무총장님, 유창복 센터장님께 감사드린다. 마지막으로 졸고를 다듬어 주신 한국방송통신대학교출판문화원 편집자들에게도 진심으로 감사의 말씀을 전한다.

2015년 10월
김성균 · 이창언

1장

마을만들기
담론

1. 마을만들기에 대한 정의

1898년 하워드(Howard, E.)는 도시는 도시답고 그것을 둘러싼 농촌은 농촌다운 상태를 유지하면서 도시와 농촌이 서로 균형 잡힌 적정 규모의 공간을 만들고, 도시와 농촌 그 자체가 경제적으로 자립적인 마을을 구상한 바 있다. 그것이 '전원도시(garden city)'이다. 그 이후 1970년 영국 식민지 행정관 회의에서 마을만들기의 형태가 논의되었는데 "커뮤니티 주민의 적극적인 참여와 최대한의 주도적 역할을 통해 전 커뮤니티의 생활향상을 도모하도록 계획된 하나의 운동이며, 이러한 주도성이 자발적으로 생겨나지 않을 경우 이를 자극하고 고무하기 위한 방법을 써서 그 운동에 대한 적극적인 반응을 불러일으키는 것"이라고 소개하고 있다. 그러나 마을공동체 운동은 국가 전략사업을 추진하기 위한 매개로서의 역할로 강조되기도 하였다. 1956년 UN과 UN 특별분과위원회에서는 "어느 커뮤니티의 경제·사회·문화적 제 조건을 개선하고, 이 커뮤니티를 국가생활에 통합시키며, 또 커뮤니티로 하여금 국가적 계획에 충분히 공헌할 수 있도록 하기 위해 주민의 노력과 정부의 노력이 뭉쳐지는 과정"으로 설명한 바 있다.

한국에서는 1958년 9월 2일 대통령령으로 '지역사회개발위원회'가 발족되면서 본격적인 마을만들기 사업이 시작되었는데, 이 대통령령 제

1384호에서 공포된 지역사회개발위원회 규정 제2조에서는 "일정한 지역 내의 주민이 생활의 개선과 향상을 위하여 집단적 또는 개별적 계획을 수립하고 실천 수행하는 사회개선사업"으로 규정하고 있다. 이것은 마을만들기 사업과 유사한 당시 지역사회개발사업은 사회개선사업을 위한 수단으로 진행되었고, 그 과정에서 정치·경제·사회·문화적인 다양한 측면들을 다루었다. 그 과정에서 주민의 자발적 참여와 활동을 통한 사업이라고 강조하고 있다. 바튼은 어떤 방법이든지 간에 지역사회개발은 주민의 자발적 협조에 바탕을 두어야 한다고 강조하고 있다(최상호, 1996 : 33~41). 마을공동체의 개념과 유사한 지역사회개발 과정에서 자발적 참여와 협조가 강조된 것이다. 다무라 아키라는 『마을만들기의 발상』에서 마을공동체를 "전국적으로 획일화된 지역개발이 아니라, 자신들이 살며 생활하고 있는 자리를 재인식하여 지역에 맞게 살기 좋고 생기 넘치는 매력적 방식을 추구하는 것"으로 정의하고 있다(강혜정 역, 2005 : 31). 과거에 진행된 마을공동체는 지역사회개발의 영역 속에서 주민참여를 정부주도적인 체제 속에 둠으로써 택지개발 중심의 사업이 우선시되고 그 안에 움직일 사람의 의미는 찾을 수 없는 상황이었다. 2001년 10월 한국도시연구소에서 발행된 「도시와 빈곤」에 실린 "마을만들기의 현황과 전망"이라는 좌담기사는 "풀뿌리 생활공동체에 기반을 둔 마을만들기, 창조적 문화행위에 바탕을 둔 마을만들기, 생태적 시스템에 바탕을 둔 마을만들기"의 동향을 설명하면서, 전문가와 행정 중심적 마을만들기가 아닌 실질적인 지방분권과 지역자치를 만들어 낼 수 있는 생활권 단위의 생활공동체를 만드는 것이 중요하다고 지적하고 있다.

이렇듯 마을공동체는 일정한 지역에 살고 있는 사람들이 자신의 생활을 지탱하며 편리하게 하고, 보다 인간답게 생활할 수 있도록 공동의 장을 만들기 위한 방법을 모색하거나, 여러 사람이 살아가면서 함께 문제를 해결하고 개선해 나가는 등 거주하는 주민들이 서로 참여하는 활동을 도모하는 사람의 가치와 신뢰의 관계망을 만드는 일이다. 그 과정에서 주민이 마을의 주체로 등장하면서 상호 신뢰와 협력 그리고 유대를 강화하면서 마을공동체를 회복하게 된다. 결국 마을공동체는 단순한 시설 중심의 물리적 환경개선이 아니라 시민들의 삶의 질을 향상시키고 온전한 시민으로 성장시키는 종합적인 삶의 활동이라고 할 수 있다.

이와 같이 마을공동체의 의미는 '호혜 · 나눔 · 관계'에 의미를 두고 있는 것으로 이를 시정철학에 반영한 서울시는 2012년 3월 9일 마을공동체 만들기 조례를 공포하면서 마을공동체에 대하여 정의를 내린 바 있다. 서울시가 제도적 관점에서 바라본 마을 및 마을공동체는 첫째, 주민이 일상생활을 영위하면서 경제 · 문화 · 환경 등을 공유하는 공간적 · 사회적 범위를 의미하며, 두 번째는 주민 개인의 자유와 권리가 존중되며 상호 간 대등한 관계 속에서 마을에 관한 일을 주민이 결정하고 추진하는 주민자치 공동체를 마을공동체로 정의하고 있다. 그리고 세 번째는 마을공동체 만들기에 대한 정의로 서울시는 지역의 전통과 특성을 계승 · 발전시키고 지역의 인적 · 물적 자원을 활용해 주민의 삶의 질을 높이는 활동을 마을공동체 만들기로 정의하고 있다.

커뮤니티를 기반으로 하고 있는 마을공동체 운동은 1987년 '민주화의 봄' 이후 국가주도의 지역발전 패러다임에서 지역 · 마을 · 사람 중심의 지역발전 프로젝트로 전환된 특징을 보이고 있다. 따라서 마을공동체는 단순히 토건 중심 · 물리적 환경개선 중심의 개발 프로젝트가 아니라 사회적 지속가능성을 최대한 고려한 밑으로부터 형성된 지역발전 프로젝트이다.

최근에는 기후변화와 같은 전 지구적 생태 위기, 에너지 위기, 식량 위기가 현실화되면서 공동체적 생활양식과 대안적 삶의 실천이 주목받고 있다. 마을공동체는 지속가능한 생활양식의 실천과 대면관계 및 근린관계에 기반을 둔 마을이나 지역공동체를 형성하는 것으로 그 범위와 조직을 넓혀 나가고 있다. 그리고 지속가능한 지역공동체에 대한 지역적 접근법은 모든 수준의 지역에서 공동 책임의 원칙에 바탕을 둔 거버넌스가 필요하다는 점을 강조하는데 이 또한 총체론적 접근에 바탕을 둔다. 다시 말해 지속가능한 마을(공동체)은 이해관계자, 각 부문과 각자의 노하우를 공유하는 공동 노력 관계에 바탕을 둔 거버넌스 양식을 전제로 하며, 공동선을 이루기 위한 조건을 충족시키는 공간으로 정의한다. 여기서 말하는 거버넌스의 필요는 실제적인 문화적 · 제도적 혁신을 추진하며, 새로운 사회계약인 공동 책임의 새로운 윤리를 창출하는 공동의 과제를 의미한다(이창언 외, 2014).

2. '호혜 · 나눔 · 관계의 사회학'과 마을공동체

게마인샤프트와 게젤샤프트

공동체의 의미는 퇴니에스의 주장에서 찾아볼 수 있다. 퇴니에스는 사회변동에 따른 인간관계의 변화, 인간의 의지에 대하여 깊은 관심을 가지고 있었다. 모든 사회관계는 인간의 의지에 의하여 형성되며, 사회변동은 인간관계를 변화시킬 수 있다고 보았다. 즉 인간의 마음가짐에 따라 공동체적 요소 또는 비공동체적 요소를 형성할 수 있으며, 이러한 마음가짐은 도시화, 산업화 과정 등의 사회변화에 따라 인간의 개인적 의지가 변화한다고 보았다. 사회에 따라 인간이 느끼고 생각하는 관념이 전환된다고 보는 것이 퇴니에스의 입장이다.

퇴니에스는 사회적 변화과정을 게마인샤프트(Gemeinschaft)와 게젤샤프트(Gesellschaft)로 나누어 설명하였다. 그는 가족 또는 농촌마을에서 나타나는 인간관계의 유형이 게마인샤프트이며, 현대적이며 자본주의적 상태에서 나타나는 인간관계 형태를 게젤샤프트라고 했다. 즉 게마인샤프트와 게젤샤프트는 일련의 사회변화 과정이며 이는 인간의 의지를 변화시켰

페르디난트 퇴니에스(Tönnies, Ferdinand J. 1855~1936)

독일의 사회학자. 퇴니에스는 게마인샤프트와 게젤샤프트의 특징을 도시와 농촌이라는 공간에서 그 의미를 찾았다.

다는 것이다. 인간의지에 관한 게마인샤프트와 게젤샤프트의 특징은 다음과 같다.

게마인샤프트는 본연의지(natural will)를 담고 있으며, 이는 통일성, 이해, 감성, 전통과 경험에 대한 회상을 의미한다. 그리고 본연의지는 가족, 친족, 근린관계, 농민, 예술인, 여성, 젊은 층의 행동양식을 의미한다. 왜냐하면 이들은 정서, 관습, 공동의 결연 등의 행동양식을 취하고 있으며, 다분히 자연적이며 공동체적 정신을 함양시킬 수 있는 여건을 가지고 있기 때문에 가능하다는 것이다. 이처럼 게마인샤프트는 공동체, 주정주의(emotionalism), 전통주의(traditionalism)적이며, 구성원 간의 관계는 개체적으로 분할되어 있는 것이 아니라 전체론적 입장을 취하고 있는 것이 특징이다.

반면, 게젤샤프트는 특정 목적을 추구하기 위해 행동하는 합리적 의지(rational will)를 지니고 있다. 합리적 의지는 기업, 관료조직, 상업행위, 노년층, 과학자, 지식층이 취하는 행동양식에서 나타나는 경향이 지배적이다. 개인적 관계는 합리성을 전제로 개인주의의 추구와 게마인샤프트적

감정의 해방을 누리게 된다. 다시 말하면, 게젤샤프트는 관료적 형식주의(legalism)와 정서적 중립상태를 유지하는 특징을 지닌다.

사회변화 과정에서 공동체 · 우호적 근린관계 · 이웃 간의 공동의 결연 등을 강조하는 이유는 다분히 게마인샤프트적인 태도에서 찾아볼 수 있는 경향이다. 퇴니에스는 게마인샤프트와 게젤샤프트의 특징을 도시와 농촌이라는 공간에서 그 의미를 찾았다. 이러한 퇴니에스의 입장은 사회적 변천에 따른 사회적 관계의 변화로 보는 개념이지, 지역이나 공간을 중심으로 하여 설명하는 것은 아니다. 예를 들면 뒤르켐(Durkheim)의 무기적 연대와 유기적 연대, 베버(Weber)의 전통적 행위와 합리적 행위의 대별은 퇴니에스의 주장과 유사한 사회변천을 전제로 한 사회관계를 유형화한 개념이다.

정리하면, 퇴니에스는 도시와 농촌이라는 공간의 이중성에 주안점을 두는 것이 아니라 그 과정에서 나타난 사회변화에 초점을 두고 있다. 따라서 퇴니에스의 이념형은 인간이 지니고 있는 본연의 공동체적 감각은 공간에 상관없이 사회관계의 내용과 성격에 따라 달라질 수 있다는 주장이다. 도시이든 농촌이든 자기가 거주하고 있는 공간에서의 게마인샤프트의 복원이 마을공동체가 추구하는 이념형이라고 할 수 있다.

퇴니에스의 이념형

특징	게마인샤프트(Gemeinschaft)	게젤샤프트(Gesellschaft)
이성의 형태	본연의지(natural will)	합리적 의지(rational will)
이성의 특징	통일성, 이해, 감성,	특정 목적 추구
사회관계	가족, 친족, 근린, 농민, 예술인, 여성, 젊은 층	기업, 관료조직, 상업행위, 사업가, 노년층, 과학자, 지식층
사상	공동체, 주정주의, 전통주의	관료적 형식주의
생활양식	농촌적 생활양식	도시적 생활양식

출처: Lyon, Larry(1987: 7~8) 재구성.

함께 만드는 마을, 함께 누리는 삶

커뮤니티와 공동체

사회의 다양한 유형들 가운데 이론적으로 가장 중요하다고 생각되는 것을 핵심적인 분석체계 혹은 개념으로 생각하는 것이 이념형이다. 막스 베버(Max Weber)는 도시를 연구하면서 가장 중요한 이념은 도시가 지니고 있는 정치적·경제적 조직으로 보았다. 그는 『도시론』에서 도시를 정치·경제학으로 정의한 바 있다. '도'는 한자어로는 '다스릴 都', '市'는 상품을 사고파는 시장을 의미한다. 즉 그는 정치적이고 경제적인 집결지를 도시로 보았다. 영어로는 'politics'와 'economy'이다. 도시의 '도'는 정치·행정적 기능을 지니며, '시'는 경제적 기능을 의미한다. 즉 생산물과 활동의 중심이자 결절지이면서 통치를 위한 정치·행정의 거점으로서의 기능을 다양하게 분배·소비·수행하는 곳이 막스 베버가 바라본 도시의 개념이다. 도시는 농업보다 교역과 상업에 종사하는 거주자의 정주공간으로 형성된 경제적 측면(시장)과 부분적인 자치결사체, 특수한 정치적·행정적 조직을 갖춘 공동체의 성격을 띤 정치적 측면이 결합된 곳으로 이러한 완전한 도시공동체는 교역과 상업이 상대적으로 우월하면서도 자치적인 결사체의 특징을 지닌 곳이다. 따라서 도시는 "성채, 시장, 자치적 법정, 구성원 간의 결사체, 최소한의 자율과 독립 그리고 시민이 참여하는 선거를 통해 구성된 기구에 의한 행정"의 요건이 필요하다고 베버는 보았다.

막스 베버의 이념형 이후, 퇴니에스는 막스 베버와는 다른 분석방법론으로 유형학적 방법론을 시도하였고, 미국 사회학의 핵심적인 연구에 지대한 영향을 주었다. 그 이후 유형학적 방법론에 의한 분석들이 다양하게 진행된다. 쿨리의 제1차적/제2차적 집단, 매키버의 공동사회의/조직적인 관계, 오덤의 가족/정부의 구분, 소로킨의 가족주의적인/계약적인 관계, 레드필드의 가족/도시의 연속체와 같은 초기의 유형학은, 미국 사회에 이론적으로 가장 많은 영향을 주었다. 그리고 사회변화에 대한 설명은 퇴니에스의 발달 가능성 있는 이념형을 추종하게 되었다. 하워드 베커의 종교적인/비종교적인 연속체와 탈코트 파슨스의 유형변수(pattern variable)와 같은 최근의 중요한 시도들은 게마인샤프트와 게젤샤프트의 유형학과 관련되어 있다.

결국 게젤샤프트와 관련된 퇴니에스의 개념은 시카고학파의 인간생태학을 출현시키기도 했다. 미국의 사회학은 시카고학파와 로버트 파크에 의해 영향을 받았다. 파크는 버제스와 합치게 되었고, 맥켄지, 트라쉐, 앤더슨, 조르바흐그, 클레세이, 샤우, 레클레스 등이 시카고에서 도시화 과정의 새로운 연구를 하였다. 이와 같이 현대사회학에서 커뮤니티에 대한 논의는 시카고학파의 생태학적 분석에서 시작되었다고 할 수 있다.

로버트 파크는 "도시: 도시환경에 있어서 인간행위 연구를 위한 제안"(1916)이라는 논문을 통하여 도시 커뮤니티에 대한 사회학적 관심을 나타내기 시작하였다. 그는 도시를 연구하는 데 있어서 '문화적 측면'과 생태학적 접근방식인 '생물학적 분석수준' 가운데 후자에 더 깊은 관심을 기울였다. 즉 도시현상을 도시주민 사이에 벌어지는 집단적인 경쟁의 '자연적·부분사회적(subsocial) 과정'으로 도시 커뮤니티를 분석하였다. 그러나 이러한 도시 커뮤니티를 분석하는 데 있어 생물학적·물리적 속성이 지나치게 강조됨으로써 사회문화적 측면은 상대적으로 소홀할 수밖에 없었다.

그러나 시카고학파였던 루이스 워스에 의해 사회문화적 측면에서 공동체 생활양식이 체계화되었는데, 그는 도시-농촌을 사회문화적으로 구분하여 설명하였다. 이러한 그의 입장은 "생활양식으로서의 도시성"(1938)에 잘 나타나 있다. 워스는 도시-농촌을 구분하는 중요한 변수를 규모(size), 밀도(density), 이질성(heterogeneity)으로 보았으며, 이를 커뮤니티의 인간관계를 결정짓는 생태학적 변수라고 하였다. 워스의 이러한 해석은 보다 더 게젤샤프트적인 해석이다.

워스가 바라본 규모의 의미는 대단위 인구집단이 형성되면서 인간관계가 개인성이 심화되는 사회관계로 형성되는 것이며, 밀도는 규모의 증대와 기능의 분화가 이루어지는 단계이고, 이질성은 개인이 여러 집단을 거치면서 사회적 관계가 형성되는 것이다. 이 때문에 사회적 과정은 그 방향을 상실하게 되어 사회적 관계가 해체되면서 개인은 전체의 규범과 질서 속으로 더욱 밀착되어 가게 된다는 것이다. 이러한 위스의 주장은 퇴니에스가 초기에 제시한 공동체적 요소를 지닌 커뮤니티의 본질적 의미가 상실되는 것이며, 분명한 것은 도시적 커뮤니티는 게마인샤프트적 입장보다는 게젤샤프트적 입장이 더욱 강화되었다는 것을 의미한다.

1920년대의 급속한 도시화가 진행되는 동안에 취약해진 문제에 대한 연구는 앤더슨의 *The Hobo*(1923), 사라세의 *The Gang*(1927), 조르버그의 *Gold Coast and Slum*(1929), 위스의 *Ghetto*(1928), 샤우의 *The Jackroller, A Delinquent Boy's Own Story*(1930), 그레세이의 *The Taxi Dance Hall*(1932) 등에 의해 진행되었다. 이러한 사회현상에 대한 분석은 사회변화 과정에서 공간이 지니고 있는 특성을 도시와 농촌 공간으로 구분하여 연구한 성과였다. 그 이후 커뮤니티에 대한 분석은 물리적 관점에 국한하여 이해됐으며, 특히 사회학적 요소는 배제된 채 지역연구 분야로 그 영역이 확장되면서 커뮤니티에 대한 이해는 물리적 환경에 국한하여 이해되기 시작했다.

그 이후 현대사회학에서 영향을 받은 지역연구자들은 결과론적 관점에서 커뮤니티를 이해하고 설명하게 된다. 파크는 커뮤니티를 인구가 영토적으로 조직화되어 있으며, 그들이 거주하고 있는 근린에 완전한 뿌리를 두고 있고, 개인적 단위들은 개인과 개인 간의 서로 상호 의존적인 삶을 영유하는 것이라고 주장하였다. 힐러리는 집단, 과정, 사회체계, 지리학적 장소, 다양한 종류와 의식, 습관의 총체성, 공동생활양식, 공동목적의 소유, 지역의 자급자족 등의 조건들이 갖추어진 것을 커뮤니티라고 주장하였으며, 이러한 커뮤니티 조건은 사람들에 의하여 조성된다고 하였다.

커뮤니티는 사회, 집단, 사회체제, 사회조직이라는 의미에서 해석되기도 하고, 생물학적 측면을 고려하여 설명되기도 하였다. 그러나 커뮤니티에 대한 보편적인 이해를 물리적 · 지리적 관점에서 이해하려는 경향이 나타난다. 커뮤니티를 "대면하며 함께 거주하는 최대한의 인간집단", "인간집단을 이루고 있으면서 지리적 영역, 공동유대, 사회적 상호작용이 내포되어 있는 곳", "공동생활의 배경이 되는 곳으로 설명하면서, 인구의 집합체, 제한되고 인접된 지역 내에서의 거주, 역사적 유산의 공유, 기본적 봉사기관의 소유, 공동생활양식에의 참여, 통일성의 의식, 협동생활의 가능성 등의 조건을 지닌 곳"으로 정의하기도 하였고, "한정된 지리적 영역, 공동의식을 가지고 있는 주민, 이들에게 봉사하는 기관, 문제해결을 할 수 있는 단합방식 등이 내재하는 곳", "일정한 지리적 영역, 지역에 대한 강한 의식 및 동료의식 그리고 인간의 문화수준을 공유하는 곳" 등으로 설명하고 있다. 커뮤니티에 대한 다양한 입장은 크게 ① 일차적 공동사회 집단을 포함하여 국지성(locality)이 강조된 지리적 영역의 개념, ② 동료의식이 요구되는 공동의식과 소속감 등의 개념으로 정리할 수 있다.

협동조합과 공동체

17세기 초 윈스탠리에 의해 논의되었던 협동조합 사회주의와 플록보이의 구제제도와 협동조합을 결부시킨 소공화국에 대한 논의를 시작으로, 19세기에 이르러 오웬의 협동론, 푸리에의 이상적 협동사회, 팔랑쥬의 협동조합 공화국에 대한 논의는 자본의 압박으로부터의 해방을 도모하려는 과정에서 인간존중의 가치를 새로운 가치로 등장시켰다. 그 과정에서 공업의 균형발전을 도모하고 모든 사람에게 취업기회가 보장되며, 부녀자 · 아동의 노동을 지양할 것이 언급되면서, 이러한 실천을 위해 뉴 하모니라는 농장경영을 통하여 협동촌을 직접 모색하기도 하였다.

이러한 정신에 기초하여 세계협동조합연맹에서는 협동조합 운동을 "정의, 가치, 원칙, 목적"으로 구분하여 설명하고 있다. 정의는 자발적으로 결합한 사람들의 자치적인 조직을 매개로 구현되고, 가치는 조합원의 성실, 공개, 사회적 책임, 타인에 대한 배려, 윤리적 행위가 주요 이행지침이며, 원칙은 열린 조합원제, 조합원에 의한 민주적 관리, 조합원의 경제적 참여, 자치와 자립, 교육 훈련 및 통보, 협동조합 간의 협동, 커뮤니티에 대한 관심을 골간으로 하고 있다. 목적은 공동의 이익을 쫓아 활동하면서 사회체제의 형성 등을 위해 제시하고 있는 내용 등이 협동조합의 내부적 민주성 그리고 지역공동체의 구상을 전제로 한 운동이 되어야 한다는 것이다. 따라서 협동조합 운동은 자본주의 시장경제체제에 대응한 대안적 논리의 개발로서 시장경제에 대한 생산-소비의 대면관계를 확보해 나가는 운동이자 여성성이 담보된 운동으로 설명할 수 있다. 즉 일상 속에서 생활 및 재화의 활용을 공동체적으로 모색해 가는 운동이 협동조합 운동이다.

협동조합은 자본주의 경제제도 속에서 경제적으로 피압박계층에 속하

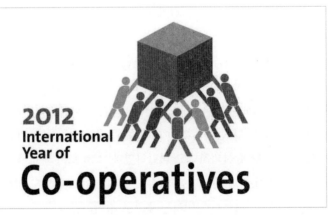

「협동조합 기본법」 제2조 제1호에 따르면 협동조합은 재화 또는 용역의 구매 · 생산 · 판매 · 제공 등을 협동으로 영위함으로써 조합원의 권익을 향상하고 지역사회에 공헌하는 사업조직이다. UN은 2012년을 '세계협동조합의 해'로 정한 바 있다.

는 사람들의 이익과 경제적 지위를 상승시키며 공정사회를 실현하기 위해 자발적으로 조직된 인적 결합체로, 자주와 자조, 인간존중의 틀 속에서 민주적 방식의 운영과 평등이 지배하는 사회를 건설하려고 하는 공동체적 관점을 지니고 있다고 할 수 있다.

아나키즘과 공동체

공동체 운동이 근대국가의 이론적 정당성을 제공해 주는 근거로 사용하던 사회계약의 관점이 19세기에 접어들면서 개인의 자유를 제공해 주지 못할 뿐 아니라 평등의 측면에서도 만족스럽지 못한 상황에 직면하게 되면서 근대국가의 정당성에 대한 도전이 나타났다. 그 과정에서 개인들의 자주적인 관리를 지향하는 자발적 공동체를 모색하기 위해 등장한 사회운동 중의 하나가 공동체 운동이다. 이러한 공동체 운동은 정치적으로 해석하면 다분히 '자율과 자치'가 강조되는 아나키즘(anachism, 무정부주의)적 관점을 지니고 있다.

아나키라는 용어 자체는 고대 그리스의 호메로스와 헤로도투스의 글에서 최초로 나타나는 아나르키야(αναρχια) 또는 아나르코스(αναρχος)에서 유래하는데 "지도자 또는 지배가 없다" 것을 의미한다. 아나키즘은 정치사상의 한 유형으로서 또는 사회적 의미를 담은 용어로서 본격적으로 사용된 것은 프랑스 혁명기부터이다. 프랑스 대혁명기의 지롱드파에서는 상대방을 정치적으로 비방하기 위한 신조어로서 아나키즘이라는 용어를 사용했고, 로베스피에르는 파괴와 아나키는 무지한 사람들을 위협하고 편견을 심어 주는 수단에 불과하다고 비난하였다. 브릿소는 과격파를 아나키스트로 호칭하면서 아나키란 말을 헌법도 정부도 없고 정의도 없는 무질서, 혼돈, 혼란의 동의어로서 경멸하는 뜻으로 정의하였다.

최초로 아나키즘을 긍정적인 의미로 사용한 것은 피에르-조제프 프루동으로 그는 『소유란 무엇인가』에서 아나키를 무질서나 혼돈이 아니라 여하한 형태의 지배자도 주권자도 없는 상태라고 정의하였다. 그는 인간이 권위로서 타인을 지배하는 낡은 사회에서는 무질서와 혼돈만 있을 뿐이고 그래서 결국 몰락에 이르게 되는 데 반해서, 정의와 평등을 실현한 새로운 사회에서는 아나키즘에서 질서를 추구하는바 혼란을 조성한 책임은 권위적인 통치기구에 있으며 통치하는 기관이 없는 사회만이 자연스러운 질서와 조화를 회복할 수 있을 것으로 보았다. 이러한 의미에서의 전형적인 아나키즘은 19세기의 고드원, 스티르너, 바쿠닌, 크로포트킨 등을 거쳐 20세기 후반의 북친에 이르기까지 끊임없이 다양한 형태로 전개되어 오고 있다.

"아나키즘은 정부가 없는 사회에서의 생활과 행동에 관한 원리 또는 이론에 붙여진 이름이다. 이러한 사회에서 조화는 법에 순종한다거나 어떤 권위에 복종한다고 해서 얻어지는 것이 아니다. 조화는 생산과 소비를 위해서 자유롭게 구성된, 또한 문명화된 욕망과 열망의 무한한 다양성을 만족하게 하기 위해 구성된, 다양한 그룹과 지역·직업 간의 지유로운 동의의 결과에 의하여 얻어진다"(Kropotkin, 1910: 914)라고 한 크로포트킨은 아나키즘의 핵심적 가치인 자율과 협력을 강조하고 있다. '지도자가 없는, 장수가 없는', '키잡이가 없는 선원'으로 표현되고 있는 아나키즘의 해석은 거대한 혼란을 지니고 있으면서 동시에 자유와 연대성에 기초를 둔 안정된 합리적 질서를 강조한다(방영준, 2006: 20). 자유와 연대 그리고 합리적 질서는 강제되어지는 질서가 아닌 자율과 자치에 의해 형성된 자기성찰적 발전양식이 아나키즘이 취하는 행동이다.

아나키즘의 사회인식론적 체계는 자연론적 사회관에 근거하여 자주적 개인과 공동체를 지향하고 있으며, 그 과정에서 권위에 대한 저항이 아나키즘의 성격이다. 따라서 여러 유파에도 불구하고 아나키즘이 취하고 있는 기본적인 행동은 ① 자연론적 사회관, ② 자주적인 개인, ③ 공동체의 지향, ④ 권위에의 저항이다(방영준, 1996: 56~72).

아나키스트의 인식론적 체계를 이루고 있는 '자연론적 사회관'은 인간은 자유와 사회적 조화를 이루며 살 수 있다고 하는 인간의 이성의 믿음에 바탕을 둔 근대적 자연권 사상이 서구의 휴머니즘적 전통 및 유토피아 사상과 맞물려 나타난 인식체계이다. 따라서 아나키스트는 인간은 근본적으로 선하며, 자발적인 상호 협조체제를 유지할 수 있다고 믿는다. 아나키즘은 권위의 거부, 정부 및 국가에 대한 혐오, 상호부조, 소박성, 분산화, 정치에의 직접참여 등을 강조하면서 어느 사회이건 인간의 행복과 공존할 수 있는 사회는 생동하는 자연적 성장체가 되어야 한다고 주장한다.

아나키즘 정의를 실현하는 데 있어서 가치지향의 첫 번째 의제는 '자주적인 개인'을 모색하는 것이다. 자주적인 개인은 개인의 가치가 최대한 반영되는 것을 가장 큰 가치로 여기고 있다. 이는 또 하나의 가치지향이라고 할 수 있는 '공동체의 지향'과 연관되어 있다. 공동체의 지향은 높은 인격적 친밀성, 정서적 깊이, 도덕적 처신, 사회적 응집, 시간적 연속성 그리고

비폭력 직접행동으로서의 아나키즘은 급진적 상상력과 많은 부분 연결되어 있다. 아나키즘은 인간의 자유와 참된 만남의 공동체가 가능하다는 믿음, 경쟁의 원리가 아닌 사회연대와 공공성의 원리가 정착되는 사회, 배제된 자들, 절망하는 자가 아닌 희망을 품은 자들의 새로운 공동체의 가능성을 찾는다. 그림은 뱅크시(Banksy)의 '꽃을 투척하는 남자'라는 작품으로 과격한 시위를 하는 듯한 손에는 화염병이 아닌 꽃다발이 들려 있다.

모든 형태의 사회관계를 포함하려는 것을 지향한다. 따라서 아나키즘의 공동체적 인간관은 전체성에 중심을 두고 있다. 아나키즘은 개인의 자유성과 자주성으로부터 출발한다. 전통적인 아나키즘이 '자주관리'라는 주제에 큰 의미를 두는 것은 진정한 인간주의에 대한 고민에서부터 출발한다. 따라서 현대사회에서 개인의 자치성과 공동체성을 어떻게 확보할 것인가 하는 문제는 현대의 아나키즘에서 매우 중요한 의미를 지닌다. 현대사회에서 공동체 운동은 이러한 가능성을 보여 주고 있다.

아나키즘에서 모색하고 있는 공동체 운동은 자주관리와 연관하여 설명하고 있는데, 그 대표적인 사례가 이스라엘의 '키브츠'이다. 키브츠는 독립적인 자급자족형 생활권을 가지고 있다. 키브츠는 농업을 중심으로 한 동지적 결합체로, 모든 생산과 소비를 공동화하여 사유재산을 가지지 않고 일체화된 사회를 지향한다. 그리고 전원이 노동자이며 경영자이다. 따라서 평등관과 노동의 존엄성을 기반으로 한 키브츠에서 노동은 생명이며 생활 그 자체이다. 자주관리가 아나키즘 정신을 실현하는 핵심적인 주제라고 한다면 진정한 자주관리를 위해서는 생산수단이 사회화되는 것이 반드시 전제되어야 하며, 그 과정에서 노동자 스스로 생산을 경영·관리하는 원칙이 마련되어야 한다. 아나키즘의 정의론에서 설명되고 있는 '공동체의 지향'은 중앙집권적 국가구조에 의한 권력은 개인의 독자적인 행동에 상당한 영향을 미치므로 조직에서 인간적인 탄력성을 어떻게 유지하는가에 관심을 두는 것으로부터 시작하고 있다. 그리고 마지막으로 아나키즘은 '권위에의 저항'을 강조하고 있다. 결국 아나키즘의 정의론에 기초한 아나키즘 운동은 자유연합과 자율적 삶을 추구하고자 하는 것으로 지역공동체 운동, 협동조합, 상호부조 운동, 작업장의 자주관리 운동 등의 양상을 보이고 있다.

도시재생과 공동체

도시재생의 개념은 지속가능성과 매우 관련이 깊다. 브룬투란트 보고서인 '우리 공공의 미래(Our Common Future)'에서는 지속가능한 개발을 "미래세대의 필요를 충족할 수 있는 능력을 손상시키지 않는 범위 내에서 현세대의 필요를 충족시키는 개발"이라고 정의하였다(이규인, 2001). 또한 금기반(2007)은 도시재생을 대도시 지역의 무분별한 외부 확산을 억제하고, 도시 쇠퇴 현상을 방지하며, 중심 시가지의 재활성화를 도모함으로써 궁극적으로는 도시발전과 환경보전이 조화를 이루는 지속가능한 도시개발을 추구하는 것이라고 정의하였다. 서의권(2010)은 도시재생이 도시 전체의 지속적인 발전을 위한 전략적 계획의 틀 아래 공공과 민간의 파트너십을 통해 인간 중심의 경제, 사회, 문화, 예술, 환경 등을 반영한 공간을 조성하여 지속적으로 개선해 나가는 통합적인 접근방식이라고 정의하였다. 한편, 도시재생은 산업구조의 변화 및 신도시 · 신시가지 위주의 도시확장으로 인하여 상대적으로 낙후된 기존 도시에 새로운 기능을 도입 · 창출함으로써 경제적 · 사회적 · 물리적으로 부흥시키는 것으로 새로운 성장동력으로의 미래도시 산업을 창출하고 도시를 재구조화하는 것으로 정의하고 있다(국토해양부 도시재생사업단, 2007). 따라서 기존의 도시정비사업이 환경개선이라는 물리적 환경정비 중심의 사업이었다면, 도시재생사업은 지속가능한 도시 커뮤니티의 보전과 고양을 위해 투입되는 노력들의 과정적 산물을 중시하고 있다. 이에 따라 도시재생은 이해관계자 간의 합의 형성 및 종전 권리자의 생활적 지속성 확보 등 의사결정시스템을 중시하며, 도시관리적 관점과 주택정책적 관점, 사회경제적 관점을 동시에 고려하는 통합적 접근방식의 정비개념이라고 볼 수 있다.

최근 도시재생은 주민이 계획 과정 및 실행에 참여할 수 있는 기반을 형성하고 주민참여를 통한 주민 역량 강화 및 커뮤니티 활성화가 강조되고 있다. 커뮤니티 활성화를 위한 도시재생은 지역의 물리 · 사회 · 경제적

선행 도시재생 개념 분석

구분	내용
대상	도시 전체, 대도시의 구도심, 좀 더 작은 영역으로서의 쇠퇴지역
쇠퇴원인	무분별한 외부 확산, 지역 내 산업구조 변화, 사회상황의 변화 대응 미비, 도시 매력 상실, 국제경쟁력 약화
수단과 방법	무분별한 외부 확산 억제, 새로운 기능 도입 및 창출, 도심지역으로의 인구 및 산업 회귀 촉진, 경제적·사회적·환경적 상태 지속적 개선, 도시공간 환경 쇄신, 중심시가지의 종합적인 정비
목적과 목표	도심공동화 현상 방지, 침체된 지역경제 활성화, 기성 시가지의 재활성화, 지역거주민의 커뮤니티 활성화, 동태적인 사회경제적 환경에 적응, 사회상황의 변화 대응, 도시 매력 및 도시 경쟁력 제고, 도시의 경제적·사회적·물리적 부흥 도모

재생을 포괄하는 종합계획의 관점에서 진행되어야 한다. 이는 주거환경 정비와 더불어 주민들의 참여기반 구축, 역량 강화, 경제적 활성화, 공동체 활성화 등 다양한 분야를 포괄하는 계획을 마련하는 것과 관련이 있다.

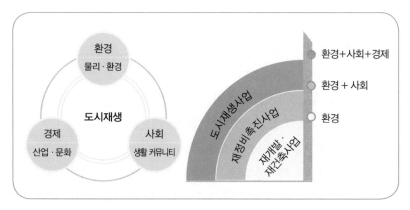

도시재생은 도시 전체의 지속적인 발전을 위한 전략적 계획의 틀 아래 공공과 민간의 파트너십을 통해 인간 중심의 경제, 사회, 문화, 예술, 환경 등을 반영한 공간을 조성하여 지속적으로 개선해 나가는 통합적인 접근방식을 취한다.

로컬거버넌스 · 사회적 자본 그리고 공동체

로컬거버넌스를 분석 공간적 측면에서 보면 글로벌 및 일국적 차원과 더불어 일국 내의 특정 지역 차원에서 이루어지는 거버넌스의 한 유형이다. 여기서 지역이란 행정적으로 식별되는 일정한 지역적 공간을 바탕으로 하면서, 자원 동원과 서비스 교환이 이루어지는 지리적 공간의 차원이다. 뿐만 아니라 지역에 거주하거나 지역에 관계를 가진 여러 행위주체들 간의 상호작용 및 협력이 이루지는 네트워크(network)로 이루어지는 추상적 공간의 차원을 포괄한다. 따라서 도시재생사업에서의 로컬거버넌스는 해당 사업지역에서 도시재생과 관련된 다양한 주체들 간의 상호관계 네트워크로 정의할 수 있다. 한편, 박재욱(2000)은 로컬거버넌스를 '단순한 시민참여의 개념보다 급진적이고 적극적인 개념으로서 정부, 기업, 시민단체 간의 관계에 근거하여, 협력과 참여라는 파트너십을 통한 도시 공공문제의 해결방식'이라고 보았다. 마을만들기는 물리적 환경개선을 넘어 지역을 구성하는 지역 커뮤니티 재생에서 점차 사회적 경제의 재생수단으로 로컬거버넌스와 결합되어 있다. 마을만들기는 행정, 기업, 주민이라는 주체가 참여하면서 주체 간의 관계도 다양하게 형성될 수 있다. 주민들의 적극적인 참여와 책임은 상호작용에서 신뢰를 구축하게 되기도 하고, 주민이 주도하여 추진주체를 구성하는 형식이 되었다. 전문가와 단체 등 구성 주체와 행정기관이 지원체계와 제도를 정착하여 틀을 만들어 나가는 것은 지속가능한 의사소통체계를 구축해 나가는 것이며, 마을 커뮤니티 재생을 위한 거버넌스 구축의 성공적 역할에 영향을 미친다.

마을공동체는 앞서 논의한 '호혜 · 나눔 · 관계의 사회학'을 일부 사회학적 이해로부터 그 의미를 찾을 수 있다. 사회변동을 언급한 퇴니에스의 입장, 도시라는 공간적 요소를 통해서 사회변동 과정의 의미를 공동체와 소사이어티로 구분하여 설명한 전통 사회학자들의 입장, 거시경제와 자본지향적 경제를 지양하고 마을 단위의 공동체 경제의 필요성을 주장하는 협동조합주의자들, 자율적 자치주의와 공동체를 강조하는 아나키즘 등은 거시적 공간구조보다 마을 또는 커뮤니티 단위의 사회변동과 관계에 큰 의미를 둔 해석이라고 할 수 있다.

커뮤니티(community)는 라틴어의 'com+munis'가 혼합된 'communis'로 '모두가 참여한다. 또는 모두가 분담한다'는 의미로 'commun' 또는 'community'이다. 이 단어는 커뮤니티에 공동체적 요소가 들어 있는 것을 의미한다. 즉 커뮤니티는 지역사회 또는 공동체라는 표현이다. 영어로는 'comme, commune, communal'로 공동체, 공동소유라는 의미이며, 라틴어인 'communis'에 명사형인 'ity'가 합성되어 'community'가 된다. 이 단어의 의미는 'shared by all'로 '모두가 참여한다' 혹은 '모두가 분담한다'라는 뜻을 지닌다. 그런 의미에서 커뮤니티를 공동체 혹은 공동사회라고 부른다. 이는 호혜·나눔·관계의 사회학적 이해를 강조하고 있는 것이다.

이렇듯 커뮤니티를 확장하여 설명하면 '더불어 나누는 삶과 그 터전'이라는 의미로 높은 인격적 친밀성, 정서적 깊이, 도덕적 헌신, 사회적 응집력, 시간의 연속성 등을 특징으로 형성된 사회관계를 강조하고 있음을 알 수 있다. 공동체의 사회관계 가운데에서도 근린관계가 강조되며, 인간의 객체보다는 전체를 강조하고 있다. 커뮤니티는 앞서 언급했듯이 "더불어 사는 삶과 그 터전"이라고 정의된다고 볼 때, 커뮤니티는 '삶, 터, 사람'에

공동체에 대한 다양한 시각들

구분	사회적 관점	협동조합적 관점	아나키즘적 관점
기본관점	사회관계에 주목	경제적 관계에 주목	정치적 관계에 주목
대립	공동사회 vs 이익사회	자본가 중심 경제 vs 조합원 중심 경제	권위 vs 자율과 자치
경향	도시의 형성과정에서 공동체적 관계의 와해에 주목	상품의 생산과정에서 조합원 중심의 공동체적 관계에 주목	자율과 자치를 강조하면서 그 수단으로 공동체적 가치 재강조

대한 논의로 관계와 소통이 중요한 의미를 지닌다. 이것이 마을만들기와 마을공동체의 핵심이다.

현재 한국의 커뮤니티 곳곳에서 진행되고 있는 마을공동체는 기존의 토건 중심의 개발 패러다임을 지양하고 '사람, 삶, 터'의 관계를 사람 중심으로 회복시키는 사람 중심의 발전양식이다. 그리고 물리적 환경개선사업이 아니라 사람 중심·마을 중심의 사업으로 다양한 자원의 활용, 관계망의 새로운 구축 등 자원발굴형 내생적 발전양식이기도 하다. 즉 마을공동체는 새로운 사회발전과 사회관계를 보여 주고 있는 것으로 보다 자율적이고 공동체적 관계를 도모한다는 점에서 사회적으로 큰 의미를 지닌다.

마을공동체는 지속가능성을 실현하는 중요한 방법이자 목적이다. 지역은 중앙과 대조적으로 장기적인 활동에 나서는 데 유리하다. 지방에서는 리더십과 권한이 정치적 변화에 상대적으로 덜 민감하기 때문이다. 이런 공동체와 지속성 덕분에 지역사회는 탄력성이 커지고 유연해진다. '공동의' 실천과정이 참여자들 사이에서 공동체 정신을 만들어 준다(이창언 외, 2014: 115~116). 그러나 새로운 사회혁신의 추진력으로서 마을공동체, 지속가능한 지역을 만들기 위해서는 지역사회와 긴밀한 관계를 구축하고 개별 공동체 사이에 관계망을 형성하여 이념과 가치를 확대·확산해야 하는 과제를 안고 있다. 따라서 지역 네트워크는 공동체의 발전과 확산에 중요한 요소로 작용하며, 이는 다양한 주체 사이의 정보 교류, 협력, 보완 등의 연계망을 지니는 것을 의미한다(이창언 외, 2014: 116~117). 마을공동체가 성공하려면 먼저 개인의 생활양식이 변화해야 된다는 점을 고려하면, 지방 공동체를 구성하는 다양한 집단들 사이의 신뢰에 기초한 대화는 변화를 이끌어 내는 데 필요한 중요한 자원 가운데 하나일 것이다(ICLEI, 2013: 132; 이창언 외 2014: 117). 마을공동체의 자립을 위해서는 지역의 내생적, 내발적 발전과 자립을 추구하는 지원 연결망, 자조, 사회적 자본의 형성이 중요하다. 여기에서 사회적 자본에 대한 개념은 협력적 행위를 촉진시켜

사회적 효율성을 향상시킬 수 있는 시민적 참여 네트워크(연결망), 호혜성의 규범, 사회적 신뢰 같은 사회조직의 속성을 일컫는다.

로버트 퍼트남(Robert Putnam)은 최근 동호회나 친구들 없이 혼자서 볼링을 치는 사람들이 많아진 현상을 통해 미국의 사회적 유대와 결속이 해체되고 개인주의적 고립이 증가하고 있다고 진단했다. 그리고 이러한 눈에 보이지 않는 사회적 요소를 '사회적 자본(social capital)'이라는 개념을 통해 설명한다. 그는 이탈리아에 관한 연구를 통해 사회적 자본은 시민사회를 살찌우고, 활성화된 시민사회는 경제발전에도 도움이 된다고 주장한다. 사회적 자본이란 사회구성원인 개인들을 연결해 주는 어떤 것으로, 그는 신뢰를 네트워크, 호혜성, 규범과 함께 사회적 자본의 중요한 구성요소로 제시한다(조철민, 2013: 383). 물론, 마을공동체 활성화와 관련해서 효과적인 제도를 강조하는 사람도 있다. 주민의식이나 문화를 강조하는 문화적 접근과 제도의 중요성을 강조하는 제도적 접근이 있다. 마을공동체는 이 두 가지 접근법을 분리하지 않고 통합할 때만 활성화될 수 있다. 마을공동체는 한마디로 관계를 재구성하는 것이라고 할 수 있다. 법적-제도적

사회적 자본은 신뢰, 규범, 수평적 · 사회적 네트워크, 관용, 협력, 지식(정보)의 공유 등 매우 다양한 구성요소로 구성되어 있으며, 사회에 축적되는 공공재(public goods)의 성격을 가지고 있다.

인 관계 외에 지역사회를 구성하는 공간적이고 물리적인 특성과 함께 지역 정체성과 관련한 문화적 요소와 구성원들 간의 신뢰구조 및 권력관계 등 비물리적인 사회관계적 특성들에 따라 다양하게 나타나는 요소들에 주목할 필요가 있다. 관계성은 수평적 네트워크와 파트너십의 사회적 자본과 문화와 함께 이를 제도적으로 보장하는 조건의 충족과 관련이 있다. 관계성의 강화는 신뢰에 기초하며 신뢰의 확대는 관계성을 강화한다(이창언 외, 2014: 117; 이창언 외 2015: 124).지속가능한 지역공동체 구축 수단인 거버넌스는 복잡하고 다양한 환경변화에 대한 반응, 즉 공동체의 외부환경에 국가가 적응해 가는 경험의 증명서라 할 수 있다(Pierre, 2000: 3). 이러한 거버넌스의 활성화 여부는 마을 단위 네트워크 조직의 관계성과 밀도와 밀접한 관련이 있다(이창언 외, 2014: 117).

3. 종합: 마을만들기 실행 담론들

'마을'은 전통적으로 마실을 다닐 정도로 가까운 거리의 촌락이라는 공간개념으로 이해되었다. 우리나라 고유의 전통적인 공동체로는 혈연과 유교적 가치에 바탕을 둔 문중, 지역을 기반으로 하는 촌락, 협동적 노동양식인 두레, 상부상조의 규범인 계(契) 등이 있다. 그러나 우리 사회가 급격한 산업화 · 도시화 과정을 겪으면서 전통적인 마을공동체 형태가 사라지고 지역과 공간을 넘어 다양한 분야에서 새로운 형태의 공동체가 등장하기 시작했다.

우리 지명에서 흔히 볼 수 있는 아랫말, 윗말에서 '말'이 바로 마실, 마을이다. 그러나 마을을 좁은 범위의 공간으로 한정하는 것에는 한계가 있다. 마실을 다닌다는 것은 물리적 이동거리를 넘어 사람들 사이의 유대관계로 형성된 친밀성을 내포하기 때문이다. 따라서 마을을 단지 자연마을,

리, 통, 단지, 동 따위의 공간적 · 물리적 · 행정적인 편의에 따라 구획해서 접근하는 것은 그 개념을 정의하는 데 적절하지도 충분하지도 않다. 마을은 그곳에 사는 사람들의 관계망과 공동체적 요소에 더 중점을 두고 파악할 필요가 있다. 따라서 요즘 마을은 공동체(community)와 동일한 개념으로 사용하기도 한다(김광남, 2015: 163).

'공동체'는 여러 의미로 사용되며, 의견이 분분해 쉽게 정의하기는 어렵다. 공동체라 했을 때, 퇴니에스가 분류한 게젤샤프트(이익사회)와 대립된 개념으로서 게마인샤프트(공동사회)를 통해 설명할 수도 있다. 이 경우 후자의 공동체라면 경제조직을 기반으로 해서 공동의 생활을 영위하고 내부 구성원 사이에 유대감이 강한 평등조직으로서의 공동체를 의미하기도 한다. 공동체는 흔히 전문집단이나 결사 조직체를 의미하기도 하고, 마을 · 촌락 · 도시 등과 같은 사회적 지역 단위를 의미하기도 하며, 공동체를 추구하는 것으로 표현되는 도덕적 · 정신적 현상으로 타인과 일체감을 느끼는 연대성 추구를 의미하기도 한다. 일반적으로 공동체란 구성원의 개별성보다는 전체의 공동성을 전제로 한 개념으로, 개체의 자율성과 전체 통합을 공유해야 한다. 공동체의 사전적 개념은 사람들이 모여 하나의 유기적 조직을 이루고 목표나 삶을 공유하면서 공존할 때 그 조직을 일컫는다. 단순한 결속보다는 질적으로 더 강하고 깊은 관계를 형성하는 조직이다. 공동체는 상호 의무감, 정서적 유대감, 공동의 이해관계와 공유된 이해력을 바탕으로 한 사회적 관계망을 의미한다.

대부분의 사회학적 공동체의 정의에는 적어도 세 가지의 주요한 구성 요소들이 포함되어 있다. '지역성', '사회적 상호작용', '공동의 유대'이다. 따라서 공동체는 한 지리적 영역 안에서 하나 혹은 그 이상의 부가적인 공동의 유대를 통해 사회적으로 상호작용하는 사람들로 이루어져 있다. 마을만들기 차원에서 공동체는 대체로 지역 차원, 사회 차원, 문화-심리적 차원이 포함되어 있다. 물리적 공간으로서의 지리적 영역, 사회적 관계로서의 상호작용, 집단의식으로서의 공통의 연대를 포함하는 의미로 공동체 개념이 사용되고 있다.

마을공동체는 일정한 지역사회 수준에서의 공동체라는 의미를 지니고 있다. 즉 지역사회의 성립조건이 되는 지리적 영역과 공동체의 조건이 되는 인간 상호관계를 통합시켜 일정한 지리적 영역에서 전개되는 주민 사이의 공동체를 의미한다고 할 수 있다(이창언 외, 2014: 113~114).

'마을만들기'는 단순히 물리적 환경개선에 대한 논의가 아니라, '호혜·나눔·관계'에 더 큰 의미를 두고 있으므로 그 논의는 다양할 수밖에 없다. 마을이 가지고 있는 자원을 최대한 발굴하여 활용하는 내생적 발전, 그 과정에서 자원의 순환성을 고려한 사회적 경제의 운영과 협력, 나눔이 동반되는 거버넌스가 주요 논의로 등장한다. 그리고 이러한 일련의 행위들은 결국 자기 스스로 삶의 정치를 기획하고 다듬어 가는 과정에서 생활정치의 영역이 보다 구체적으로 등장한다. 이러한 현상은 종래의 노동운동이나 민주화 운동 방식의 거시적 수준의 사회운동이 아니라, 일상생활 속에서 자기의 민주성을 확보하는 '일상생활의 민주화'를 행위의 결실이라고 할 수 있다(엄희섭, 1999: 107).

일례로 지역맞춤형 안전마을사업은 최대 '동' 단위를 넘지 않는 범위 내의 지역주민이 각 마을이 처한 안전 관련 문제점을 찾아내고, 어떻게 해결할 수 있을지에 대해 직접 기획하고, 실행에 옮길 수 있도록 지원하는 사업이다. 그림은 서울안전누리 홈페이지에 게재된 홍보자료.

'일상생활의 민주화'는 커뮤니티의 네트워크 구조의 확산으로부터 시작된다. 즉 거버넌스의 형성이 승패를 좌우하는 셈이다. 이것은 곧 커뮤니티의 발전요소를 판가름하는 민간영역의 참여와 연관된다. 커뮤니티의 발전이 단순히 지역산업의 국제경쟁력 강화에만 초점을 맞추고 있는 것이 아니라 커뮤니티 자원 동원의 극대화, 사회적 자본의 활동이라는 측면도 중요하다. 이렇듯 커뮤니티 발전의 수단으로 삼고 있는 거버넌스는 커뮤니티 발전에 대한 사회적 참여와 합의를 원칙으로 한다. 그리고 지역발전의 자원을 보유하고 있는 이해집단의 참여를 적극 수용한다. 그 과정에서 가치관과 이해가 다원화되고 사회 기능과 조직이 분절화된 상태에서 커뮤니티의 다양한 주체들과 정부, 전문가, 시민단체, 공공기관은 참여와 합의를 전제로 지역발전을 위한 민관협력의 기초를 든든히 한다.이렇게 민관협력 중심으로 커뮤니티 의제를 발굴하고 운영하는 과정에서 중요한 의제로 등장하는 것이 사회적 자본의 활용이다.

'사회적 자본'은 기존에 물적자본과 자연자본에 국한하여 취급해 오던 것을 무형 자본의 한 형태인 사회적 자본을 커뮤니티의 중요한 자본의 한 형태로 삼는다. 사회적 자본은 커뮤니티를 매개로 한 일차적인 사회적 결사체이다. 그리고 상호 신뢰 속에서 협력하고 사회적 네트워크를 통하여 개인을 사회화시킨다. 이 과정에서 사회적 자본을 형성하는 협력적 가치의 수용과 실천에 대한 사회화를 담당하는 것이 무엇보다도 중요하다. 또한 수평적 조직구조, 자발성, 공공성, 활발한 의사소통, 개인 간의 신뢰와 공동체 정신의 함양, 상호 호혜와 협력 중시 등이 강조된다. 결국 사회적 자본은 커뮤니티 중심의 풀뿌리 조직을 강화시키면서 다양한 소집단의 '신뢰·협력·공동체 정신'이 궁극적으로 교류와 참여를 활성화시키는 특징을 지닌다. 결국 커뮤니티의 건강한 네트워크 구성은 커뮤니티가 가지고 있는 발전양식을 혁신적으로 전환시킨다. 즉 기존에 관행적으로 진행되어 오던 정부주도·관주도의 하향식 발전양식이 아니라 아래로부터의 혁명이라고 할 수 있는 상향식 발전양식을 선호한다.

아래로부터의 발전양식의 한 형태로 불리는 '상향식 발전'은 지역이 지닌 잠재자원의 활용을 극대화하기 위하여 생산요소의 배분을 요구하며, 상대적 우위에 근거한 재화와 용역의 교환보다는 교역으로부터 얻을 수 있는 혜택을 동등하게 분배하고자 한다. 그리고 지역을 단순히 물리적 개선을 위한 기능적 수단으로서의 활용이 아니라 독자적인 지역의 역사성·전통성에 기반한 영토적 속성에 더 큰 의미를 둔다. 결국 상향식 발전이 지향하는 영토성은 개인 및 사회적 집단, 영토적으로 조직화된 중·소 규모 커뮤니티의 기회를 확대시키며, 정치·경제·사회적 관점에서 공동의 이익을 위하여 모든 분야의 능력과 자원을 동원하는 과정을 지니는 특징을 보인다(김용웅, 2003: 218). 즉 상향식 발전은 요소투입으로 지역의 발전을 극대화시키기보다는 지역의 자원을 최대한 활용하여 발전을 극대화시키며, 지역 간의 이익을 특정 세력이 독점하기보다는 균등하게 하고, 발전을 위한 기능적 조직을 양산하기보다는 커뮤니티가 가지고 있는 영토성을 보다 강화시키는 것에 큰 의미를 둔다. 그뿐 아니라 외부요인에 의한 성장 메커니즘에 집착하기보다는 합의된 사회적 목표와 협력, 내부적 동기가 더 큰 의미를 갖는다.

상향식 발전양식은 자원활용 방법이 필수적 요소이다. 그리고 상향식 지역발전의 자원활용 방법에 대한 논의가 내생적 발전을 이끈다. 내생적 지역발전을 위해서는 커뮤니티가 지니고 있는 문화적·지역적 가치에 기반을 둔 '창조적 자립', 커뮤니티 자원을 최대한 활용하여 커뮤니티 내부에 존재하고 있는 다양한 부분들과 상호 의존하면서 관계를 돈독히 하는 '내생적 상호 의존성의 강화', 다른 지역으로 나갈 자본을 최대한 지역에서 순환시키면서 호혜의 경제를 구축하는 '내향적 자본의 순환', 그리고 경제활동·사회문화·공간의 특징 등이 커뮤니티와 분리되지 않고 삶의 공간을 구축하는 '유연적 공간'이 필수적이다. 결국 내생적 발전을 꾀하려면 커뮤니티가 지니고 있는 자원을 나눔과 호혜의 정신에 입각해서 어떻게 활용하느냐에 대한 논의가 매우 중요하다. 즉 지역적으로 동원가능한 자원에 대한 이해와 활용방안이 중요한 의제가 되는 것이다.

마을만들기 실행 담론

거버넌스	상향식 내발적 발전	사회경제	생활정치
협력과 소통의 관계 도모	자람과 키움의 성장	나눔과 호혜의 경제	집합행동과 자원 동원

마을공동체

이와 같이 상향식 발전, 내생적 발전양식이 커뮤니티 경제와 연결되면서 기존 거시경제 중심의 경제운영보다 커뮤니티 중심의 공동체 경제를 지향한다. 그 이유는 '나눔·호혜·순환'에 기초한 사회적 경제를 선호하기 때문이다. 사회적 경제는 사적인 이익을 추구하는 시장경제가 아닌 사회적 가치와 공익성을 추구하는 공익경제이다. 따라서 개인의 이익보다는 커뮤니티 공동체의 공익과 연대와 통합을 최우선의 가치로 하는 공동체 자본주의 또는 나눔과 호혜의 경제라고 할 수 있다(이윤재, 2010: 79). 경제활동은 재화와 용역을 매개로 상품이나 서비스의 사용이 시장에서 거래되는 교환가치에 의해 성립되는 반면(가토 토시하루, 2006: 44), 사회적 경제는 자본주의 사회에서 비용 극소화와 매출 극대화를 추구하는 과정에서 외부요인에 의해 영향을 받아 지역의 자본이나 부가 외부로 유출되는 것을 방지하는 순환의 경제민주화를 의미한다(이기옥·고철기, 2001: 132~133). 즉 사회적 경제는 시민, 생산자, 소비자와 같은 다양한 수요에 대해 다양한 시민적 방법으로 대응하여 새로운 시장을 개척할 수 있는 시민공동체적

경제를 구축하고, 마을 단위의 커뮤니티가 결사체적·공동체적 관점을 가진 성숙한 시민에 의해 형성되는 것을 의미한다(양준호, 2011: 34). 이렇듯 커뮤니티 중심의 결사체적·공동체적 관점은 제3섹터 영역 같은 민간영역의 성숙으로부터 시작된다. 그 이유는 경제적 이익이 아닌 자발성 그리고 자본이 아닌 인간과 그 노동에 우선하는 이익분배의 특징을 지니고 있기 때문이다. 이러한 관계 도모를 위해 사회적 경제는 협동조합, 상호부조 조직, 결사체적 관계에 중점을 둔다. 따라서 사회적 경제는 시장과 정부가 연대에 기초한 독자적 경제영역을 구축하는 특징을 지니는 반면 가계와 커뮤니티에 의한 호혜적 경제의 특징을 동시에 지닌다. 즉 지역에서 순환하는 경제민주화를 위해 진행되는 사회적 경제는 '개혁하는 경제(reformatory economies)'인 동시에 '시민적 연대의 경제(civil and solidarity economy)'라고 할 수 있다(김기섭, 2012: 272~274). 마을공동체에 있어서 사회적 경제영역은 나눔과 호혜 경제의 출발점이라고 할 수 있다.

마지막으로는 제도화된 행동에 속하지 않는 다수 개인들의 집합행동에 대한 이해가 필요하다.

지역사회 공동체 구축이 일정한 지역주민의 협동 노력을 통해 지역사회의 문제를 찾아서 해결하는 과정이라고 볼 때, 마을만들기는 공동체적 가치나 삶의 원리를 특정한 영역 또는 공간에서 직접 실천하려는 '집합행동'이라 할 수 있다(이창언 외, 2014: 114). 마을공동체는 궁극적으로 마을공동체의 실천적 가치를 실현하기 위해 구성원 간에 승인된 신념을 수용하는 관계 속에서 높은 수준의 집합적 행동에 깊은 관심을 보인다. 결국 높은 수준의 집합적 행동은 합리적 과정을 통하여 상호 간에 이해를 도모한다. 즉 이익, 연대, 신념, 조직으로 인하여 신뢰적·집합적 행동을 하게 되며, 이러한 행위는 스스로의 삶을 조율하고 책임지는 생활정치를 지향한다(임희섭, 2009: 31). 결국 우리가 생활하는 생활세계 곳곳에서 발생하는 위계적 권력과 권위에 저항하는 실체로서 마을공동체는 구성원의 성찰적

인식을 통해 공동체적 규범체계와 조직을 만들어 가게 된다. 마을공동체는 이러한 일련의 과정을 통해 삶을 스스로 기획하고 구상하고 실행하는 생활정치 실현의 장을 만들어 간다(김왕배, 1995: 43).

2장

마을공동체 운동, 어제와 오늘

1. 마을공동체의 발아

최근 마을공동체 또는 마을만들기가 사회적 핵심 이슈 가운데 하나이다. 또한 민간이나 행정이 나서서 마을 민주주의를 위해 노력하고 있다. 그러나 마을만들기와 관련된 지역공동체가 어떻게 형성되어 왔는지는 잘 모르는 듯하다. 『역사 속의 도시』에서 루이스 멈포드는 공간을 이해하기 위해서는 오랜 역사적 과정으로부터 공간을 이해하여야 한다고 하였다. 그렇지 않으면 단순한 기계적 모방에 불과하다고 지적한 바 있다. 어느 날 동네는 사라지고 어디에서 사느냐라는 물음에 대한 대답은 대기업이 공급한 아파트 이름이 대신한 지 오래이다. 마을의 정체성을 대기업의 제공한 아파트 브랜드가 대신하고 있는 상황이다. 이런 상황에서 마을의 가치를 찾기란 그리 쉬운 일이다. 그럼에도 불구하고 이 땅의 공동체 역사는 제법 오랜 시간을 지니고 있다.

우리나라에서 근대적 의미의 공동체 운동의 출발은 일제강점기에 학생과 신문사를 중심으로 전개되었던 브나로드와 문맹퇴치 운동과 같은 자생적 계몽운동과 농민운동에서 그 뿌리를 찾을 수 있다. 다만 근현대에 접어들면서 공동체 운동의 시작은 1948년 광주에서 시작한 동광원을 첫 출발점으로 삼는다.

1950년대 전후 우리 국토는 일제강점기와 한국전쟁으로 이어진 처절한 삶의 질곡을 고스란히 간직한 동토의 땅 그 자체였다. 전후 복구와 절대빈곤의 탈출이 사회적으로 가장 큰 과제였다. 지금은 사회복지법인인 동광원(1948)과 귀일원, 평생을 생명평화의 가치로 삶을 일군 원경선 옹이 중심되어 활동한 한삶회, 함석헌 옹의 씨알농장(1957), 박태선의 신앙촌(1957), 이찬갑·주옥로 선생을 중심으로 대안학교의 산실로 성장해 온 풀무학교(1958) 등은 사회적 약자 보호, 검소하고 청빈한 삶 그리고 학교의

성남 주민교회는 빈민선교로 시작해서 민주화를 위한 정치 투쟁으로 1970년대와 1980년대 중반까지 활동하였고, 그 이후에는 통일운동에 중심을 두었다. 1990년대 중반부터는 생명공동체 모색과 실현을 위해 힘쓰고 있다.

지역사회화 등에 노력한 특징을 보였다. 유기농과 농촌 마을공동체의 메카로 불리는 홍성은 풀무학교 이외에도 전통적으로 협동조합 운동을 경험한 지역이었다. 일제강점기인 1924년 '홍성소비조합'이 설립되고 이런 전통 위에 풀무학교를 통해 오산학교의 이념적 가치와 조만식의 소비조합 운동의 경험, 안창호의 이상촌건설 운동의 영향을 받았다. 풀무학교 출신들은 학교에서 협동조합을 교육받았으나 공동체 형성의 중요한 자원인 일반농민 역시 이런 역사적 배경을 통해 어느 정도 협동조합의 원리를 이해할 수 있었기에 농민의 참여가 있었다(이창언, 2015a).

1960~70년대는 한국적 조국근대화 프로젝트에 대응한 지역공동체 운동의 발아시기였다. 이해학 목사를 중심으로 한 주민교회와 지역공동체(1973), 김진홍 목사의 주도적 리더십에 기초하여 가난 극복을 삶의 터의 이정표로 삼았던 활빈교회와 두레마을(1979), 도시빈민의 대부였던 고 제정구 국회의원과 정일우 신부 중심으로 형성된 복음자리마을(1977), 영화「꼬방동네 사람들」의 주인공이자 무주에서 푸른 꿈을 펼친 허병섭 목사의 밀알공동체(1974)가 있었다. 그 외에도 제2차 세계대전 이후 패망국이 된 일본에서 영성의 중요성을 이야기했던 야마기시 미오조의 담론을 쫓아 그의 후학들에 의해 시작된 야마기시즘이 1960년 한국에 처음 소개되기도 하였으며, 이들의 양계방식을 적용하면서 공동생산을 모색한 증평영농조합법인(1964)이 있었다. 또한 강원도 태백에서 묵언공동체로 영성수련의 가치를 사회화시킨 대천덕 신부에 의해 시작된 예수원(1977) 등이 있었다. 이 시기는 국가권력에 대응하면서 자생적 지역공동체 운동을 지향하였으며, 이러한 운동의 시작인 지금의 생태공동체 운동이나 지역공동체 운동에 중요한 이정표가 되고 있다. 한편에서는 작은 마음의 울림을 강조하는 공동체 운동도 있었다.

1980~90년대에는 사회적 큰 파동이 공동체 운동에 그대로 반영되는 시기였다. 1997년 이후 민주화 운동과 노동운동 등의 사회운동에서 우리

2004년 말 철거되기 직전 '복음자리마을' 전경. 아래쪽 공터가 복음자리마을 주민들이 명절이나 행사 때 집회를 가지던 공간이다(평화신문. 2009. 3. 22).

의 일상의 문제가 녹아 있는 삶의 터가 중요한 생활의제로 등장하면서 공동체 운동도 다양하게 나타난다. 중산층과 결합한 생활공동체 운동방식이 등장하기도 하고 시민사회조직과 결합하면서 지역공동체 운동이 전개되기도 한다. 도시에서 더불어 살기의 가능성을 보여 주었던 서당골(1983), 야마기시즘의 한국 최초 실현지인 산안마을(1984), 사회운동에서 영성수련의 가치를 이야기한 최한실 선생의 푸른누리(1995), 농촌의 현실을 인식하고 등장한 한살림(1986), 농촌 관련 정부기관의 폐해를 목도하고 자생적인 마을공동체를 제안했던 남상도 목사의 한마음공동체(1986), 천호진 목사의 생명누리(1996), 희년을 강조한 정용갑 선생의 이랑둥지(1987), 불교의 정토세상을 꿈꾸며 수행공동체와 영성수련공동체로 등장한 법륜스님의 정토회(1988), 1988년 소비사회를 지양하는 가톨릭 청년교육에서 출발하여 박기호 신부를 중심으로 실현된 예수살이 공동체(1998), 대규모 택지개발에 저항하면서 자치적 주민조직체를 결성한 금호 · 행당 · 하왕주민기획단 송학마을(1988), 일명 청량리 588에서 부랑자와 매매춘녀를 대상으로 밥퍼

두레마을 김진홍 목사는 신학대학 졸업 후 청계천 빈민가에 활빈교회를 세우고 가난한 이들과 함께했다. 1976년 1월 청계천 판자촌 철거 계획이 발표되자 활빈귀농개척단을 조직하고 철거민들 50세대가 남양만 간척지로 집단이주하였다.

공동체를 이룬 최일도 목사의 다일공동체(1989), 전국 농민회와 경실련이 중심이 되어 만든 정농생협(1990), 우리나라 최초의 코하우징의 상징성을 보여 준 안양아카데미테마타운(1991), 풀무학교의 정신이 지역사회에 발아된 문당리 환경마을(1993), 국가복지와 시장복지 사이에서 먹을거리 생협 외에 새로운 생명의 가능성을 열어 준 안성의료생협(1994), 전쟁의 손길이 닿지 않은 부산 골짜기에 개발의 새로운 전환을 보여 준 물만골공동체(1995), 우리나라 대안교육기관 거점 중의 하나인 간디학교(1997), 지리산 남원 산내면 실상사 주변에 주민과 귀농·귀촌인, 지리산생명연대 등과 연계된 인드라망 공동체(1998), 간디학교 학부모가 중심이 되어 간디학교의 배후지로 출발했던 안솔기마을(2001), 녹색대학 주변의 마을공동체로 시작된 녹색대학생태마을(2001) 등으로 다양한 공동체가 등장하였다. 이 시기는 전환의 가치를 제공하는 영성의 의미가 강조되기도 했으며 이를 기반으로 지역공동체가 형성되었다.

2000년에 접어들면서 대안사회 운동의 일환으로 공동체 운동에 대한 전문적 지원이 이루어지기 시작했다. 마을공동체를 컨설팅하는 생태산촌 만들기(2000)와 이장(2001)이 등장했으며, 2000년에는 마을만들기라는 담론이 등장하기 시작했다. 예수살이 공동체의 정주지로 자리 잡은 산위의 마을(2002)과 도시공동체의 가능성을 보여 준 성미산마을(2002)이 등장했으며, 2006년에 처음으로 진안군이 마을만들기 사업을 시작한다. 그리고 충남 서천에 계획단계부터 마감단계까지 마을공동체를 입주자 중심으로 조성한 산너울마을(2008), 1996년 정토회와의 첫 인연으로 시작하여 2008년에 안성에 자리한 들꽃 피는 마을, 생명평화 마중물 공동체로 시작하여 에너지 자립의 실현지가 된 등용마을(2009) 등이 있었다. 이 시기에는 마을 기획이 전문화되기도 하였으며, 마을만들기가 제도적으로 발아하는 한편 에너지 자립의 실현가능성을 보여 준 시기였다.

2010년에는 뉴타운 개발의 물리적 한계를 인식하고 공간적 재생의 패러다임을 보여 준 두꺼비 하우징(2010)과 산새마을(2013), 생태주의를 지향하면서 지구적 연대를 모색하는 선애빌(2011), 2011년 젊은 청년의 꿈과 실천적·대안적 삶을 위해 등장한 우리동네사람들(일명 우동사)의 쉐어 하우스가 등장한다. 우동사는 젊의 세대가 가지고 있는 문제를 자신이 지닌 역량만큼 모여서 해결하고자 하는 특징을 지닌다. 그리고 지역공동체 운동이 사회적 이슈로 등장하고 진보진영의 자치단체장이 주요 핵심정책으로 제안하면서 마을만들기가 제도와 정책으로 자리하게 된다. 이 시기는 세대의 문제를 스스로 해결하는 자생적 공동체 운동이 등장하기도 하였고, 기존의 마을만들기를 사람 중심의 정책·거주자 중심의 정책으로 이행하기 위해 제도로 편입되는 경향을 분명히 보이고 있다.

지난 50년 동안 전개해 온 지역공동체 운동이 갖는 의미와 성향은 매우 다양하다. 개인의 지도력에 기반하거나 사회적 이슈와 결합하여 지역공동체 운동이 등장하였다. 그럼에도 불구하고 지역공동체 운동은 스스로 자기조직화에 초점을 두고 시작했다는 점과 지역사회공동체를 기반으로 했다는 점, 단순하고 소박한 삶을 지향하면서 실천적 대안사회의 모습을 보여 주었다. 최근에는 세대별 경향이 나름의 특성을 지니고 나타나고 있다. 이러한 일련의 역사성이 투영되어 나타난 지역공동체 운동을 불과 지난 몇 년 동안에 행정이 어젠다를 주도하는 상황이 되었다.

한국의 지역공동체 운동의 시대적 현황

구분	시대상황	사회여건	주요 공동체	공동체 운동 경향
1950년대	전후 복구와 절대빈곤 탈출	• 절대빈곤 극복을 위한 사회적 가치의 획일화 • 극빈층 중심의 공동체 • 사회적 약자 지원	• 동광원(1948) • 귀일원(1964) • 한삶회(1955) • 씨알농장(1957) • 신앙촌(1957) • 풀무농업고등기술학교(1958)	• 사회적 약자 보호 활동 • 검소 · 청빈 일상화 • 학교의 지역사회화
1960~70년대	조국 근대화와 지역공동체 운동 발아	• 도시빈민 지역 중심의 공동체 • 개발 패러다임에 대한 저항과 자치권 확보	• 야마기시즘 실현(1960) • 증평영농조합법인(1964) • 주민교회와 지역공동체(1973) • 두레마을(1975) • 복음자리마을(1977) • 밀알공동체(1974) • 예수원(1977)	• 자생적 지역빈민 운동 • 공동생산체 제도입 • 생산공동체 지향 • 영성수련의 사회화
			• 서당골(1983) • 산안마을(1984) • 푸른누리(1995) • 한살림(1986) • 한마음공동체(1986)	

			• 생명누리(1996)	
1980 ~ 90년대	환경문제와 생명문화 운동	• 중산층과 결합한 생활공동체 • 일상생활의 욕구 수용 • 시민사회 결합 요구	• 생명누리(1996) • 이랑둥지(1987) • 정토회(1988) • 금호행당하왕주민기획단: 송학마을(1988) • 다일공동체(1989) • 정농생협(1990) • 안양아카데미테마타운(1991) • 문당리 환경마을(1993) • 안성의료생협(1994) • 물만골공동체(1995) • 간디학교(1997) • 인드라망 공동체(1998) • 예수살이공동체(1998) • 안솔기마을(2001) • 녹색대학생태마을(2001)	• 소비자 운동 • 도농직거래 • 영성자각 프로그램 • 지역 · 마을만들기
2000년	대안사회 운동 공동체 운동	• 생활세계의 재검토	• 생태산촌만들기(2000) • 이장(2001) • 마을만들기(2000) • 성미산마을(2002) • 산위의 마을(2002) • 진안군 마을조사단 활동(2006) • 산너울 마을(2008)	• 마을기획의 전문화 • 생활정치의 전문화 • 마을만들기 운동의 제도화 • 에너지 자립의 실현가능성

함께 만드는 마을, 함께 누리는 삶

			• 들꽃 피는 마을 (2008) • 마중물공동체 등용마을(2009)	
2010년	지역공동체 운동의 제도화	• 세대문제의 등장과 모색 • 민관협력 마을 공동체 생태계 구축	• 두꺼비 하우징 (2010) • 우동사(2011) • 산새마을(2013) • 서울시, 수원시 등	• 청년공동체의 사회화 • 마을만들기 및 사회적 경제 분야의 마을생태계 구축

출처: 김성균(2009: 55~105); 정토회 에코붓다(2013) 에코보살 인터뷰 내부자료 재구성.

2. 권위주의 시대의 정부주도형 풀뿌리 지역정치 권력

국민운동단체의 발아

한국은 1960년대 근대화 프로젝트인 경제개발계획과 새마을운동을 시작으로 국토개발과 계획의 역사가 시작된다. 그 이후 1970년대에는 불균형 개발 이론의 핵심이었던 성장거점이론을 중심으로 지역개발학이 등장하였고, 1980년대에는 급격한 도시화와 대도시로의 인구집중은 체계적인 도시관리를 위해 도시계획에 대한 관심이 고조되기 시작하였다. 동시에 도시계획과 택지개발을 체계적으로 하기 위한 수단으로 부동산학이 등장하였다. 즉 지역사회개발, 지역개발, 도시계획 그리고 부동산으로 이어지면서 토목과 건설 중심의 개발계획이 개발의 주류 패러다임이었다. 그 과정에서 지역은 외부자원에 전적으로 의존하는 외생적 개발수요와 국가의 의하여 계획되거나 동원되는 하향식 발전모델 방식의 요소투입형 발전양식이 개발의 주류를 이루었다. 결국 지역은 국가목표를 실현하는 수단으로 취급되어 왔으며, 지역발전 역시 국가정책에 의하여 결정되어 온 존재였다(프리드만, 1966; 김용웅 외, 2003: 32~33). 그 발전방식은 요소투입형 외생적 발전양식이었다. 요소투입형 외생적 발전의 한계는 지역이 사회적 자본을 활용하고 네트워크를 형성하는 과정에서 발생하는 내생적 가치를 최대화시키지 못하는 한계를 드러냈고, 특히 물리적 개발에서 사람 중심 의 발전으로 사회적 목표가 확산되면서 지역발전에 대한 관점과 이해의 방법과 방식이 다르게 나타나기 시작했다. 그 시작점 중의 하나가 '마을만 들기'이다. 마을만들기는 외생적 요소에 의한 발전양식이 아니라 마을 내 부의 가치를 최대한 발현하여 이를 기초로 사람 중심의 발전양식을 도모 하는 특징을 지닌다. 따라서 기존의 물리적 환경개선에 중심을 두었던 정 부주도형 개발방식은 오로지 택지개발 중심의 지역개발 방식에 초점을 두 면 되는 상황이었다. 이러한 개발방식은 주민과의 이해관계가 형성되는 과정에서 민원만 해결하면 되는 정도의 매우 낮은 수준의 주민참여가 이 루어지는 정도였다. 그러나 마을만들기는 기존의 토건 중심의 발전양식이 아니라, 사람 중심의 발전양식을 지향하는 과정에서 정치 · 사회 · 문화 · 경제적으로 다양한 스펙트럼이 형성되고 그 과정에서 하나의 완결된 네트 워크를 이루면서 마을의 가치가 재구조화되는 과정에 큰 의미를 두는 발 전양식이다.

행정동 또는 법정동의 명칭으로 사용하고 있는 동(洞)에는 우리 전통지 리학의 관점이 반영되어 있다. 마을에서 "한 우물을 쓴다", "같은 우물을 사용한다"는 의미의 마을 동(洞)은 물을 기반으로 한 마을공동체의 의미를 지니고 있었다. 현대적으로 해석하면 마을 거버넌스의 철학적 기조를 담 고 있었다고 할 수 있다. 공동체 문화를 가지고 있는 마을의 의미는 삼한 시대 변한에서 시작된 촌락사회 공동조직의 한 형태였던 계를 시작으로 두레, 향약은 마을공동체를 설명하는 대표적인 사례라 할 수 있다. 두레는 신라시대에 시작된 협동조직 운동으로 주로 농촌에서 농사일을 서로 상호 부조하기 위해 마을 또는 리(里) 단위로 조직된 작업공동체이며, 향약은 조선시대 중기 이래 약 200년간 계속된 지역자치 운동이었다.

　일제강점기에는 항일 저항운동으로 민중운동이나 민족정신 고취를 위한 계몽적 운동의 성격을 지니고 커뮤니티 단위에서 주민조직 운동이 전개된 바 있다. 커뮤니티 단위의 운동은 금융조합, 산업조합, 농촌진흥 운동, 향도향약 등의 운동으로 진행되었다. 해방 이후 1958년 관주도적으로 진행된 지역사회개발 운동으로 일환으로 '부락민 자조개발 6개년 계획'을 시작으로 1961년 12월 17일에는 법률 제622호로 제정 공포되었던 국가재건국민운동에 관한 법률이 폐지되고 이를 국민운동으로 개칭하면서 새롭게 출발하였다. 당시 국민운동은 전 국민이 민주주의 이념 아래 협동단결하고 자립자조정신으로 향토를 개발하며 새로운 생활체계를 확립하는 것을 주요 이념으로 한 정부주도적 커뮤니티 운동이라고 할 수 있다.

　1970년 4월 22일 전국지방장관회의에서 처음으로 당시 박정희 대통령에 의해 제시되었던 새마을운동은 농촌마을을 대상으로 한 정부의 적극적 개입이 시작된 하향식 커뮤니티 운동이 본격화된 시기였다. 당시 새마을운동은 정치적으로는 정치기반 운동, 국가공동체 운동, 남북체제경쟁 운동, 농촌근대화 운동의 일환으로 복합적인 관점에서 진행된 커뮤니티 운동으로 평가되기도 한다. 경제적으로는 우리나라의 재구조화가 농촌 중심에서 도시 중심으로, 농촌국가에서 도시국가로, 경공업국가에서 중공업국가로 전환되는 과정에서 농촌인구의 대량 이농이 진행된 시기이기도 하다. 그러나 농촌에서 시작된 새마을운동은 공장과 학교, 도시로 확대되면서 전 국민 정신개조 운동이었다는 평가도 강하다. 유신이념의 실천조직으로 정의된 새마을운동은 총력안보와 결합시켜 온 국민을 통제하는 수단으로 이용되기도 했다. 당시 모든 영역에는 새마을이라는 말이 붙어 다녔다. 경제개발과 농민의 지지를 얻기 위해 시작한 새마을운동은 국가주도의 운동으로 진행되면서 상명하복의 권위주의, 일사불란의 획일주의, 외형적 실적주의와 집단주의의 폐해를 낳기도 하였다. 당시 새마을운동은 일제강점기에 진행했던 모범부락 선정이나 보조금을 지원하여 농촌진흥 성과를 언급하던 방식을 그대로 답습했다. 또한 통치의 홍보수단으로 전락하면서 개별 농가에 대한 도움보다는 자립마을, 자조마을, 기초마을을 선정해 마을경쟁을 이끌어 낸 것이 당시 새마을 운동의 한 흐름이었다.

정부주도형 관변단체의 제도화

1979년 10월 26일 박정희 대통령 서거 이후 1980년 5월 31일 국가보위 비상대책위원회가 구성되었고, 이 국보위는 전국 단위의 사회정화운동을 시작하였다. 1980년 8월 9일 수원에서 지역정화운동추진 경기도민 결의대회를 시작으로 시·도, 시·군·구, 읍면 및 직장 단위별로 자발적(?) 결의대회가 개최되기 시작했다. 당시 사회정화운동은 도시에서 시작하여 농촌으로 확산시킨 운동이며, 기존의 조직체를 활성화시켜 지역조직 운동으로 발전·정착시키고자 했던 운동이기도 했다. 이 조직은 사회정화위원회로 활동을 하게 된다. 그 이후 사회정화위원회는 1989년 4월에 '바르게살기운동협의회(이하 '바살협')'로 재출범하게 된다. 당시 사회정화위원회 후신인 바살협은 '민족정신과 문화적 전통을 발전시켜 다가올 21세기에 맞는 사회규범체제 및 새로운 문화의 재창조, 건전한 국민성을 확립하기 위한 올바른 의식과 가치관을 기르자는 정신운동'을 표방하면서 1991년 11월 국회의원 선거와 대통령 선거를 앞둔 시점에 「바르게살기운동조직 육성법」이 제정·통과된 바 있다. 1998년 국민의 정부에서는 지방자치단체의 조례로 정한 제2 건국위원회 운영에 관한 사항을 구성한 바 있다. 반면, 일명 관치행정의 표본이라고 할 수 있는 관변단체로 평가받는 사회조직에 대한 국민운동조직 폐지론이 제기된다. 2005년 7월 13일에 사회단체보조금 제도개선 전국 네트워크는 국민운동단체 육성을 위해 제도화된 새마을운동조직육성법 폐지법률안, 바르게살기운동조직육성법 폐지법률안, 한국자유총연맹육성에 관한 법률 폐지법률안 공공발의에 즈음한 공동보도문을 발표했다. 이 발표문은 이들 단체들이 과거 군사정권 시절 관주도단체로 활동했다는 것에 공통된 인식을 공유하면서 순수한 민간단체로 판단하기 어렵다는 입장이었다.

3. 1987년 민주화 운동 이후 풀뿌리 자치세력의 등장

아래로부터의 지역발전 방식과 지방자치

참여정부는 하향식 지역발전 방식을 상향식 지역발전 방식으로 전환하면서 농촌지역을 대상으로 한 '신활력사업', '살기좋은 지역만들기 공모사업'을 진행하였다. 그러나 이미 민간에서는 지방의제를 중심으로 한 마을만들기 사업이 진행되고 있었다. 당시 참여정부 대통령 직속 균형발전위원회에서는 2006년 3월 28일 '살기 좋은 지역만들기' 비전과 5대 과제를 발표하였고, 그해 6월 1일에 행정자치부는 기본방향을 확정하고, 8월 8일에는 '살기 좋은 지역만들기 기본계획'을 발표하면서 주민과 자방자치단체 주도의 자율기획과 자기책임의 원칙하에 '살기 좋은 지역만들기'를 추진한 바 있다. 당시 정부에서 추진한 살기 좋은 지역만들기는 '공간의 질과 삶의 질을 제고하는 지역의 창조'라는 비전하에 '쾌적하고, 아름답고, 특색 있는 지역공동체'를 만들기 위한 국정과제라 할 수 있다. 그 과정에서 시·군 단위는 부시장 및 부군수를 단장으로 한 살기 좋은 지역만들기 추진단(TF)을 중심으로 추진체계를 마련하도록 하였다. 당시 살기 좋은 지역만들기의 추진 틀은 지방자치단체가 협의, 기획, 심의, 실행 재정지원, 정보제공, 교육훈련, 동기부여의 역할을 도모하고, 중앙정부는 법적 기반 마련, 정책 패키지 마련, 인센티브 지원, 규제완화, 매뉴얼 지원, 교육지원, 연구지원, 전문인력 제공 등을 담당하면서 실질적인 추진주체는 주민, 행정, 전문가가 상호 협력적 관계를 유지하도록 하였다. 그 외에도 지방자치단체에서는 주민자치위원회에서 진행한 마을만들기(경기 부천, 성남)가 있으며, 지방자치단체 산하의 평생교육기관(경기 용인)에서 마을만들기 사업 등을 진행하였다.

1987년 '민주화의 봄' 이후 노동운동과 민주화 운동 등 사회운동의 성격이 신사회 운동으로 확장되면서 다양한 영역의 시민사회 운동이 등장하게 된다. 개인이 일상의 영역에 깊은 관심을 갖게 된 신사회 운동은 지역자치, 마을자치 등 커뮤니티를 기반으로 한 영역에 구체적인 관심을 갖게 된다. 마포의 성미산마을, 부산의 물만골마을, 충남 홍성의 문당리마을, 충남 서천의 산너울마을, 원주의 협동조합 네트워크 등 마을을 기반으로 한 공간적 단위와 기능적 단위가 적절하게 상호 보완적인 관계망을 가지고 마을 거버넌스가 형성되는 특징을 보여 주고 있다. 전국 곳곳에서 자생적으로 진행하고 있는 마을공동체는 공간적 여건과 자신들의 능력을 최대한 고려하여 비전과 플랜을 구상하고 있다.

지방의제의 등장과 지역자치

1972년 인간환경선언(스톡홀롬선언)을 시작으로 1982년 나이로비선언, 1992년 리우선언, 2002년 요하네스버스 이행계획이 채택된 바 있다. 특히 1992년 진행된 리우선언은 전 지구적 지침이 되는 선언으로 40개 장의 의제21을 채택하는 계기를 마련하게 된다. 우리나라에서는 1995년 부산과 인천을 시작으로 지방의제21이 도입되기 시작하였으며, 1997년 환경부에서는 '지방의제21 작성지침'을 마련하였다. 1999년에는 전국 단위의 지방의제21 대회를 시작으로 지방의제를 전국의제화하기 시작했으며, 2001년부터는 「지방의제21 전국편람」이 작성되었다. 짧은 시기에 지방의제21이 자리 잡으면서 양적 확대에서 질적 성장으로 도약하기 시작하였다. 2006년 7월에는 지방의제를 지속가능한 발전을 위한 시스템으로 전환하기 위한 TF팀이 구성되었고, 그 이후 2007년 8월에 「지속가능발전 기본법」이

한국의 지방의제21은 지역사회에 환경과 삶의 질 문제를 제기하고, 대중적인 해결책을 제시하였으며, 거버넌스를 발전시켰다. 이전까지 대립과 갈등관계였던 행정과 NGO를 지속가능한 발전을 위해 함께 논의하고 행동하게 했다. 사진은 2015 지속가능발전 전국대회 조직위원회 발족식 모습.

공포되었고, 2008년 2월에 「지속가능발전 기본법」이 시행되었다.

한국의 지방의제는 마을을 핵심의제로 사업을 진행하는 경향이 강했다. 지방의제21전국협의회(현재 명칭은 전국지속가능발전협의회)는 출범 이후 전국대회를 개최하고, 우수사례 공모전을 시행했으며, 정책포럼을 지속적으로 개최하였다. 협의회는 환경교육, 하천 살리기, 습지, 폐기물, 녹색구매, 기후변화, 녹색교통, 로컬푸드, 참여자치, 매니페스토 등 다양한 분야와 영역에서 마을공동체 비전을 구축하기 위한 정책적 정리와 행동을 조직했다(이창언 2014; 이창언 외 2014; 이창언 외 2015).

지방의제21은 지방 이니셔티브와 도시계획을 마련했을 뿐 아니라 가장 중요한 성과로 많은 도시와 마을에서 참여적 거버넌스 문화를 도입하고 정착시켰다. 마을이나 커뮤니티를 기반으로 논의된 마을만들기 의제는 지방재정 진단 및 참여예산제로 확산되는 경향이 나타나기도 하였다. 또한 지방의제21은 주민소통위원회 운영, 주민참여예산제 및 주민감사관제의 확대 운영, 주민참여조례 제정 등에 앞장섰다.

최근 지방의제21(지속가능발전협의회)은 지속가능한 지역공동체를 활성화하기 위해 ① 주민참여와 로컬거버넌스, 직접민주주의를 강화하는 조례 제·개정, ② 기후변화 대응과 생물종 다양성 보존을 위한 조례 제·개정, ③ 로컬푸드, 협동조합, 사회적 경제 등 녹색지역경제 활성화를 위한 조례 제·개정, ④ 사회적 형평성을 증진하기 위한 조례 제·개정, ⑤ 미래세대를 배려하며 책임 있는 지구시민으로 육성하기 위한 조례 제·개정 등에 대한 논의를 진행하고 있다.

여기에 더해 선거공약에 대한 꼼꼼한 점검과 평가와 이행을 위한 매니페스토 시스템 구축 또한 필요하다. 행동계획으로서 '지방의제21(지속가능발전협의회)'이 지속가능한 지역공동체 만들기에 상징적인 역할이 아니라 실제로 지방자치단체의 정책 방향과 내용을 비롯하여 지역주민의 생활현실을 변화시키고 지역주민의 인식을 바꾸어 나갈 수 있으려면 지방의제21을 지속가능발전 이행지표(실천계획)로 공식화하여 실행력을 높이는 데 주력해야 한다.

지방의제21은 ICLEI가 지속가능한 녹색도시를 위해 제시하고 있는 지속가능한 도시, 복원력 있는 도시, 저탄소 도시 생물다양성 도시, 자원 효율적인 도시, 녹색 도시 인프라, 녹색 도시경제, 건강하고 행복한 공동체 등의 이슈에 초점을 맞추고 있다(이창언, 2014).

참여예산제와 지역자치

1988년 브라질 남부의 포르투알레그리에서 시작된 예산 관련 논의는 2002년 지방선거에서 포르투알레그리의 참여예산에 관심을 보이던 민주노동당에서 '주민참여예산제'를 공약으로 제시하면서 '주민참여예산'에 대한 논의가 본격화되기 시작하였다. 우리나라는 1990년 중반 원주와 청주에서 의정감시 활동의 일환으로 지방자치단체 예산 분석을 시작으로 예산

감시 운동이 시작되었으며, 2000년 3월에 예산감시 네트워크가 전국 단위로 결성되면서 예산감시 운동이 본격화되기 시작하였다. 주민참여예산이 제도화된 것은 2003년 광주 북구, 2004년 울산 동구를 시작으로 울산 북구, 대전 대덕구, 경기도 안산, 전남 순천, 광주 서구 등이 주민참여예산제도를 도입하면서 주민참여예산제에 대한 논의가 본격화되었다. 2005년 8월에 「지방재정법」 제39조에 "지방예산 편성과정에 주민이 참여할 수 있는 절차를 마련하여 시행할 수 있다"라는 근거규정이 삽입되면서 참여예산에 대한 제도화 방안이 구체적으로 논의되기 시작하였고, 2011년 9월부터 모든 지방자치단체가 주민참여예산제를 의무적으로 시행하도록 하는 제도가 마련되었다. 주민참여예산제를 비롯한 다양한 주민참여제도는 지방권력이 자칫 독선으로 빠지는 것을 제어하는 기능을 한다. 또한 대의정치의 결함을 보완하고 주민의 책임의식을 일깨워 주민의 권리와 재산상의 침해를 극소화시킬 수 있다. 아울러 주민참여를 통하여 지방정부와 주민과의 협조관계가 강화되고 지역정책에 대한 주민의 지지를 확보할 수 있다는 장점이 있다. 지역자치는 제도가 완비되었다고 저절로 발전하는 것이 아니라 주민이 관심을 가지고 참여해서 적극적으로 주장하고 요구할 때 얻어지는 참여의 열매이다. 따라서 우리 지역자치가 부패하고 비능률적이라고 할 때 그 일정한 책임은 바로 주민에게도 있다.

주민참여예산제도는 현재까지 '마을만들기'의 주요 실행담론이다. 최근에는 주민주도 마을계획과 같은 자치와 거버넌스(governance) 영역, 사회적기업, 협동조합 운동 등 커뮤니티 비즈니스(community business)와 결합하면서 마을에 사회적 자본을 형성하고 건강한 생태계를 조성하기 위한 다양한 영역의 활동으로 점차 확대되고 있다(이창언 외, 2015).

4. 새로운 풀뿌리 지역정치 권력의 등장과 마을공동체 운동

마을만들기 운동의 확산

마을만들기가 핵심적 의제로 등장한 것은 당시 주식회사 이장과 진안의 마을만들기 프로젝트가 전국에 적잖은 영향을 주었다. 진안군은 2000년에 '주민주도의 지역개발'이라는 슬로건 아래 민간전문가를 위촉하였고, 민간의 창의적인 아이디어와 행정의 조화를 통하여 민관협력 자치조직을 구성하게 된다. 그것이 '군정기획평가단'이었다. 2001년에 '군정평가기획단'은 주민주도형 읍·면 단위 지역개발사업을 시작했으며 그것이 지금의 진안군의 마을만들기의 밑거름이 되고 있다. 결국 진안군에서 시작된 마을만들기는 마을만들기의 창의적 방법론을 제시하고 있다고 볼 수 있다. 그 이후 마을만들기 그룹들이 모여 마을만들기 전국 네트워크를 결성하고 현재 활동을 하고 있다.

민간영역에서는 2001년 8월 대전에서 있었던 마을만들기 전국 워크숍을 기점으로 마을만들기에 대한 논의가 전개되었다. 그 모임의 시작은 2004년 대화문화아카데미에서 있었다. 대화모임은 시민사회 성장과정에서 마을만들기, 생활협동조합, 주민자체센터 활성화 등이 풀뿌리 지역조직의 중요한 토대가 되는 것을 인식하고, 지역별로 전개되어 온 지역공동체 운동을 되돌아보고 향후 방향을 모색하고자 마련되었다. 이 모임에는 마을을 중심으로 시민사회, 정부 그리고 의제활동가 등이 모였다. 7월 2일 첫 모임에는 공간문화센터 대표인 최정한, 녹색사회연구소의 김경화, 성남 YMCA의 김의욱, 생태공동체운동센터의 이근행, 전국귀농운동본부의 성여경, 열린사회 북부시민회의 김진숙, 한국문화관광정책연구원의 이영욱, 도시연대의 김은희, 모심과 살림연구소의 윤형근, 열린사회시민연합의 박흥순, 청와대 시민사회수석실의 김형욱, 국가균형발전위원회의 김영집, 지방의제21전국협의회의 유문종, 시민자치정책센터의 하승수, 시민문

함께 만드는 마을, 함께 누리는 삶

화네트워크의 전효관, 시민자치정책센터의 김현 등이 참석했다. 그리고 7월 29일 마을만들기 관련 첫 번째 간담회를 시작한다. 이 간담회에서 풀뿌리 주민자치에 기반한 마을만들기 현안이 논의되었다. 그리고 8월 10일 두 번째 기획모임에 이어 8월 11일, 24일, 25일에 마을만들기 대화모임을 위한 준비작업을 했다.

2004년 8월 27일과 28일 1박 2일 동안 수유리 아카데미하우스 대화의 집에서 당시 참여정부의 국가균형발전위원회의 성경륭 위원장이 '국가균형발전과 지역공동체'라는 기조강연을 시작으로 박홍순의 '지역혁신전략과 시민회의 참여방안: 풀뿌리 공동체 운동의 측면에서'와 박승현의 '풀뿌리 주민자치에 기반한 마을만들기의 방향과 과제'라는 주제로 대화모임을 진행했다. 당시 성경륭 위원장은 기조강연에서 로컬거버넌스, 협력, 사회적 연대에 의한 지역공동체의 중요성을, 박홍순은 참여를 위한 환경조성과 지원방안을 강조했다. 특히 그는 주민자체센터가 마을만들기의 중요한 생활거점임을 주장하면서 자원봉사와 평생학습 운동을 활용한 활성화 전략을 제안했다. 박승현은 헬레나 노르베리 호지의 이야기를 빌려 지역화와 풀뿌리 민주주의를 강조하면서 마을에서 의제를 만들고, 주민조직을 하고, 정치적 주체를 세우는 일이 중요하다고 말했다. 이러한 발의 이후 여러 논의 가운데 당시 주식회사 이장의 대표인 임경수 박사는 지역공동체를 바탕으로 한 마을만들기의 필요성을 주장했다. 당시 이 모임에는 녹색사회연구소의 김경화, 도시연대의 김은희, 성남YMCA의 김의욱, 시민자치정책센터의 김현, 행정개혁시민연합의 박수정, 대화문화아카데미의 박승현, 열린사회시민연합의 박홍순, 지방의제21전국협의회의 유문종, 모심과 살림연구소의 윤형근 그리고 도시연구소의 이로 등이 참여하였다.

1박 2일 워크숍 이후 9월 15일에 세 번째 모임이 진행되었다. 이 모임은 당시 참여정부가 핵심 어젠다로 제시하고 운영하던 균형발전과 지역만들기의 어젠다에 주민공동체 주도형 마을만들기 T/F 역할과 전망을 제안

마을만들기 전국대회는 마을 민주주의 실천을 위한 다양한 관련자들의 의지를 다지는 선언과 토론의 장, 지속가능한 마을사업 토대 구축을 위한 다양한 참여주체 간 네트워크 활성화의 장, 다양한 방식의 주민주도 마을사업이 소개되고 토론되는 학습과 교류의 장이다.

하는 자리였다. 2004년 대화문화아카데미에서 주관하여 진행한 마을만들기 대화모임은 주관단체인 강대인 원장을 중심으로 총 67명이 참여하여 당시 국정 어젠다였던 균형발전에 주민주도형 마을만들기의 방법론을 논의하는 자리였다. 2004년 한 해 동안의 모임에 대한 기록은 「변화의 시대 마을만들기 운동, 돌아보고 내다보며」라는 보고서로 발행되었다. 이 보고서는 대화문화아카데미가 전국에서 마을만들기 운동을 하는 전문가나 활동가로부터 수집한 자료로 구성된 기록물이다.

　당시의 대화문화아카데미 모임은 중요한 의미를 지닌다. 이 모임 후 마을만들기 네트워크 준비모임을 결성한 다음 2005년 4월에 창립을 결의하고 구체적인 조직활동에 착수한다. 당시 실행위원회에는 임경수, 최시영, 김의욱, 박승현, 최준이 선임되었고, 총 6회에 걸친 실행위원회를 거쳐 2005년 4월에 세 번째 대화모임을 갖게 된다. 그리고 2005년 4월 23일 '마을만들기 전국 네트워크'라는 전국 모임을 결성하게 된다. 2007년 4월 이미 마을만들기 운동을 제도화하기 시작한 진안군의 협조를 받아 진안에서 '마을이 살아야 지역이 산다'라는 주제로 제1회 마을만들기 전국대회를 개최한다. 그리고 대회 슬로건을 마을만들기 전국 네트워크의 기본정신으로 정한다. 전북 진안은 그 이후 3년 연속 행사를 진행하였고 마을만들기의 새로운 거점 역할을 했다.

한편 1997년 주민의 일상적인 보행문제 개선을 위해 모인 '걷고 싶은 도시만들기 시민연대'가 창립되면서 '안전한 통학로 만들기', '인사동 역사문화 가꾸기 운동' 등 마을만들기 사례 등이 논의되었다. 특히 인사동에서 진행되었던 많은 사업에 관심이 몰리면서 마을만들기에 대한 용어가 시민사회 운동 진영에서 활용되기 시작하였다(마을만들기 전국네트워크, 2013: 273).

그 이후 마을만들기 운동은 사업 중심으로 시민사회단체 혹은 의제21에서 주도적으로 진행해 왔다. 본격적으로 의제21을 포함한 시민사회 진영이 전국적 네트워크를 형성하기 시작한 것이 2005년경이다. 2005년 말 참여정부의 '살기 좋은 지역만들기' 정책이 추진되면서 마을만들기 관련 활동을 하던 시민사회단체 활동가들이 모임을 갖기 시작했다. 2006년 4월에 '살기 좋은 지역만들기 민간단체 1차 토론회'가 개최되었고, 이어서 4월 말에 대전에서 전국의 시민사회단체 활동가 100여 명이 모인 '2006 마을만들기 활동가 워크숍'이 개최되었다. 그리고 연이어 6월에 2차 토론회를 열면서 '전국 마을만들기 전국 네트워크' 결성을 논의하였다. 2007년에는 정부지원으로 '마을만들기 전국대회'가 개최되었고 전국 네트워크는 민간 주도 파트너로 이 대회에 참석했다. 이 전국대회는 마을만들기 운동의 확산과 활동성을 공유하기 위해 2007년부터 본격적인 활동을 시작하였다. 2007년 1회 대회부터 4회 대회까지 마을만들기 사업을 지방자치단체에서 처음으로 시작한 진안군에서 개최하였고, 2012년에는 창원에서 제5회 대회가 개최되었고, 2013년에는 수원, 2014년에는 완주에서 개최되었다. 마을만들기 운동이 급물살을 타기 시작하면서 지방자치단체는 각 단체의 성격과 활용능력에 맞게 마을만들기 사업을 추진하고 이를 위한 중간지원조직을 구성하기에 이른다. 특히 서울시의 마을공동체 지원사업은 사업운영의 새로운 접근방법으로 제안되기도 하였다. 이와 같은 노력의 결과는 시민운동으로부터 시작되었다고 볼 수 있다.

마을만들기 운동의 이슈

도시와 농촌에서 진행되는 마을만들기 운동은 생산, 교육, 여가 등 일상에서 겪고 있는 커뮤니티의 현안문제에 공동체 운동의 원리를 적용시키면서 자치적으로 문제를 해결해 나가고자 지역의 특성에 맞는 운동양상의 출현에 많은 관심을 갖게 된다. 결국 마을만들기는 도시에서는 주거권 확보를 위한 운동과 생활문화 운동 차원에서 진행된다. 그리고 농촌에서는 생산에 기반을 둔 마을만들기가 진행된다. 도시든 농촌이든 마을만들기는 시민자율적 통치에 기반을 두고 공동체의 원리에 따라 주어진 현안을 자율적으로 해결해 나가고 있다.

최근 등장하고 있는 마을만들기에 대한 이슈는 분명한 역사적 궤적을 지니고 있다는 것을 앞서 간략하게 확인하였다. 커뮤니티라는 물리적 공간 그 자체가 호혜적 관계를 유지하는 공동체에서 근대화 과정을 거치면서 정부에 의해 기획된 마을자치(?)가 이루어지기도 하였다. 그러나 근대화 시대의 운동이 탈근대화 운동, 즉 신사회 운동으로 확장되면서 일상생활의 문제가 중요한 의제로 등장하였다. 이러한 의제는 국내에서는 1987년 '민주화의 봄'을 기점으로, 국외적으로는 '지속가능한 사회'라는 의제가 등장하면서 마을에 대한 가치를 새롭게 평가하기 시작하였다. 지구적으로는 1988년 브라질 포르투 알레그리에서 '재정민주주의'를 강조하면서 마을에 대한 해석과 접근이 새롭게 등장했다.

국내의 상황이든 지구적 상황이든 지금 현재 핵심적인 의제는 '마을'이며, 그 접근방식 또한 다양하게 등장하고 있다는 점에 주목할 필요가 있다. 왜냐하면 '마을'이라는 물리적 공간이 단순한 물리적 공간에 그치는 것이 아니라, 시대의 상황과 흐름에 따라 일정한 역사성을 가지고 그 의미를

함께 만드는 마을, 함께 누리는 삶

'사회화'시켜 온 까닭이다. 따라서 마을에 대한 이해는 물리적 대상이 아니라 마을을 구성하고 있는 다양한 사람과 그 삶에 대한 이해가 기초가 되어야 하며, 그 속에서 요구되는 '시대정신'에 대한 이해가 그 어느 때보다 중요하다. 변증법적 과정을 통해서 알 수 있듯이 지금 시대가 요구하고 있는 '마을'의 핵심적 의제는 더불어 사는 삶의 가치를 형성하는 일이다. 슈마허(Schumacher, E. F.)는 "지구적으로 생각하고 지역적으로 생각하라"는 의제를 인류사회에 제안했다. 위기의 복합사회에서 그의 주장은 매우 시기적절하며, 그 실현장소가 곧 '마을'이라는 것은 매우 중요한 의미를 지닌다.

마을만들기 운동의 과제

2000년대 확산기를 거치면서 각 지방자치단체들이 마을만들기를 공식 정책으로 받아들여 조례 제정, 관련 부서 설치, 중간지원조직 결성 등이 활발하게 진행되었다. 2008년 안산시가 시민사회와의 교감과 협력을 통해 최초로 '좋은마을만들기 지원센터'를 만들었고, 2014년 말까지 중간지원조직을 만든 곳이 14곳에 이른다.

이때부터 활동가 위주로 진행되었거나 또는 지방자치단체의 마을사업에 국한되었던 기존 마을만들기의 내용과 범위가 이들 센터의 활동을 통해 더욱 확대되었다. 종합적인 관점에서 주민역량 강화를 위한 교육 등 체계적이고 지속가능한 마을만들기 활동으로 발전하게 된 것이다.

한편, 이 시기에는 각 지방자치단체가 마을만들기를 정책의 주요 분야로 추진하면서 관료화된 마을만들기를 쫓는 양상이 나타나기 시작했다. 일부 지방자치단체에서는 지나친 관 주도, 형식주의, 하향식 추진, 단기적 실적주의, 정치화 등의 문제로 주민이나 활동가들과 갈등을 빚는 일이 발생했다. 중앙정부에서도 부처마다 마을과 공동체에 대한 유사 중복 정책이 난무하면서 중복지원, 성과주의, 예산낭비, 공동체성 약화 등의 부작용이 빈발했다. 따라서 이 시기는 마을만들기가 활성화된 것과 함께 마을만

들기의 새로운 방향설정이라는 과제를 안겨 주었다고 할 수 있다(김광남,
2015: 171).

지속가능한 농촌마을공동체의 새로운 추진력, '홍동'

　충남 홍성군 홍동면, 이 조그마한 농촌마을 사람들이 우리나라에서 가장 앞
서 협동조합, 유기농업, 귀농·귀촌 운동을 주도하고 있다. 최근에는 사회적
경제와 녹색정치 운동을 적극 실천하고 있다. 대도시와 멀리 떨어져 있는 시
골임에도 불구하고 세상을 바꾸려는 여러 새로운 실험들이 이곳에서 시도되
고 있다.

　홍동에서 지속가능한 마을, 인간과 생명이 공존하는 농업이라는 다양한 실
천이 가능했던 데에는 홍동면 팔괘리에 있는 풀무학교에서 그 근원을 찾지 않
을 수 없다. 홍동지역이 유기농과 마을만들기 선진지역이 된 배경에는 교육이
중요한 역할을 수행해 왔다. 교육을 통해 인재를 양성하여 협력과 협동에 기

반한 사회적 관계를 만들어 왔던 것이다.

홍동면에서는 다양한 주체들이 다양한 조직들을 자발적으로 조직하면서 지속가능한 지역공동체를 모색하는 형태를 보여 왔다. 1970~1980년대에는 풀무농업고등기술학교(이하 '풀무학교')를 졸업한 지역의 일꾼들이 풀무신협, 풀무생협 등을 조직하며, 지역의 발전주체로서 활동했다. 이후 1990년대 들어 2000년대 초반까지는 풀무생협이 지역의 자원을 활용하여 다양한 활동을 이끌어 내면서 지금의 유기농 메카로서의 입지를 확고히 다졌다.

1세대들이 홍동면 문당리 마을공동체를 형성하면서 공동체의 기본적 사상과 물리적 기반을 형성하였다면, 2세대들은 이를 바탕으로 지역사회에 진출하여 네트워크를 형성하면서 지역의 지속가능한 발전을 주도했다. 이들은 지역사회에서 협동조합, 유기농, 문화, 생산 등에서 공동체를 형성하거나 생산자 조직을 만들어 지역공동체 기반을 만들었다. 최근에는 외부에서 정착하거나 2세대 자녀들을 중심으로 3세대들이 홍동의 유기농업과 마을만들기를 새롭게 준비하고 있다. 특히 3세대 그룹들은 다른 지역 성공사례들에 대한 접목을 시도하여 지역공동체가 다양한 형태로 진화하고 있음을 보여 주고 있다.

풀무학교는 1975년 거의 처음으로 유기농업을 시작해서 그 성과를 지역에 전파해 왔다. 그 결과 홍동면은 현재 우리나라 소농 유기농 운동의 중심이 되었다. 이제 충남의 작은 마을 홍동은 일본, 중국, 필리핀, 베트남 등 동아시아 인접국가에서뿐 아니라 유럽과 미국에서도 모범적인 생활공동체 마을로 이름나 있다.

홍동의 지속가능한 농업과 마을만들기는 지역의 다양한 역량이 힘을 합쳐 온 협력적 과정이라 할 수 있다. 앞으로 홍동의 지속가능한 지역공동체 비전 모색은 지방정부의 전략, 시민사회의 이니셔티브, 네트워크 간 연계와 협력(거버넌스), 제도화라는 여러 유형의 속성 중 가능한 많은 것을 결합시킴으로서 향상될 수 있을 것이다. 현재 홍동지역은 그 가능성이 대단히 높은 지역이라 할 수 있다.

출처: 이창언(2015a).

3장

마을공동체와
지역정치 권력

1. 풀뿌리 지역정치 권력의 등장

마을공동체는 아래로부터 형성된 풀뿌리 지역자치 권력이 구현된 진정한 지역자치의 현장이다. 2002년 6·13지방선거 결과를 놓고 한겨레신문은 "새마을운동 단체 출신 인사들이 광역·기초단체장과 의원에 모두 637명이 당선됐다"고 밝혔다. 이는 전체 당선자 4,415명의 14.5%에 해당하는 비율이다. 새마을운동 단체 출신 인사 950명이 후보로 출마해 637명이 당선되어 출마자 3명 가운데 2명이 당선된 셈이다. 당시 「새마을신문」은 "이번 6·13선거 결과는 지난 98년 6·4 제2기 지방선거에 당선된 614명보다 23명이 늘어난 것"이라고 보도한 바 있다. 2002년 10월 국정감사에서는 새마을운동중앙회, 한국자유총연맹, 바르게살기운동중앙협의회 출신으로 2002년 6월 13일 지방선거 당선자가 전체 4,399명의 27.8%인 1,224명이라고 지적한 바 있다. 이들 당선자의 70% 이상이 당시 한나라당 당적을 보유하고 있어 정치관여를 금지한 선거법 등 관련 법규와 정관에 대한 위반논란이 야기되기도 하였다. 이는 정액지원을 받는 새마을운동단체와 같은 단체에 대한 비판이었다.

새마을운동중앙회와 같이 관변단체로 불리는 민간조직은 1969년 삼선개헌 후 1970년대 정부의 권력 강화와 더불어 만들어졌다. 당시 정부는 취약한 권력기반 강화와 대중에 대한 통제력을 확보하면서 관주도의 개발정책을 추진하기 위해 관변단체를 육성·지원해 온 것으로 평가된다. 이러한 과정을 거치면서 풀뿌리 보수주의에 기반을 둔 관변단체는 막강한 집단적 힘을 형성해 왔다. 풀뿌리 보수세력은 선거시기마다 선거운동원으로 활동해 왔으며, 심지어는 통반장으로 활동하다가 선거시기에만 사표를 내고 선거운동을 하다가 다시 복귀하는 사례가 적지 않게 발생하기도 하였다. 이들 관변단체는 풀뿌리 민주주의가 아닌 풀뿌리 보수주의를 유지하는 데 매우 중요한 역할을 하고 있다. 특정 집단의 권력 강화, 관주도의 개발, 정치기획 등 중앙정부 차원에서 기획된 관변단체 관련 지원육성법은 관변단체의 위치와 역할을 공공하게 하엿다.

지방자치가 실시된 지 오랜 시간이 지났음에도 불구하고 지방자치의 핵심 목적인 주민자치·생활자치 실현에는 적잖은 어려움이 있다. 그것은 풀뿌리 보수세력의 정치적 영향력 때문이다. 이러한 현상은 풀뿌리 보수세력이 명실상부한 지역의 명사와 실력자가 되고 지방선거가 그 역할을 대행하면서 이들이 여전히 지역정치의 중심으로 존재하고 있기 때문이다(손혁재, 2006: 128).

지역정치 권력구조는 권력의 구성유형, 그리고 권력자 간의 권력배분 형태와 권력자 간의 연결관계를 통하여 지역사회 권력구조가 서열구조로 되어 있다는 것을 알 수 있다. 지역정치 권력구조는 하나의 독점적 권력집단이 지배하는 피라미드형, 쟁점에 따라 권력집단이 변화하고 유동적으로 연결되는 연립형, 적어도 두 개의 파벌이 우위를 다투는 파벌형, 어떠한 영속적 유형도 존재하지 않는 무정형으로 분류된다(강희경, 1997: 255). 반면 지역정치 권력구조는 지배집단, 중간집단, 피지배집단으로 구분되기도 한다. 지배집단은 지방행정 자문단체, 체제수호단체 등 지방정부의 주민통제와 관련된 관변단체라고 할 수 있다. 중간집단은 일반시민들이 참여하는 봉사단체, 이익단체와 친목단체로 구성된다. 피지배집단은 지역사회의 노동자, 도시빈민을 중심으로 한 운동단체로 구성된다(한상진, 1994: 60~62). 지역정치 권력구조의 상층부라고 할 수 있는 지배집단은 중앙집권의 정치체제 아래 주민의 정치적 동원을 담당하는 관변단체이다. 관변단체는 형식적으로는 민간단체이지만 지방정부에서 육성되는 조직으로 지방정부의 주민통제에 가장 직접적으로 관련되는 단체이다. 이러한 단체는 시·군·구·동 수준의 행정자문위원회와 경찰서 소속 각종 단체들이다. 관변단체는 대부분 체제유지나 우익 이데올로기 수호를 위한 단체들로 이들은 지역사회 전체의 이념적 지배를 응집시키는 기능을 담당한다.

중간집단은 봉사단체, 이익단체와 친목단체 등 시민의 다양한 결사체를 의미한다. 봉사단체로는 라이온스클럽, 로터리클럽, 청년회의소 등이다. 그리고 이익단체로는 상공회의소가 있다. 친목단체는 지연, 혈연 등 연줄관계를 중심으로 결성된 향우회, 종친회, 체육 취미모임, 기타 친목모임이다. 이들은 동 단위 규모의 친목모임을 유지하면서 도시 전체 차원에서 압력단체나 봉사단체로서의 역할을 한다. 피지배집단은 지역사회 권력구조를 민주적으로 변화시키기 위한 대안적 결사체이다. 대부분 시민사회집단이 피지배집단으로 대변되기도 한다. 지역사회에는 이렇듯 다양한 유형의 지역정치 권력집단이 존재하고 있다.

풀뿌리 지역정치 권력에 대한 논의

구분			특징
지방정치 이론	지역사회 엘리트론	일원주의적 입장	• 소수 엘리트에게 권력 집중
		다원주의적 입장	• 지역사회 권력의 분산 강조
	성장기구론	성장연합	• 지역개발 과정을 지배하고 통제하는 집단
		반성장연합	• 성장연합 세력에 대항하는 집단

레짐이론	개발레짐	• 개발(부담)정책을 지향하는 집단
	진보레짐	• 진보정책(삶의 질 향상)을 지향하는 집단
지역사회 권력론	풀뿌리 보수세력론	• 지역에서 기득권을 향유하고 있는 경제적 이해관계 집단 • 정치인에 대한 후원주의
	풀뿌리 민주세력론	• 주민이 중심이 되는 주민세력 집단 • 공론장 형성을 통한 민주주의 세력
민주주의 구성론	대의민주주의론	• 1인 1표에 의한 주민을 대표하는 입장 • 시장민주주의
	심의민주주의론	• 토의, 토론, 심의를 통하여 집단적 의사결정을 도모하는 입장 • 숙의민주주의
	참여민주주의론	
자치 분권론	행정자치론	• 중앙정부에 의한 사무 이양 정도의 행정분권 • 결과지향적 민주주의
	생활자치론	• 지역사회 주민의 일상, 풀뿌리 지역 자치에 기초한 생활분권 • 절차지향적 민주주의

지역정치 권력은 "지역을 단위로 형성된 엘리트층을 지칭하는 집단이다. 이들은 권력 엘리트의 일반적 속성을 공유하지만 영향력의 범위가 특정 지역에 국한되며, 공동체적 속성이 강한 지역사회에서 토박이가 구축이 된 연줄공동체의 특성을 지닌다. 즉 지역 엘리트, 특히 지역의 지배 엘리트는 몇 세대에 걸쳐 해당 지역에 거주한 토박이를 중심으로 구성되며, 일반대중과 격리된 채 독자적인 세력을 형성해서 자신들의 공통된 권익을 추구하는 연줄공동체"로(장세훈, 2010: 169) "지역사회 내에서 높은 가치와 재화, 권력이나 권위를 가진 사람들로서 계층구조상 상위계층에 속해 있

는 사람"이라고 할 수 있다(조용상·최봉기·김옥준, 2000: 94). 지역사회 정치권력은 "지방정부의 유관기관 또는 시민단체와 주민들을 상대로 영향력을 행사하고 활동방향에 대한 일정한 정향을 갖는다. 나아가 이들은 지방정부의 정책결정과 집행과정에 직·간접적으로 참여하게 되고 지역사회 발전에 상당한 영향력을 행사하는 집단"으로 설명되기도 한다(오관석, 2007: 23). 또한 "지역사회에서 제도적인 정치권력을 보유하지 않더라도 중요한 자원의 배분과정에서 주도적인 역할을 수행하면서 사회적 자원을 획득하는 유리한 지위를 차지하는 집단"이다(이선향, 2005: 50).

이렇듯 우리나라의 지역정치 권력은 인간이 만든 모든 제도와 역사적 사건의 어떠한 결정과 관련되어 있다고 볼 수 있다(Mills, 1968: 13). 지역정치 권력은 이익이 결정되는 과정에서 특정 세력의 이익이 추구되는 동시에 특정 세력의 이익이 무시되기도 하며, 의제설정에서는 특정 의제가 해체되기도 하며 특정 의제가 등장하기도 한다(Dowding, Dunleavy, King, and Maregettd, 1995).

지역정치 권력의 지향성은 첫째, 엘리트 중심의 정치권력과 풀뿌리 보수세력·행정분권과 행정자치·대의민주주의·성장연합과 개발레짐을

풀뿌리 지역정치 권력의 지향성 비교

개발 중심적 지역정치 권력 지향성		시민 중심적 지역정치 권력 지향성
엘리트 중심의 정치권력	기본입장	시민 중심의 정치권력
풀뿌리 보수세력	구성	풀뿌리 민주세력
행정분권, 행정자치	분권	풀뿌리 자치분권, 생활자치
대의민주주의	원리	심의민주주의, 참여민주주의
성장연합, 개발레짐	발전	반성장연합

추구하는 개발 중심적 지역정치 권력과, 둘째, 시민 중심적 정치권력과 풀뿌리 민주세력 · 풀뿌리 자치분권과 생활자치 · 심의민주주의와 참여민주주의 · 반성장연합을 지향하는 시민 중심적 지역정치 권력이라는 두 가지 특징으로 나누어 볼 수 있다.

2. 풀뿌리 지역사회 보수권력의 제도화

새마을 중앙회[*]

새마을운동은 1970년 4월 박정희대통령의 지시(지방장관회의 시 제창)로 시작되어 '근면 자조 협동'의 정신과 '지역사회 개발'을 표방하면서 시작되었다. 초기에는 농촌지역의 '새마을 가꾸기' 사업으로 시작되면서 읍 · 면 · 동장에 대한 교육 실시, 대통령령으로 새마을중앙협의회 설치, 사회지도층에 대한 새마을 교육을 실시하는 등 초기부터 정부에 의한 관주도 방식을 확립하였다. 새마을중앙회는 가장 광범위하고 안정적인 조직기반을 가지고 있다. 1980년 12월 「새마을운동조직육성법」이 제정되면서 법률적 지원기반이 확립되었다. 전국적으로는 마을 부녀회(아파트 부녀회)를 새마을 부녀회로 편성시켜 관리하고 있다.

---

[*] 한겨레신문 2005년 6월 27일자 보도에 의하면 현재 새마을중앙회는 전국 시 · 군 · 구와 읍 · 면 · 동 단위까지 하부조직을 두고 있다. 회원수만 230만여 명에 이른다. 새마을지도자회, 새마을부녀회, 새마을문고, 새마을금고 등 '새마을' 이름으로 묶인 관련 단체의 조직 크기도 엄청나다. 거대한 조직은 대규모 청중을 동원할 때 애용되어 왔다. '관변단체'라는 별명도 이렇게 해서 생겼다. 그러나 정부나 자치단체는 '정액보조단체'라고 부른다. 이 이름에는 많은 돈의 보조금을 '당근'으로 지원한다는 뜻이 담겨 있다. 정부 · 지자체와 새마을단체는 서로의 필요에 의한 공생관계를 유지한 셈이다.

새마을운동은 '근면 · 자조 · 협동'의 기치 아래 생활태도 혁신 · 환경개선 · 소득증대를 통해 낙후된 농촌을 근대화시킨다는 취지로 1971년부터 전국적 범위에서 전개된 정부주도의 지역사회 개발 운동이다. 이 운동은 1969년의 삼선개헌, 1971년의 대통령선거와 비상사태 선포, 1972년의 유신헌법 통과와 같은 권위주의 정권의 형성과정에서 진행되었다.

바르게살기운동협의회

1989년 4월에 창립된 바르게살기운동협의회는 범국민적 의식개혁 운동을 표방하며 시작되었다. 전두환 정권 초창기에 활동했던 사회정화위원회의 후신인 바르게살기운동협의회는 '민족정신과 문화적 전통을 발전시켜 다가올 21세기에 맞는 사회규범체제 및 새로운 문화의 재창조, 건전한 국민성을 확립하기 위한 올바른 의식과 가치관을 기르자는 정신운동'을 표방하고 있다. 이 단체는 전국 모든 지방자치단체의 최소 하위 동 단위까지 조직화되어 있다.

자유총연맹

1954년 6월 창립된 아시아민족반공연맹과 1964년 1월에 발족한 한국반공연맹이 연합하여 1989년 2월에 창립된 단체로 그다음 달인 3월 제정된 자유총연맹 육성법에 의거하여 재정지원을 받는 민간단체이다. 초기에는 반공 이데올로기의 대변자에서 자유민주주의 수호자 역할을 자임해 왔다. 이 단체는 '대한민국의 자유민주주의를 옹호 · 발전시키고 이와 관련된 민간단체들에 대한 협조와 세계 자유우방과의 유대강화를 목적으로 설립된 국민운동단체'라고 목적을 밝히고 있다.

주요 사업은 '자유민주주의 시민의식 제고 및 통일준비 민주시민교육, 자유민주주의 옹호 활동, 안보를 바탕으로 한 평화통일 국민운동 전개, 국민화합 및 남북화해를 위한 국민운동 전개, 국제 간의 정보교류 및 유대강화' 등이다. 이 조직은 전국적으로 광역자치단체 및 기초자치단체에서 운영되고 있다.

제2건국위원회

제2건국위원회는 김대중 정부 시기인 1998년 10월에 설립된 조직이다. 별도의 지원법은 없으나 지방자치단체의 지원조례로 지원할 수 있도록 한 바 있다. 제2건국위원회는 '민족화합, 지식정보 강국, 기본 바로세우기' 등이 단체 활동목표였다. 초기에는 전국적 조직망을 유지하면서 수년간 막대한 예산을 지원받았지만 초기 결성 시 '신지식인 만들기' 외에는 이렇다 할 활동이 없었다. 결성 초기부터 관주도로 이루어졌으며 일부 민주화 운동 참여인사들의 활동 참여를 비롯하여 조직의 적절성과 활동방식에 대해 수많은 비판과 논란이 이어졌으며 지금은 모든 활동과 조직이 와해된 상태이다.

행정 주변 조직

지역사회에는 방범위원회, 소방위원회, 선도위원회 등 다양한 형태의 친 행정조직도 있는 반면 시민단체도 있다. 행정기관의 입장에서는 행정의 협력과 지원을 도모하는 상호 공생관계가 필요한 상황이다. 일부 관변

함께 만드는 마을, 함께 누리는 삶

조직은 통반장 등 행정조직의 편입 및 중복된 현상이 나타나기도 한다. 주민자치위원회의 위원 선출이 개방형 접수방식을 일부 도입하고 있기는 하지만 여전히 위원의 선임권을 조례상 동장이 위임할 수 있는 조항이 여실히 존재하고 있기도 하다. 행정동우회, 의정회 등도 대표적인 행정 주변 조직이다.

지역사회단체의 일례로서 '4H'는 1914년 농업구조와 농촌의 생활을 개선하기 위해 미국에서 처음 조직되었다. 4H는 두뇌(head)·마음(heart)·손(hand)·건강(health)을 의미한다. 국내에서는 각각 지(智), 덕(德), 노(勞), 체(體)로 번역해 사용하며 1947년 시작되어 학생들에게 작물재배, 선진 영농기술 교육, 생활환경 보전 등을 교육하였다. 1970년대에는 새마을운동으로 연결되어 명칭을 '새마을청소년회'로 변경하였다가 1989년에 다시 '4H회'로 바꾼 바 있다. 특히 여타 청소년운동과는 달리 농업이나 환경, 생명의 가치 등을 중시하고 농업과 농촌을 이끌 전문농업인의 자질을 배양하기 위한 청소년 교육운동이다.

각종 행정조직 대행기관

사회복지체계, 사회안전망, 사회봉사활동, 국가보훈활동 등을 하면서 지역사회에서 봉사하는 단체가 다수 있다. 이들 단체들은 일정 수의 회원을 확보하고 있으며 자신들이 목적하는 사업을 수행하기 위해 다양한 영향력을 행사해 오고 있다. 이들 단체는 직능단체의 형식으로 존재하고 있으며, 정치적 영향력을 작지만 행정 의존도가 높고 행정에 밀착됨으로 인해 관변조직의 경향이 강한 조직이라고 할 수 있다.

지역사회 활동 단체

구분	내용
지역사회단체	4H, 청년회, 지역별 발전추진위, 아파트 자치회 등
지역봉사단체	로터리클럽, 라이온스클럽, 적십자봉사회, YMCA, YWCA, 환경보전회, 자율방범대, 의용소방대, 청소년선도위원회, 녹색어머니회, 사회복지협의회
학교관련단체	동창회, 어머니회, 육성회, 장학회, 학교운영위원회
행정지원단체	새마을협의회, 새마을부녀회, 주민자치위원회, 방범위원회, 바르게살기위원회, 자유총연맹, 방위협의회, 통장협의회, 동개발위원회, 동체육회, 청소년지도자협의회
직능인단체	의사회, 약사회, 변호사회, 요식업협회, 이용사협회, 상가번영회 등
동호인단체	친목회, 조기축구회, 어머니합창단 등
시민단체	경실련, 환경련, 참여연대, 풀뿌리 시민단체 등
향우회	호남, 영남, 충청, 강원 등 지역향우회

함께 만드는 마을, 함께 누리는 삶

3. 풀뿌리 지역사회 세력의 빛과 그늘

편향된 보조금 지원

새마을운동, 바르게살기운동, 자유총연맹은 국민운동육성 차원에서 조직된 정부의 공식 인정단체이다. 국민운동육성을 위한 관련법은 「새마을운동조직 육성법」, 「바르게살기운동조직 육성법」, 「한국자유총연맹 육성에 관한 법률」이다. 이 법률들은 각기 행정자치부 민간협력과 소관이다. 이 법에 따라 조직, 출연금 지원 또는 출연·보조, 국·공유 재산의 대부 및 시설지원 또는 사용, 운동요원 파견요청, 연구지 및 홍보지 발간, 조세감면 등 재정 및 공간 지원, 국민계도를 위한 홍보지 발간뿐만 아니라 조세감면 등 국민운동 육성을 위해 전폭적인 지원을 받고 있는 상황이다. 재정지원은 단체 운영에 필요한 비용과 출연금, 보조금 등 운영경비 및 시설 등에 대한 지원도 하고 있다. 새마을회와 바르게살기운동협의회는 동조직까지 운영비가 지급되고 있다. 예를 들어 안양시의 경우 이 세 단체에 지원되는 예산이 전체 안양시에서 집행하는 사회단체보조금 예산의 4분의 1을 차지하고 있는 것으로 나타났다. 단위사업 보조금은 별도로 지급된다. 현 제도가 운영경비 및 시설비를 지원할 수 있는 결과로 비롯된 것이라고 할 수 있다.

국민운동육성단체 사회단체보조금 지원예산 현황: 안양시

(단위: 천 원, %)

구분		2012년		2011년	
전체		899,797	100	856,564	100
소계		216,000	24	216,000	25.21
안양시 새마을회	소계	120,900	13.43	120,900	14.11
	동조직 운영비	74,400	8.26	74,400	8.68
	새마을회 운영비	46,500	5.16	42,500	4.96

바르게살기위원회 안양시 협의회	소계	68,700	7.63	68,700	8.02
	운영비	16,000	1.77	16,000	1.86
	동위원회 운영비	52,700	5.85	52,700	6.15
자유총연맹 안양시 지회	운영비	26,400	2.93	26,400	3.08

출처: 안양시(각 연도), 안양시 결산검사의견서.

국민운동육성 단체 관련 법령 비교

구분	새마을운동조직 육성법	바르게살기운동 조직 육성법	한국자유총연맹 육성에 관한 법률
담당 부처	행정자치부 민간협력과	행정자치부 민간협력과	행정자치부 민간협력과
목적	• 국민의 자발적 운동에 의하여 조직된 새마을운동 조직을 지원·육성 • 새마을운동의 지속적인 추진과 향상을 도모 • 국가·사회 발전 이바지	• 바르게살기운동선도 확산 • 국민의 자발적 참여로 설립된 바르게살기운동 조직 지원·육성 • 바르게살기운동의 지속적인 추진과 발전 도모 • 건강한 국가·사회 건설에 이바지	• 사단법인 한국자유총연맹 지원 및 육성 • 대한민국의 자유민주주의를 항구적으로 지키고 발전 도모
정의	• 새마을운동중앙회와 산하조직 • 새마을지도자중앙협의회 • 새마을부녀회중앙연합회 • 직장·공장새마을운동중앙협의회 • 새마을문고중앙회		

함께 만드는 마을, 함께 누리는 삶

	• 그 밖에 새마을운동 관련 조직과 계통 조직		
출연금 지원 (출연·보조)	• 국가나 지방자치단체는 새마을운동 조직의 운영에 필요한 비용에 충당하기 위하여 출연금 및 보조금 지급 가능	• 국가나 지방자치단체는 바르게살기운동조직의 운영에 필요한 비용충당을 위해 출연금 및 보조금 지급 가능	• 국가와 지방자치단체는 총연맹에 조직과 활동에 필요한 운영경비와 시설비, 그 밖의 경비에 대한 보조 가능
국·공유 재산의 대부 및 시설지원 (사용)	• 국가나 지방자치단체는 새마을운동 조직을 육성하기 위하여 국유재산·공유재산을 무상으로 대부·양여하거나 사용·수익 가능	• 국가나 지방자치단체는 바르게살기운동조직을 지원·육성하기 위하여 국유시설·공유시설 무상사용 가능	• 국공유 재산 및 시설을 그 용도에 지장을 주지 아니하는 범위에서 무상으로 대부, 사용 및 수익 가능
자료제공 요청	• 새마을운동 조직은 국가, 공공단체, 교육기관 및 연구단체에 새마을운동과 관련된 연구논문·조사서·보고서 등 간행물과 그 밖의 자료의 제공요청 가능	• 바르게살기운동조직은 국가, 지방자치단체, 공공단체, 교육기관 또는 연구단체 등에 대하여 바르게살기운동과 관련된 연구논문 및 간행물 등의 제공요청 가능	
운동요원 파견요청	• 새마을운동중앙회는 목적 달성을 위하여 특히 필요하다고 인정할 때에는 행정자치부장관을 거쳐 각급 행정기관과 새마을운동에 관련된 법인 또는 단체에 새마을운동 요원의 파견요청 가능		

연구지 (홍보지) 발간	• 새마을운동 조직은 새마을운동의 이념과 성공사례 등을 전파하고 국민을 계도하기 위하여 필요할 때에는 홍보지 발간 가능 • 요청을 받은 기관 또는 단체의 장은 특별한 사유가 없으면 이에 순응	• 바르게살기운동 조직은 바르게살기운동의 이념과 성공사례 등을 국민에게 널리 알리기 위하여 연구지, 홍보지 또는 그 밖에 필요한 간행물 발간 가능	
조세감면	• 「조세특례제한법」에서 정하는 바에 따라 조세감면		• 「조세제한특례법」이나 세법에 따라 조세감면

주민자치 제도화, 주민자치위원회와 주민자치회

1999년 읍 · 면 · 동 사무소가 주민자치센터로 변경되면서 자치가 강조된 바 있다. 그러나 자치가 중심이 된 운영보다는 행정기관 중심으로 운영되면서 풀뿌리 지역사회 조직에 의한 활동이 아니라 권한과 책임이 없는 자치조직으로 전락하였다. 결국 주민자치위원회는 지역의 대표성, 자치역량의 미흡, 활동의지 부족 등이 복합적으로 등장하면서 풀뿌리 지역사회 권력의 자치적 주체로 등장하기에는 분명한 한계를 나타냈다. 이러한 문제를 인식하고 지방행정의 민주성을 보장하고 실질적 풀뿌리 지역사회 권력을 유도하기 위하여 제18대 국회에서는 「지방행정체제 개편에 관한 특별법」을 제정하여 주민자치회의 제도적 기반을 마련하였다. 특별법 제20조는 "풀뿌리 자치의 활성화와 민주적 참여의식 고양을 위하여 읍 · 면 · 동에 해당 행정구역의 주민으로 구성되는 주민자치회를 둘 수 있다"로 규정하고 있다.

주민자치센터 중심의 주민자치위원회 운영에서 주민자치센터와 이원화되어 독자적 성격을 띠고 추진되고 있는 주민자치회는 지역사회에서 주민자치 능력을 배양하고 일상 속의 주민자치 · 지역자치를 도모하는 것이라고 할 수 있다. 그러나 실질적으로 일상생활에서 주민자치를 도모하기 위해서는 지역주민 스스로 내생적 발전을 도모할 수 있는 정치적 역량 마련이 선행되어야 한다. 현행 법률상으로는 위원구성이 읍 · 면 · 동장의 권한에서 기초자치단체장이 위촉하도록 되어 있으므로 지방자치단체장의 지역자치에 대한 올바른 이해가 무엇보다도 중요하다. 현재의 구조로는 위원선정의 공정성과 합리성이 아래로부터의 풀뿌리 지역사회를 만들어 가는 출발점이라고 본다.

주민자치회와 주민자치센터 비교

구분	주민자치센터 주민자치위원회(현재)	주민자치회(향후) 주민자치위원회
법적 근거	조례로 정함	• 특별법 제20 · 22조 • 주민자치회 구성과 운영에 관한 법률
위원 위촉권자	읍 · 면 · 동장	시 · 군 · 구청장
구성	지역유지, 자영업자 중심으로 구성	위촉권자 입장 지향
대표성	미약	주민 대표성 및 전문성 확보
구성 단위	읍 · 면 · 동	읍 · 면 · 동
형태 및 기능	읍 · 면 · 동 행정의 자문기구	읍 · 면 · 동 주민자치구
활동내용	문화여가, 사회복지 자원봉사	주민화합, 지역발전, 지방자치단체 위탁 및 위임사무
지방자치단체와의 관계	대부분 읍 · 면 · 동 구조로 운영	읍 · 면 · 동사무소와는 별개
지역사회 네트워크	직능단체 중심 시민단체 연계 미약	• 파트너십 구조 • 자역사회의 다양한 단체와 연계

지역기반형 지원정책의 재등장

1987년 '민주화의 봄' 이후 사회운동이 다양화되면서 일상생활 영역 곳곳에 풀뿌리 지역운동이 진행되었다. 그중 하나가 지역을 기반으로 한 마을공동체 운동이다. 마을공동체 운동은 지역사회 구성원의 성향과 운동적 방향성에 따라 다양하게 나타난다. 충남 서천의 산너울마을, 아산과 괴산 지역의 한살림생산자공동체, 충남 홍성의 문당리마을, 원주의 협동조합네트워크, 서울 마포구의 성미산마을, 대전의 한밭레츠, 전북 부안의 마중물 공동체와 에너지 자립, 경기도 안성의 의료생협을 비롯하여 진안의 마을만들기 등이 다양한 형태로 풀뿌리 지역활동을 하고 있다.

최근에는 물리적 환경개선 방식의 뉴타운 개발에 대응한 주민 중심·거주자 중심의 산새마을 등 지역 중심형 주거재생·도시재생이 풀뿌리 지역조직을 중심으로 이루어지는 생활정치 영역을 확장시켜 가고 있다. 지

마을만들기는 거버넌스에 기반한 풀뿌리 주민자치 운동인 동시에 진정한 마을의 의미를 복원하는 운동이다. 마을만들기의 시작과 끝은 주민과 마을이다. 그 어떤 제도와 정책적 장치에도 불구하고 가장 고려되어야 할 사항은 상호 협력적 관계를 유지하고 있는 주체들의 역할 정립이다.

역사회를 중심으로 이루어지는 생활정치 영역이 중요한 의제로 등장하면서 정부 각 부처는 해당 지원법을 구상하는 등 제도화를 모색하고 있다. 관련 지원법도 다양한데, 도시재생을 비롯하여 지역공동체, 사회적 경제, 문화도시, 농촌지역 활성화 등 해당 부서의 관심이 지역사회 지원정책으로 반영되고 있음을 알 수 있다.

지역기반형 지원사업 관련 법안

구분	지역문화 진흥법	농어업인 삶의 질 향상 및 농어촌지역 개발촉진에 관한 특별법	사회적 기업 육성법	협동조합 기본법	지역공동체활성화 지원법(안)	도시재생 활성화 및 지원에 관한특별법
담당 부처	문화체육관광부 규제개혁 법무담당관	• 농림축산식품부 농촌정책과 • 해양수산부 소득복지과	고용노동부 사회적 기업과	기획재정부 협동조합정책과	행정자치부 지역공동체과	국토교통부 도시재생과
중간 지원	문화원	농어촌공사 농어촌공동체회사	한국 사회적 기업 진흥원	• 협동조합연합회 • 사회적 협동조합연합회	지역공동체 중앙지원센터	도시재생 지원기구

반 지역지향적 제도

　최근에 지역사회를 중심으로 진행되고 있는 풀뿌리 활동이나 운동은 일정한 지역에서 보다 인간다운 생활을 영위할 수 있도록 하는 공동의 장을 모색하기 위해 모인 생활정치의 현장이다. 이들은 일상생활에 나타나는 문제를 해결하고 개선해 나가는 등 거주자 중심으로 서로 상호 호혜적 참여활동을 하는 지역자치 운동을 지향한다. 즉 하향식 발전방식이 아니라 아래로부터의 발전양식을 도모하는 지역자치 운동이라고 할 수 있다. 풀뿌리 조직에 의한 지역자치 활동은 주민에 의해서 의제가 결정되는 합의 및 의사소통 구조로 과정 중심의 관계에 큰 의미를 두고 있다. 그러나 각 중앙정부 부처에서 진행하고 있는 지역사회를 기반으로 한 관련 제도는 부처 간 경쟁주의 곧 결과지향적 성과주의에 매몰될 가능성이 매우 높다. 결국 주민자치, 생활정치, 풀뿌리 지역사회 조직에 대한 깊이 있는 이해 없이 조직이나 기관에 대표성을 둔 행정적 접근으로 일관하면서 제도적으로 주민자치에 대한 이해에 혼선을 가져오고 있는 상황이다.

지역사회 구성원의 활동 여부에 따라 지역사회 공동체의 영역이 결정된다고 볼 수 있다. 즉 행정동 중심의 관점이 아니라 주민의 생활권에 의한 동네 규모에 대한 이해가 매우 필요하다. 현실적으로는 읍·면·동이라는 행정구역 개념으로 지리적·인구적 규모로 지역사회의 활동 단위를 규정함으로써 실질적 지역사회 단위의 자치와는 모순된 상황이 전개되고 있다. 도시재생, 지역공동체활성화지원법(안)은 평가지표를 도입하고 있다. 평가지표는 진단지표이든 쇠퇴지표이든 지역사회의 인문사회적 특성을 반영하기에는 분명한 한계가 나타나며 획일적인 지표를 적용할 경우 부작용으로서 자율성이 강조되어야 할 지역사회의 서열화는 자명한 일이다. 지역사회 정치권력을 주체로 등장한 국민운동육성 단체의 보조금 지원은 지역사회 권력의 핵심으로 등장하기도 하였고 진정한 풀뿌리 지역사회 활동을 지향하기보다는 관변의 이익을 대변하는 입장을 취해 왔다는 비판이 지배적이다. 보조금 지원은 관리와 통제의 수단이 될 수 있다. 주민 중심의 풀뿌리 지역사회 권력을 형성하기 위해서는 민관협력의 중간지대인 중간지원기구의 역할이 매우 중요하다. 중간지원기구는 지역사회 현장과의 만남을 통하여 지역자치, 주민자치, 생활자치를 형성할 수 있는 촉매역할에 집중할 필요가 있다.

지역정치 권력의 이행과 진정한 풀뿌리 지역자치

주민 중심의 풀뿌리 지역사회 권력을 위해서는 '사회화 → 정치화 → 제도화 → 정책화' 과정을 중시해야 한다. 사회화 과정은 정책이나 제도를 시행하기 전에 관련된 의제를 중심으로 지역사회 관련 집단을 대상으로 의견수렴과 공론화를 거치는 과정이다. 이 사회화 과정에서는 행정이 의제를 주도하는 것이 아니라 의제만 던지고 지역사회 구성원이 자발적으로 네트워크를 구성하면서 논의할 수 있는 장을 만들어 주는 것이 매우 중요하다. 이러한 과정을 통하여 도출된 의제를 가지고 행정은 합의를 이끌어 내면 된다. 사회화 과정에는 다양한 시민참여의 통로가 포함되어 있으며, 시민, 이해당사자, 전문가, 시민단체, 기업 등 다양한 사회집단이 정책의 의제설정, 결정, 집행평가에 어떻게 영향을 주고 있는지를 분석하는 것이 매우 중요하다.

그다음은 정치화 과정이다. 정치화 과정은 의회와의 이해관계를 조율하는 과정이다. 지방자치의 꽃으로 불리는 주민의 대표기구인 의회는 행정부에 대하여 견제와 감시 기능을 하는 것이 주요 목적이지만, 지역사회가 긍정적 발전을 도모하여야 한다는 점에서 상호 이해의 대상이 되는 것은 매우 중요하다. 정치화 과정에서는 중앙정부, 의회, 정당, 기초단체 등 여러 정치주체가 특정한 정책과정에 영향을 미치고 또한 정책이 그러한 정치주체에 영향을 주기 때문에 이에 대한 이해도를 높이는 것이 중요하다. 사회화 과정과 정치화 과정 이후에는 이를 실행하는 제도 및 정책을 마련하게 된다. 따라서 의사소통과정이 쌍방향인 시민참여 행정을 진행할 때 간과할 수 없는 것이 '사회화 → 정치화 → 제도화 → 정책화' 과정이다.

이러한 과정은 과거와는 달리 관주도적으로 계획하고 관리하는 통치적 관계 · 하향식 발전양식이 아니라, 삶의 현장에 밀착하여 사람 중심으로 전환된 협치적 관계 · 하향적 발전양식에 기초한다고 볼 수 있다. 이러한 과정의 의미는 앞서 마을공동체 사업 지원과정에서의 시행착오를 통하여 민관협력 그리고 상호 신뢰의 정치학이 얼마나 중요한지 역설적으로 보여준 바 있다.

결국 건강하게 형성된 거버넌스는 커뮤니티가 가지고 있는 자원을 최대한 활용하도록 도울 뿐만 아니라 그 과정에서 기존 자원에 대한 이해를 통해 사회적 자본이라는 무형의 가치를 인식하는 계기도 된다. 결국 지역사회의 자원을 효율적으로 관리·운영하는 문제가 지역발전에 있어 중요한 의제로 등장하게 되며, 그것은 지역사회가 지니고 있는 '가치발굴형 내생적 발전양식'에 기초한 발전전략이라고 할 수 있다.

진정한 풀뿌리 지역사회 권력은 다양한 풀뿌리 조직의 연대와 협력, 그리고 상호 신뢰에 기초한 네트워크의 구성과 제도화 모색 등 결과지향적 사업이 아니라 과정지향적 사업이라는 것을 고려할 필요가 있다(김성균, 2014: 270~271).

마을공동체, 지역정치 권력의 근간

지역사회 권력구조는 엘리트론, 다원론, 레짐, 민주주의 이론 등 다양한 의미로 파악할 수 있다. 우리나라의 지역사회 권력은 서구와 같은 자발적 범주집단이 제대로 형성되어 있지 못했던 것이 현실이다. 오히려 한국의 지역사회 권력구조는 사적 교환에 기초한 후견주의의 입장이 강하다.

지역사회 권력은 일정한 지역사회 범위 내에서 어떤 변화를 일으키는 잠재능력을 가진 사회적 단위들 사이의 영향력 관계가 유형화되기도 하며(Clark, 1971: 26~35), 일반적으로 영향을 미치는 모든 결정에 관계되는 영향력의 네트워크가 형성되기도 한다(Miller, 1970: 273). 그리고 그러한 양상으로 인해 일정한 지역사회 범위 내에서 지역의 변화를 창조할 수 있는 세력주체, 즉 지역사회 권력 엘리트 간에 형성되어 있는 권력배분 양태 그리고 권력 엘리트 간의 권력적 상호작용이 분명하게 나타나기도 한다(이우권, 2007: 8).

그 대표적인 사례가 풀뿌리 보수세력의 대명사인 국민운동육성 단체들이다. 1987년 민주화의 봄 이후에는 풀뿌리를 기반으로 한 생활자치, 지역자치 운동이 다양하게 등장하면서 이 조직들이 지역사회 권력의 주체로서 동원가능한 자원으로 등장하고 있다. 이 자원이나 조직이 지역사회를 기반으로 한 생활세계 중심의 운동이 핵심의제화되면서 내생적 발전양식에 기초한 사회적 경제, 사람 중심·거주자 중심의 주거재생 및 도시재생 그리고 지역공동체를 기반으로 한 마을공동체 운동 등의 풀뿌리 조직활동으로 이어짐으로써 지역사회의 새로운 세력으로 등장하고 있다.

새로운 지역사회 세력으로 등장한 풀뿌리 조직에 의해 생산된 지역사회·사람 중심 생활세계의 의제는 정책으로 제도화되고 있는 상황이다. 그러나 이들이 지향하는 생활세계는 국가와 자본에 의해 규정당하거나 그들이 정해 놓은 영역과 규범에 갇혀 있는 것이 아니라, 지속가능성과 사회적 연속성을 고려하면서 지역사회에서 사람과 사회가 총체적으로 생활의 제를 재생산하는 진정한 풀뿌리 지역자치를 목표로 하고 있다.

진정한 풀뿌리 지역자치는 국민운동육성 형식의 정책과 지원 그리고 최근에 변형된 형태의 중간지원조직의 제도화를 통해서는 아래로부터의 지역자치의 궁극적인 목적을 이룰 수 없다. 완결적이지 못하더라도 스스로 자생적이고 자율적 삶의 공간을 창출하고 기획해 가는 과정에서 갈등과 호혜의 관계가 형성되는 일련의 과정이 진정한 풀뿌리 지역자치의 모습이라고 할 수 있다.

따라서 진정한 풀뿌리 지역사회 권력은 정부의 제도와 정책에 의하여 형성되는 것이 아니라, 전통과 일상을 통하여 나타나는 다양한 권력에 대하여 성찰적 인식을 도모하고 그 과정에서 새로운 규범과 조직을 만들어 가는 과정에서 형성되는 것이 풀뿌리 지역사회의 참 권력이며, 이것이 진정한 지역자치를 이루어 가는 힘이라고 할 수 있다.

중앙정부 부처의 지역기반형 지역공동체 활성화 지원 관련 법안

구분	지역문화진흥법	농어업인 삶의 질 향상 및 농어촌지역 개발촉진에 관한 특별법	사회적기업 육성법
담당 부처	• 문화체육관광부 규제개혁 법무담당관	• 농림축산식품부 농촌정책과 • 해양수산부 소득복지과	• 고용노동부 사회적기업과
목적	• 지역문화진흥에 필요한 사항을 정하여 지역 간의 문화격차 해소 • 지역별로 특색 있는 고유의 문화 발전 도모 • 지역주민의 삶의 질 향상 및 문화국가 실현	• 어업인 등의 복지증진, 농어촌의 교육여건 개선 및 농어촌의 종합적·체계적인 개발촉진에 필요한 사항을 규정함으로써 농어업인 등의 삶의 질을 향상 • 지역 간 균형발전을 도모	• 사회적기업의 설립·운영을 지원 및 육성 • 우리 사회에서 충분하게 공급되지 못하는 사회서비스 확충 및 새로운 일자리 창출 • 사회통합과 국민의 삶의 질 향상에 이바지
국가 및 지방 자치 단체 책무 유무	• 지역문화 진흥정책 수립 및 지원	• 농어업인 등의 삶의 질 향상, 도시와 농어촌의 균형발전을 위하여 농어업인 등의 복지증진과 농어촌의 교육여건 개선 및 지역개발에 관한 종합적인 시책을 마련	• 국가는 사회서비스 확충 및 일자리 창출을 위하여 사회적기업에 대한 지원대책을 수립하고 필요한 시책을 종합적으로 추진
관련 법규	• 지역문화진흥기본계획	• 농어업인 삶의 질 향상 및 농어촌 지역개발 기본계획 수립	• 사회적기업 육성 기본계획 • 시·도별 사회적기업 지원계획 수립
지원	• 생활문화 지원: 생활문화 형성을 위해 문화예술단체 및 동호회 활동 지원	• 농어촌 지역개발 • 농어촌 기초생활여건 개선 • 농어촌 경관 보전	• 경영인증 • 교육훈현 지원 • 시설비 지원 • 공공기관 우선구매

	• 생활문화시설 확충 및 지원 • 문화환경 취약지역 우선 지원	• 농어촌 산업 육성 • 농어촌 정보화 촉진 • 농어촌 문화예술진흥 • 농어촌 문화복지시설 설치 및 운영 • 도시와 농어촌 간 교류확대 • 여객운송사업 운임 요금 지원 • 내항 화물운송사업 운임 및 요금 지원 • 농어촌 투자유치 활성화 • 도농교류센터 설치 · 운영	• 조세감면 및 사회보험료 지원 • 사회서비스 제공 • 사회적기업에 대한 재정지원
기반	• 인적자원: 지역문화 전문인력 양성 • 지역문화재단 및 지역문화예술위원회 설립 · 운영 • 지역문화진흥 자문 사업단 • 문화도시심의위원회	• 농어촌거점지역 육성 • 인준지원기관 지정 및 지원 • 삶의 질 향상 및 농어촌 지역개발위원회 • 농어촌 교육발전 지역협의회 • 농어촌 지역발전협의회	• 한국사회적기업진흥원

지역공동체 활성화 지원 관련 법안

구분	협동조합 기본법	지역공동체활성화 지원법(안)	도시재생활성화 및 지원에 관한 특별법
담당 부처	• 기획재정부 협동조합정책과	• 행정자치부 지역공동체과	• 국토교통부 도시재생과
목적	• 협동조합의 설립 · 운영 등에 관한 기본적인 사항을 규정	• 지역사회의 활성화와 지역공동체의 역량강화를 효율적으	• 도시의 경제적 · 사회적 · 문화적 활력 회복을 위하여 공공의

	• 자주적 · 자립적 · 자치적인 협동조합 활동을 촉진 • 사회통합과 국민경제의 균형 있는 발전에 기여	로 지원함으로써 주민의 삶의 질 향상을 통한 성숙한 지방자치 실현과 주민 행복의 증진에 이바지	역할과 지원을 강화 • 도시의 자생적 성장 기반을 확충하고 도시의 경쟁력을 제고 • 지역 공동체를 회복 • 국민의 삶의 질 향상
국가 및 지방자치단체 책무 유무	• 국가 및 공공단체의 적극 협력 • 자율성 강조	• 지역공동체활성화 계획 수립 · 시행을 위해 필요한 예산을 확보하고 관련 시책을 수립 · 추진	• 국가와 지방자치단체는 도시재생사업을 추진하는 데에 필요한 예산을 확보하고 관련 시책을 수립 · 추진
관련 법규	• 협동조합의 자율적인 활동을 촉진하기 위한 기본계획	• 지역공동체활성화 계획	• 도시재생전략 계획 • 도시재생활성화 계획
지원	• 설립 · 운영에 필요한 경영 · 기술 · 세무 · 노무(勞務) · 회계 등의 분야에 대한 전문적인 자문 및 정보 제공 등의 지원	• 지역공동체활성화 지원 • 국가는 지역공동체활성화 관련 추진결과를 종합적으로 평가할 수 있으며, 평가 결과 소득과 일자리 창출 등에 공헌이 큰 우수 지자체 및 지역공동체에 대하여 행정적 · 재정적 지원 • 마을기업육성 및 지원	• 도시재생활성화 지원
기반	• 협동조합연합회 • 사회적협동조합연합회	• 지역공동체중앙지원센터 • 지역공동체지도자 양성 • 지역공동체활성화 주민협의회 구성 · 운영	• 도시재생지원기구 • 지방도시재생위원회 구성 가능

함께 만드는 마을, 함께 누리는 삶

4장

마을공동체,
사회화를 주목하다

1. 사회화 과정: 마을만들기, 줄을 잇다

마을 답사로 시작된 마을공동체의 미션과 비전

서울시 마을만들기 사회화 과정은 2009년 4월부터 시작되었다. 박원순은 시민단체 활동을 하면서 2006년 4월 박원순 희망찾기 시리즈 첫 호로 『마을이 희망이다』를 발간한 바 있다. 이 저서는 2006년 4월부터 약 3년간 지역 답사를 통해 소외된 곳에 활력을 불어넣어 변화를 이끈 사람들을 만나서 인터뷰한 것을 중심으로 기록한 책이다. 이 책은 경험과 사례를 통해서 마을공동체의 가치를 어떻게 발굴하고 찾아야 하는지를 보여 주고 있다. 그리고 이듬해인 2010년 6월 박원순 희망찾기 시리즈 2호인 『마을이 학교다』를 발간한다. 이 책에서는 2006년 4월부터 시작되었던 마을 답사에서 못다 한 이야기를 다루었다. 박원순은 황폐해진 교육현장에서도 희망의 끈을 놓지 않고 변화를 주도한 사람들의 이야기를 담아냈다. 특히 경쟁과 입시 중심의 제도교육에서 탈피해 전인적인 인간상을 만들기 위해 노력하는 대안교육 현장의 창의적 교육방법 등 새로운 교육 모델을 언급하고 있다. 이와 관련하여 서울시 마을공동체 종합지원센터의 한 관계자는 이렇게 이야기하고 있다.

지금은 커뮤니티 중심으로 가고 있는데 이후에는 이런 것들이 중요한 과제가 되겠죠. 자연스럽게 커뮤니티들이 모여서 일정한 지역 내에서 마을이라고 하는 주거안정이 되어 있고 안정과 안심이 보장되는 곳이 되겠죠. 사람들은 정주를 계속하면서 그 안에서 계속해서 공동체를 만들어 가지 않을까요?

그 역시 마을공동체의 시작과 끝은 마을이라는 점을 강조하고 있다. 그리고 박원순이 서울시장에 출마하면서 제시한 공약의 핵심인 마을공동체 생태계 만들기가 서울시의 풀뿌리 마을조직이나 활동가들과 연결되게 된 배경에 대하여 말을 이어 간다.

2011년도 박원순 시장이 보궐선거에 나가면서 제일 가장 큰 핵심공약으로 마을공동체 생태계 복원이라는 것을 가장 큰 의제로 제안했었지요. 마을이라는 커다란 우산 안에 안정문제, 보육문제, 교육문제 등 모든 것들을 담아낼 수 있다고 생각했던 것이라고 예측해 봅니다.

그러면서 마을공동체 생태계라는 것이 처음 등장하게 됩니다. 보육문제도 마을에서 풀고 있고 안정문제, 경제문제 같은 복지문제를 해결하고 있으니까. 그런 측면에서 성미산이라든지 다양한 형태의 마을들을 주민주도로 많이 만들어서 서울이라는 곳을 건강하게 만들어 보자. 해결해야 할 문제를 해결하고 증가하는 범죄문제라든지 내지는 지속가능한 서울을 위해서는 다양한 형태의 독립적이고 자생가능한 이런 마을들을 많이 만드는 것을 목표로 하자고 해서 정책으로 제시되었던 것입니다.

그리고 선거가 끝나자마자 시민사회 진영에 마을공동체 생태계 만들기에 대한 방법론을 물어 왔지요. 주민주도 방식으로 마을만들기를 진행하여야 할 텐데… 그리고 상향식 방식으로 가야 할 텐데….

시장의 제안으로 2011년도 11월에 성미산마을, 동작, 뭐 강복, 노원 등에서 풀뿌리 활동을 하던 그룹들이 먼저 모였어요. 모여서 마을공동체 생태계 만들기를 위한 초안을 만들었지요. 그렇게 만들어진 초안을 2011년 11월 말쯤에 서울시장에게 보고를 했습니다.

우리 제안의 핵심은…. "철저하게 주민주도로 가지 않으면 안 된다! 행정의 변화가 필요하다! 행정의 변화를 동반했을 때 주민주도가 가능하다!" 그래서 저희가 표현을 마을지향 행정이라는 방식으로 제안을 해야 한다고 생각했습니다. 그리고 행정도 변화를 해 줘야지만 시민들이, 활동가들이 마을사업을 하겠다라고 했더니, 시장님이 좋다고 했습니다. 마을을 기반으로 풀뿌리 시민사회조직의 활성화로 더 많은 소통이 되었으면 좋겠다!

그래서 저희들이 이러한 의지를 모으기 위해 2011년도 12월에 집담회를 시작했습니다. 서울에 있는 모든 시민사회 활동을 하는 사람들과 풀뿌리 활동을 하는 사람들에게 사발통문을 돌렸지요. 서울에서 마을운동이 가능한지, 마을살이가 가능한지를 한번 논의해 보자고 했더니 당시에 20여 개 구에서 한 100여 명 정도가 모였습니다. 그것이 서울의 마을만들기 운동을 하게 된 시작입니다.

이러한 논의는 공약과 그 공약을 실현하기 위한 방안으로써 풀뿌리 활동가와의 연계 그리고 그 연계에 기반한 풀뿌리 마을조직의 네트워크를 형성하여 서울시 마을공동체 생태계 구축을 위한 기반을 마련했다고 볼 수 있다. 이러한 기반조성은 관주도형 정책집행이 아니라 아래로부터의 관계망을 통하여 민관협력을 유지하고 풀뿌리 조직의 다양한 사회적 자본을 적절하게 활용하여 효과를 거둔 것이라고 할 수 있다. 이에 대한 자세한 내용은 이 장의 사회화 · 정책화 과정에 시계열적으로 정리되어 있다.

공약 1	무상급식 전면 실시
공약 2	공공임대주택 8만 호 공급
공약 3	양화대교 구조 개선
공약 4	한강르네상스 전면 재검토
공약 5	한강수중보 철거
공약 6	서울시 채무 7조 원 감축
공약 7	시민생활 최저수준 기준 확립

서울의 미션, 마을공동체로 시작하다

마을이 희망임을 일찍 간파한 박원순 시장은 2011년 10월 26일 서울시 장 재보궐선거에 출마하면서 그의 마을만들기 프로젝트가 꿈틀거리기 시 작한다. 그는 출마 당시 핵심공약 7개와 서울을 바꾸는 희망셈법이라는 슬 로건으로 '희망더하기(+), 불만덜기(-), 활력곱하기(×), 행복나누기(÷)' 등 4개의 시정목표를 중심으로 주요 전략을 제시하는데 그 핵심공약과 전 략의 종합목표는 '마을공동체 생태계만들기'였다. 서울시의 마을공동체 생 태계만들기는 마을공동체를 비롯한 시민소통, 사회적 경제, 주거재생 등 소통 그리고 커뮤니티를 기반으로 한 환경을 만들어 가는 것이었다.

박원순 서울시장 출마후보자가 제시한 공약은 서울시의 중장기적 발전 로드맵을 구축하는 데 매우 중요한 의미를 지닌다. 대부분의 지방자치단 체장의 공약은 당선 이후 해당 지역의 주요 시정방침으로 재구성되는 것 이 현실이다. 즉 시정방침은 곧 지역이 향후 모색하여야 할 발전양식과 관 련되어 있으며, 그 발전양식은 제도화된 계획을 마련하는 데 주요 의제로 작용하게 된다. 즉 당선 전 공약은 당선 후 해당 자치단체가 향후 모색하 여야 할 미션, 시정방침으로 작용되며, 이것의 제도화는 도시에서는 도시 기본계획, 농촌에서는 장기종합발전계획에 '미션 → 시정목표 → 주요 계 획 → 실행계획' 순으로 자리하게 된다. 따라서 해당 자치단체장의 공약은 지역의 중장기적 발전 로드맵이라고 해도 과언이 아니다. 따라서 박원순이 서울시장 출마에서 제시한 '마을공동체 생태계만들기' 공약은 곧 서울시정의 미션이며 향후 운영하여야 하는 주요 시정방침의 하나가 되었다.

박원순 시장 주요 공약

목표	전략	내용
희망 더하기 (+)	집 걱정 NO	• 공공임대주택 8만 호 공급, 서민, 중간층 장기전세/저소득 임대주택 맞춤공급 • 전세보증금 센터 설치 • 1~2인 가구 원룸텔 공급 • 재개발, 재건축 과속개발 방지, 순환정비
	밥, 등록금 걱정 NO	• 2014년까지 초 · 중등 친환경무상급식
	지속가능 일자리	• 창조적 청년벤처기업 1만 개 육성
불안 덜기 (−)	전시성 사업 재검토	• 한강르네상스 전면 재검토, 가칭 한강복원 시민위원회 구성 • 서울형 발전차액지원제도 도입
	안전한 도시시스템	• 서울시 생활안전선언 • 아이들 마음껏 뛰어다니는 '아마존' 지정 • 재난 '재해 대응 빗물순환시스템' 도입
	균형살림	• 임기 중 서울시 부채 30%(7조 원) 감축 • 독립투자평가기관 '서울공공투자관리센터' 설립 • SH공사 사업구조 혁신
활력 곱하기 (×)	창조경제	• 1인 청년기업 육성, 전통문화 상권 개선, 동네예술창작소 설치 등
	열린시정2.0	• 서울형 시정지표 개발과 시민보고서 발간 • 서울정보소통센터 설치 • 현장경청투어 정례화
	여성가족	• 국공립 보육시설 동별 2개 이상 확보 • 맞벌이부부 지원 직장맘 지원센터 설치

행복 나누기 (÷)		• 여성폭력 제로 마을 안전망 구축
	복지우산	• 서울시민생활 최저선 기준 확립 • 노인채용 유도 인센티브 제공 • 장애인 이동권 보장 저상버스 단계적 확대
종합목표		마을공동체 생태계만들기
시정철학		시민, 현장, 소통

　서울시장 당선 이후 '마을공동체 생태계만들기'는 관련 부서에서 구체적으로 진행하게 된다. 서울시는 "마을공동체 생태계 조성을 위한 기본방향에 대해서 검토하고, 도시계획 분야의 역할에 대하여 검토한다"는 취지의 마을공동체 생태계를 자체 검토했다. 그 검토과정에서 '마을공동체 생태계만들기'의 위상은 '서울시정의 시정목표이자 곧 수단'이라는 취지 아래 공약에서 제시된 박원순의 희망셈법을 적용한 '토양 만들기', '씨앗 뿌리기', '함께 키우기', '열매 맺기'를 주요 미션으로 정하고 이 미션을 실행하기 위한 제도적인 기본 틀은 '공공지원의 자생적 시스템' 구축을 통해 마을공동체 생태계를 만들어 가기 위한 밑그림을 마련하였다. 특히 물리적 환경개선과 사회·경제적 공동체만들기를 병행할 것을 검토하였다. 그 결과 서울시는 마을공동체 사업을 지원하는 마을만들기 중간지원조직의 구성뿐만 아니라 물리적·사회적·경제적 도시재생을 기반으로 한 중간지원조직인 '서울시 주거재생지원센터'를 설립하였다.

마을공동체 공론화

　2011년 10월 서울시장 보궐선거 당선 이후 공약으로 제시되었던 마을공동체 공약은 선거 이후 마을공동체 운동을 하던 시민사회운동 진영에 마을공동체 복원사업을 위한 제안요청을 하게 된다. 이 제안을 시작으로 성미산마을을 비롯한 노원, 도봉, 동작 등의 풀뿌리 마을 조직을 중심으로 마을공동체 운동에 대하여 논의가 시작된다.

2011년 11월 18일 서울시장을 비롯한 서울시 관계자들에게 약 20쪽 분량의 PDF 파일로 된 '반가운 이웃, 함께 사는 마을, 살고 싶은 마을'이라는 제1차 제안서를 제출하게 된다. 이 제안서는 '문제인식, 개념, 비전, 중점과제, 추진전략, 프로세스, 조직체계, 추진일정, 실행과제' 등 마을공동체 사업 전반에 대한 운영 로드맵을 제시하였다. 특히 급격한 개인화로 인한 삶의 질 저하를 현재 도시가 안고 있는 패러다임으로 인식하고, 우선적으로 주류문화, 경제활동 중심, 20~40대, 직장인, 거점문화 형태를 지향하는 광역생활권의 베드타운화, 가족 간 소외, 교통 및 이사 비용의 증가, 정주성 약화 등이 문제를 야기시킨다고 판단하여 이를 해소하기 위해서는 골목문화의 부활이 가능한 지역생활권의 중요성을 제시하고 있다. 따라서 광역생활권과 지역생활권의 균형발전 필요성을 강조하고 있다. 또한 경직된 마스터플랜보다는 의제 설정과 실천, 반복적인 평가를 통하여 성장형 플랜으로 인식하고 있는 액션플랜으로의 전환이 중요하다는 것을 언급하였다. 아울러 이러한 정책을 원활하게 수행하기 위해서는 관주도형 정책에서 민간주도형 정책방향으로의 전환이 우선되어야 한다는 내용도 담았다. 따라서 이 보고서는 마을을 21세기의 작은 정부로 규정하고, 크고 작은 커뮤니티의 네트워크를 복원하고 도시지역의 생활문화관계망이 구축되는 마을살이의 중요성을 강조하였다. 결국 이렇게 형성된 마을 프로젝트는 정치적으로는 시민참여 정치의 확산을 도모하고, 경제적으로는 사회적 경제모델을 정착시키며, 사회적으로는 기부문화 활성화와 돌봄과 소통의 사회, 아이가 안전한 사회가 만들어질 것이고, 문화적으로는 골목문화가 복원될 것으로 예측하였다. 1차 제안서 제출 이후에 2차, 3차에 걸쳐 제안서가 제출되었다.

12월 15일에 제안된 2차 제안서에는 '사람 중심, 현장 중심, 과정 중심'을 보다 강조하면서 마을을 호혜적 관계망을 복원하는 생활 커뮤니티로

토양 만들기	(제도 및 틀) 각종 제도 및 참여의 틀을 만들고
씨앗 뿌리기	(사람) 이를 추진해 나갈 사람들을 모으기 위한 각종의 노력과 운동을 통하여
함께 키우기	(과정) 다양한 물적·사회적 환경을 건설하거나 정비하는 과정 및 이들을 유지·활용해 가기 위한 노력이나 운동
열매 맺기	(목적) 더불어 사는 마을공동체, 함께 잘사는 희망 서울

서울시 마을공동체 생태계 만들기 주요 미션

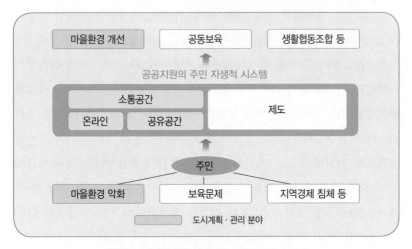

서울시 마을공동체 생태계(시정의 토털 솔루션)

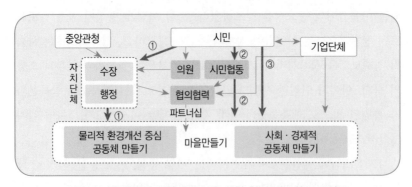

서울시 마을공동체 생태계 조성을 위한 협력 네트워크 구상도

규정하고 마을살이를 하는 개인과 크고 작은 커뮤니티 네트워크가 구성된 사회를 상호 호혜적으로 연결시키는 방법을 구체화시켰다. 그 구체적인 연결은 경제, 주거, 주거, 복지, 자치, 교육, 문화, 생태 등의 다양한 영역에서 관계망을 형성할 것을 기초로 하였다. 그리고 "마을일꾼을 키우고 마을 미디어로 서로 소통하며 마을은행의 뒷받침으로 모든 마을자원들을 네트워킹한다. 이 모든 것이 마을의 역사다"라는 것을 강조하면서 이를 위한 구체적인 추진전략을 모색하였다. 그리고 이러한 추진전략을 구체화시키기 위해 조직체계를 구성하는 과정에서 마을공동체 중간지원조직의 중요성을 강조하고, 중간지원조직을 원활하게 하기 위해서 한시적 기구인 '마을지원센터 추진단'도 설립할 것을 제안했다.

2012년 1월 19일에 진행된 제3차 보고는 시장의 요청에 따라 서울지역 풀뿌리 운동 시니어 활동가들이 모여 마을공동체 사업의 가치와 성격 구상 등에 대한 기초를 마련했다. 그렇게 시작된 모임은 서울시장에게 1차 보고와 두 차례의 서울지역 풀뿌리 활동가 집담회를 통해 공식적인 TF팀을 구성하고, 그 과정에서 논의된 마을공동체 사업의 밑그림을 보고했다. TF팀이 어느 정도 밑그림을 마련하면 TF팀 해체 후 서울시 마을공동체지원사업단 준비와 함께 3대 핵심사업의 확인, 2012년 주요 사업일정의 공유, 사업 시작 전 몇 가지 결정사항과 주요 쟁점사항을 다루기로 하였다. 3차 제안은 '반가운 이웃, 함께하는 마을, 살고 싶은 서울: 서울에 핀 마을이라는 꽃'으로 제안서 제목이 변경되어 제출되었다. 이 제안에는 1차와 2

---

① 광역생활권과 지역생활권의 균형발전 필요   ⑤ 조금 더 작은 단위에서 조금 더 쉽게
② Master Plan에서 Action Plan으로   ⑥ 도시재생 프로젝트 – 마을만들기
③ 관주도에서 민간주도로 정책방향 전환   ⑦ 공동체 복원을 통한 삶의 질 향상
④ 21세기 작은 정부 – 마을

제1차 제안서에 제시된 주요 내용

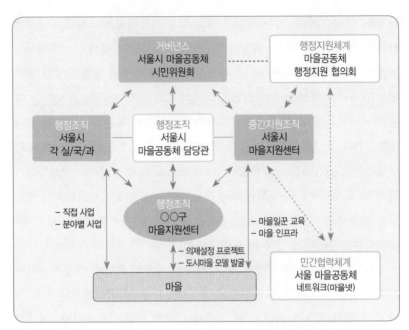

제2차 제안서에 제시된 마을공동체 복원을 위한 조직체계

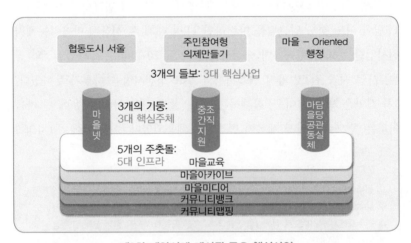

제3차 제안서에 제시된 주요 핵심사업

함께 만드는 마을, 함께 누리는 삶

차에 제시되지 않았던 '마을공동체 복원'의 개념이 제시된다. 마을공동체 복원은 마을이라는 공간에서 시민의 공공적 역할을 끌어내 자치를 확대하고, 시민의 공동체적 연결망을 잇고, 경쟁을 넘어선 호혜의 경제를 일으키는 것으로 정의하였다. 그리고 설정된 3대 핵심사업은 풀뿌리 마을조직의 네트워크 조직인 '마을넷'을 통해 협동도시 서울을 만들고, 민관협력기구이며 거버넌스 역할을 하는 중간지원조직을 구성하여 주민참여형 의제를 만들며, 행정을 책임지고 담당할 전담부서인 마을공동체담당관실의 편제를 주요 핵심사업으로 정하였다.

서울시의 마을공동체 사업은 보궐선거 출마 당시 제시된 공약과 1987년 '민주화의 봄' 이후 사회운동이 다양하게 등장하면서 나타난 마을공동체 운동과 그 풀뿌리 운동세력의 집합적 자원동원 및 민관협력 시스템에 기반한 중간지원조직의 체계로 정책적 기반을 마련하였다고 볼 수 있다.

마을공동체의 기반 마을넷

서울시 마을공동체 사업을 위한 시장 보고팀과 서울 풀씨넷은 2011년 11월 20일 연석회의를 통해 서울지역에서 활동하고 있는 풀뿌리 단체들과 집담회를 개최하기로 합의한다. 그리고 그로부터 일주일 후인 26일 마포구청에서 22개 구 60여 개 풀뿌리 단체 활동가 100여 명이 참석한 가운데 서울지역 풀뿌리 단체 1차 집담회를 진행했다. 당시 집담회는 '서울 마을공동체 복원을 위한 풀뿌리 활동가 집담회'라는 제목으로 공지되었다. 집담회 안내문은 "서울의 여러 지역, 여러 마을, 동네 곳곳에서 호혜적인 생활관계망을 한 코라도 늘리고 한 뼘이라도 더 넓히느라 애쓰시는 활동가 여러분께 알립니다"라는 인사말과 함께 그동안 서울시장 보궐선거 이후 박원순 시장이 마련한 마을공동체 계획안의 진행 경과를 간략하게 소개하면서, 서울시의 시정방향을 서울 곳곳에서 이루어진 풀뿌리 활동 경험을 바탕으로 민관협력 거버넌스를 구축해 가는 것으로 제안하였다. 당시 집

제1차 집담회에 참석한 풀뿌리 지역 및 단체 현황

구분	참여 자치구	참여 풀뿌리 단체
1조	동대문구 중랑구 광진구 성동구 기타	푸른시민연대, 나눔연대, 초록상상, 재미공부방, 광진주민연대, 광진시민연대, 광진참여네트워크, 광진장애인자립지원센터, 성동주민자치운동센터, 도시마을연구소
2조	노원구 도봉구 강북구 성북구	강서양천환경운동연합, 마을만들기전국네트워크, 열린사회시민연합, 좋은정치노원씨앗모임, 파랑새나눔터지역아동센터, 마들주민회
3조	관악구 구로구 금천구 동작구 강서구 양천구 영등포구	성미산마을, 지역아동센터 서울시지원단, 서울살이(관악), 생활정치연구소, 도시마을연구소, 광진시민연대, 성미산주민대책위, 나눔연대, 관악주민연대, 강서양촌교육자치시민회
4조	강동구 송파구 서초구 강남구	해송지역아동센터, 양천시민넷, 자바르테, 풀뿌리자치연구소 이음

담회 준비는 동대문 푸른시민연대 대표, 강동구 서울시민네트워크 대표, 노원 마을주민회 대표, 도봉구 도봉시민회 대표, 마포구 성미산대책위원장, 공간마당 대표, 생활정치연구소 연구원, 사람과 마을 운영위원장, 시민사회단체연대회의 전 운영위원장, 성미산마을극장 대표 등을 중심으로 2011년 11월 20일 집담회를 위한 안내문이 공지되었다. 그리고 전체 집담회에 앞서 사전 지역별 간담회를 요청하기도 하였다. 1차 간담회의 주요 안건은 지역의 지원센터 구성방향 및 지역별 사업과제 공유와 서울시의 마을공동체 사업을 위한 TF팀 운영안 검토였다. 그리고 약 2개월로 진행

할 TF팀에 참여할 활동가를 추천해 줄 것과 지역 내 풀뿌리 활동기관 및 활동가 간의 협력 네트워크를 통하여 다양한 의견을 수렴받도록 하였다. 1차 집담회는 19개 자치구에서 활동하는 풀뿌리 단체 활동가들이 참여했다. 집담회 분임토의는 민관협력 거버넌스의 방향 또는 마을사업에 대한 논의를 중심으로 분임토의를 진행하였다.

1조는 마을공동체 복원을 위해서는 교육이 우선해야 하며, 마을민주주의의 형성을 위해서는 어린 학생들로부터 시작해야 한다는 의견을 제시하기도 하였다. 그리고 학교에 자치회 구성과 운영을 통해 학생시절부터 자치를 배워 가면서 성년이 돼서는 마을을 운영해 가는 것도 배워야 할 필요가 있다는 의견도 제시되었다. 또한 마을공동체 사업에서 무엇보다도 중요한 것은 자치입법 제정이라는 의견도 제시되었다.

2조의 분임토의는 노원, 도봉, 강북, 성북을 잇는 강북 4개 구의 구성과 함께 공동의 마을공동체에 대한 구상을 제안하였다. 그리고 실질적인 마을공동체의 복원을 위해서는 서울시보다는 자치구에 보다 더 많은 재원과 권한의 분배가 이루어져야 한다는 의견이 제시되었다. 또한 마을공동체 지원센터의 역할은 교육, 공동체의 지원, 시범마을 선정 및 지원 등의 역할이 적절할 것이라는 의견이 나왔다.

3조는 마을사업 지원이 물리적 환경에 대한 지원뿐만 아니라 인적 활용을 위한 지원도 필요하다는 의견을 냈다. 그리고 마을공동체 사업은 동네에 상시적으로 거주하고 있는 노인, 주부, 어린이 등이 논의구조에 참여해야 한다는 의견도 나왔다. 또한 민관협력 네트워크 구성에 있어서는 자치구의 활동이 보다 더 활성화되어야 한다고 보았다.

4조는 동에 있는 주민자치센터의 활용방안과 자치역량의 강화가 필요하다는 의견을 도출하였다. 제1차 집담회에서 도출된 의견을 종합하면 마을공동체 복원을 위한 중간지원조직은 서울시보다 실질적으로 마을활동이 이루어지는 자치구에 보다 더 많은 역량이 집중될 필요가 있으며 경우

마을넷 형성	풀뿌리 활동가 + 지역주민 활동단계 + 주민의 등장

거버넌스 구축	자치구 공무원과의 스킨십 강화

마을넷 분화와 마을지원 센터 추진	동네별 / 의제별 마을넷 분화	자치구 거버넌스 추진 (OOO 마을지원센터)	자치구 내 마을 추진 팀 형성

마을넷의 분화체계도

에 따라서는 이에 대응한 자치역량 강화도 필요하다는 의견에는 공통적 합의를 이루고 있음을 알 수 있다.

2011년 12월 11일에는 2차 집담회가 성북구청에서 진행되었는데 주요 의제는 '마을살이 의제개발 프로젝트'였다. 그 과정에서 자치구 단위의 중간지원조직의 조직화, 자치구 차원의 마을 단위 사업계획 수립을 위한 방향 모색을 핵심으로 집담회가 진행되었다. 제3차 집담회는 1차와 2차 집담회 참석자 그리고 서울지역 마을공동체 활성화에 관심을 가지고 있는 부문 활동가와 연구자 등 100여 명을 목표로 서울 마을공동체 활성화를 위한 집담회가 금천구청에서 진행되었다. 1차 집담회는 마을공동체 사업에 주체적으로 참여할 수 있는 계기를 마련하고, 2차 집담회는 마을넷 구성에 대한 결의를 모은 것이 성과였다면, 3차 집담회는 마을공동체 활성화와 중점사업의 합의, 각 지역 및 부문별 활동 주체들의 동기부여, 마을넷 추진주체를 형성하는 것이 목표였다. 3차 집담회는 개인 중심·단체 중심·행정 중심으로 각각 유형화한 사례발표에 이어 박원순 서울시장과 3차 합의에 걸쳐 만들어진 서울 마을공동체 사업과 중간지원조직 운영방향, 그리고 이를 매개로 한 민관협력 거버넌스 구성방안 내용이 담긴 '서울에 핀 마을의 꽃'이라는 제목의 제안 설명이 있었다. 토론은 전문 퍼실리테이터(facilitator)의 진행으로 10명을 1개 조로 하여 15개 라운드테이블로 나뉘 진행되었다.

마을넷이 1차, 2차 3차 집담회를 거치면서 자치구 단위의 마을공동체 네트워크 조직의 필요성을 공유하면서 그동안 자치구에서 풀뿌리 활동을 한 마을넷을 기반으로 2012년 3월에 '사단법인 마을'이라는 이름으로 창립 총회를 개최한다.

'사단법인 마을'은 급속한 산업화와 근대화 과정의 산물 가운데 하나인 마을공동체의 붕괴를 우려하면서 전문가와 행정 중심의 마을발전에 대한 논의가 아니라 풀뿌리 조직에 기반한 아래로부터의 발전을 도모할 것을 제안하면서 "반가운 이웃, 함께 사는 마을, 살고 싶은 마을"을 실현하기 위해 사단법인 마을이 헌신적인 노력을 할 것을 다짐하는 창립선언문을 발표했다. 이후 4월에 서울시로부터 공식인가를 받았고 7월에는 서울시 마을공동체 종합지원센터를 위탁받으면서 서울시 마을공동체 사업에서 민관협력의 중심에 서게 된다. 그 외에도 9월에는 서울시 마을기업 경영지원 사업 시행, 10월에는 마을공동체 기업지원단 설립 및 운영, '2012 마을박람회'를 운영하기도 하였다. '사단법인 마을'의 실무활동은 사무국을 중심으로 회계 총무, 마을 교육팀, 마을 경제팀, 마을 담론팀의 4개 팀으로 구성하여 운영하고 있다.

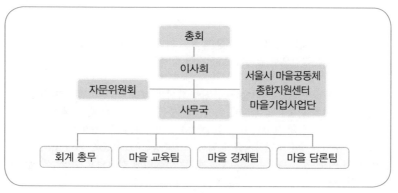

'사단법인 마을' 조직도

'사단법인 마을' 창립선언문(설립취지서)

　대한민국의 정치, 경제, 복지, 문화, 교육, 일자리 등 사회 모든 분야가 집중되는 서울은 그동안 주민들의 삶의 터전인 마을의 삶의 질을 높이기보다는 경제적 가치만을 우선시하는 신자유주의 시장경제 정책과 무분별한 도시재생, 뉴타운 개발 등으로 주민들의 기초생활기반을 붕괴시켰다. 또 주택과 주거환경을 재산증식의 수단으로만 여기게 만들어 만성적 주거불안을 야기하였으며, 대다수 서민들은 전월세 문제, 일자리 부족, 높은 사교육비, 불안정한 노후대책, 자녀보육의 문제로 인해 이웃과의 소통이 단절되는 등 삶이 각박해져 가고 있으며 마을공동체는 급속히 붕괴되었다.

　과거 마을 만들기를 주도했던 주체는 행정과 자본이었다. 권력과 거대자본을 동원하여 획일적으로 물리적 외형을 바꾸기에만 급급했다.

　그동안 도시계획을 세우는 일부터 세세한 마을의 정비사업에 이르기까지 온통 행정의 몫이자 권한이었고 정작 마을의 주인인 주민들은 정책입안과 결정과정, 집행과정에서 배제되어 왔다.

　또한 마을을 만들고 관리하며 가꾸는 일을 국가와, 행정 그리고 소수의 전문가들만의 몫으로 여겨 마을의 주인인 주민들은 정작 삶의 터전인 마을을 만들고 가꾸며 공동체를 복원하는 데 주체적으로 나서지 못하였다.

　지방자치의 본질은 주민이 직접 주도하여 호혜적 마을공동체를 복원하고 주민 자치 역량을 강화하여 주민자치를 실현하며 민주주의 발전을 이룩하는 데 있다.

　이제 자치시대를 맞아 '마을지향 행정', ' 마을 인지적 관점'으로 주민주도형 자치행정을 본격적으로 펼쳐야 할 시기인 것이다.

　마을공동체 만들기는 마을의 전통과 특성을 계승 · 발전시키고 마을의 인적 · 물적 자원을 활용해 생활과 일자리가 통합된 경제공동체, 호혜적 관계망을 회복하고 마을의 문제와 갈등을 중재하고 해결하는 마을공동체, 주민이 주도하여 주민참여와 주민자치를 실현하는 민주공동체, 계층과 세대 간의 갈등을 넘어 서로 돕고 나누는 복지공동체, 주민에 의해 창작되고 주민들과 함께 어우러지는 문화 · 예술 공동체를 이루어 나가는 것이다.

함께 만드는 마을, 함께 누리는 삶

"반가운 이웃, 함께 사는 마을, 살고 싶은 서울"을 실현하는 데 첫 출발로서 사단법인 "마을"을 설립하려 한다. 뜻을 같이하는 마을주민들과 풀뿌리 시민 단체, 활동가, 그리고 전문가들이 모여 마을공동체 만들기의 가치와 정책과 실현방안을 만들어 내고 마을에서 직접 실천하는 그 첫걸음을 떼고자 한다.

2012. 3.
사단법인 마을 발기인 일동

3차에 걸친 시장과의 합의 그리고 마을넷을 중심으로 한 풀뿌리 마을 조직 구성원 간의 3차에 걸친 집담회는 서울시의 마을공동체 사업을 위한 민관공동 TF팀의 구성 필요성에 공감하였다. 마을넷과 중간지원조직이 공식적으로 구성되기 전까지 사업단 측 5명, 공무원 3명, 관련 전문가 2명으로 구성된 민관협력 틀을 마련하고 주1회 정기적인 회의를 개최할 것을 합의했다. 그 과정에서 서울시장은 마을공동체 운영을 위한 공식적인 조직구성의 문제, 홍보, 국제협력사업 추진, 마을연구소 설치, 마을교육 실시, 마을과 관련된 분야의 정책적 조율, 뉴타운 사업 진행이 어려운 곳에 마을공동체 사업의 지원, 의회와 자치구와의 정무적 관계 강화, 마을의 내부자원과 외부자원의 협력 등 약 13가지 정도의 요구사항을 제안하기도 했다. 이와 관련하여 서울시 마을공동체 종합지원센터의 한 관계자는 이렇게 이야기하고 있다.

중앙조직은 없고 풀뿌리 단체들이 지역에서 NGO 활동을 했던 주민활동 그룹들이 많이 모였습니다. 그러면서 박원순 서울시장에게 제안했던 내용과 의견을 공유하면서 마을공동체 생태계를 만들기 위해 더 적극적으로 발전시켜 보자! 시장에게 보고할 수 있는 정책제안서를 조금 더 발전시켜 보자! 그것을 하기 위해서는 조직이 필요하다고 판단하여 TF팀을 구성하게 됩니다.

그 당시 12월에 모였던 풀뿌리 단체에서 TF는 지금의 마을공동체 종합지원센터장이 TF를 조직하는 조직책임자로 정해지고, 그다음에 수석책임자 두 사람이 정해지면서 TF팀을 구성했습니다.

그래서 2012년 1월부터 2월까지 2개월 동안 주 5일 출근에 하루 8시간 이상 일을 했습니다. TF팀 20여 명 정도가 계속해서 어떻게 하면 마을활동을 준비할 것인가를 궁리하면서 분야별로 모임도 하고, 외부 전문가를 초청해서 의견도 듣는 등 이런 과정을 거의 두 달 동안 진행했습니다.

그 과정 중간 즈음인 첫 달에 다시 한 번 집담회를 열었고 그동안 TF팀에서 만든 마을공동체 생태계 만들기 초안을 가지고 의견을 듣고 나누면서 그것을 가지고 다시 시장에게 제안을 했습니다.

시장은 제안서를 보고 보다 구체적으로 실행시킬 수 있는 방안을 연구해 달라고 주문했습니다. 이 제안을 받아들여 TF팀이 만든 제안은 외부에 마을공동체 중간지원조직인 센터를 두는 것으로 의견을 모았습니다.

처음에는 여러 가지 방안이 있는데 그것을 실행시키려면 행정에서는 어떻게 할 것이며, 민간은 어떻게 할 것인가를 논의하다가 행정이 지금 바로 들어가기에는 문제가 있다고 판단하여 중간지원조직을 둠으로 해서 한 번 필터링해서 가는 것으로 의견을 모았습니다. 그래서 그 당시에 마을지원센터에 대한 제안이 되었던 것입니다. 서울시에는 담당부서로 과를 하나 두는 것으로 하였고, 모든 사업의 행정에서 중간지원조직을 두고 사업을 진행해 가자고 했습니다.

마을공동체의 비전을 만들다

박원순 서울시장의 '마을공동체 생태계만들기' 공약은 서울시 자치구에서 활동하고 있는 풀뿌리 조직들과 거버넌스를 형성하면서 여러 차례의 논의와 합의 그리고 집담회 등 사회적 공론화 과정을 거치게 된다. 그리고 2012년 5월 8일 서울시 마을공동체의 비전과 방향설정에 관한 '마을공동체 시민토론회'가 진행되었다.

이 토론회는 그동안 서울시장이 마을에 대한 비전을 제시하면서 문제 제기했던 내용과 서울시의 풀뿌리 단체 및 활동가들이 논의했던 내용의 합의점을 도출하고자 하는 것이었다. 이 토론회는 "급속한 도시화와 경쟁 심화로 다양한 갈등과 대립, 소외문제를 겪으면서 나타난 도시문제와 사회문제의 근본적 치유를 위한 출발은 무엇보다 공동체의 회복에 있다는 점에 공감대가 형성되어 있으며 이제 이를 실천에 옮기기 위한 노력이 요구되고 있다"고 전제함으로써 시민토론회의 시작을 알리고 있다. 이러한 취지하에 이 토론회를 주관한 서울연구원과 서울시는 주민이 주도하는 마을공동체 회복을 위한 큰 틀을 담는 기본계획을 시민과 함께 만들어 가기 위한 시작점임을 알리면서 토론회를 진행하였다.

당시 서울연구원의 박현찬 박사가 발제한 '서울시 마을공동체 기본계획(안): 기본방향 및 주요 내용'을 보면, 그 역시 마을의 개념을 "서로에 대한 이해와 소통을 바탕으로, 살아가는 데 필요한 일과 활동을 공유하고, 공통의 문제를 함께 해결해 가는 사람들이 모여 있는 지역", "마을에 관한 일은 주민이 결정하고 추진하는 주민자치 공동체"로 정의하고 있다. 이와

마을만들기는 주민과 마을의 개성을 살리고, 문화의 다양성을 존중한다. 여러 생각들, 마을에 대한 1,000개의 꿈을 함께 나누고 조율해 나가는 것이 진정한 마을만들기이다.

같은 그의 주장은 이미 기존의 풀뿌리 자치조직이나 사회화 과정에서 논의되었던 내용들과 일맥상통하는 내용들이다. 즉 거버넌스, 소통, 자치를 마을 또는 마을공동체를 이루는 핵심적인 키워드로 정하고 있는 것이다. 이 보고서는 '함께 더불어 살아가는 공동체'라는 비전하에 '주민의 관계망과 상호 신뢰의 복원, 그리고 마을 단위 자치구조 형성으로 함께 살아갈 만한 지역으로의 회복'을 목표로 제안하였다.

그동안 마을공동체 지원사업은 대부분 정부나 해당 부서에서 하향식으

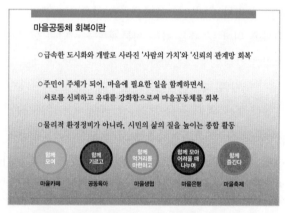

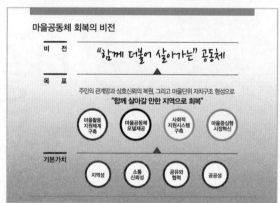

서울시 마을공동체 시민토론회 주요 내용

함께 만드는 마을, 함께 누리는 삶

로 전달하는 방식이 주류를 이루었다. 그러나 서울시는 마을공동체 사업을 진행함에 있어서 주민이 필요한 사업을 주민이 먼저 제안할 수 있는 '주민제안제도', 어느 지역에서나 언제든지 지원할 수 있는 '상시지원제도', 현장수요 및 주민참여를 고려하여 사업단계별 맞춤형 지원을 할 수 있는 '전 과정 맞춤형 지원'을 할 수 있는 주민주도·주민참여형 상향식 접근방식을 취하고 있다. 또한 마을공동체 기본계획안을 보다 구체적이고 체계적으로 구성하기 위하여 서울연구원에 의뢰를 하였다. 이들은 마을공동체 사업을 총괄 운영·관리할 수 있는 중간지원조직의 역할을 재차 강조하였다.

행정 근거를 위해 서울연구원에 연구를 의뢰했습니다. 중간지원조직인 마을공동체 종합지원센터를 만드는 것에 대한 연구를 의뢰한 것입니다. 한 2~3월경에 연구해서 5월에 나왔습니다.

우리는 처음부터 정책에 참여하지 않으면 안 된다고 판단을 했습니다. 우리가 지역주민들과 스킨십하고 활동하는 부분은 지역활동가가 중심이 되는 것이고, 센터는 전반적인 컨트롤타워로서의 역할을 하면서 행정의 변화를 가져오지 않으면 상향식 발전방식이 어려울 것 같다고 판단했습니다. 그것을 만들기 위해서는 정책적 기능이 중요하고 내용이 중요하다고 판단을 했던 것입니다. 계속해서 지속적으로 네트워크해야 된다고 했는데 다 안 된다는 거예요 조례는 있어도 거기다 넣을 수는 없다는 거예요. 그것 때문에 꽤 갈등이 많았습니다. 적잖은 진통을 겪은 후 3년 계약. 인력규모는 센터장 포함 26명으로 출발을 한 것입니다.

2. 정치화 과정: 마을만들기, 공감하다

　민의의 대표기구로서 선출직 공무원인 서울시의회와의 논의도 몇 차례 진행되었다. 2012년 5월 7일에는 서울시의회 의원연구단체인 사람중심서울포럼과 사단법인 마을이 공동으로 정책토론회를 진행하였다. 이 토론회의 핵심적인 의제는 '마을지원센터의 역할과 위상'이었다. 마을만들기 사업에 대하여 이해를 공유하면서 마을만들기 사업이 주민주도성의 확보, 지속가능한 마을 성장동력의 구축 그리고 풀뿌리 활동가(단체)와 정부의 적절한 지원기능 강화 등이 필요하다는 인식을 공유하였다. 그 과정에서 중간지원조직과 민관협력 거버넌스 조직의 역할을 수행하는 종합지원센터의 위상과 역할에 대하여 논의하였다. 또한 중간지원센터는 서울시뿐만 아니라 실질적으로 마을공동체 사업이 실행되는 자치구 단위에서의 역할이 더욱 강조되었다.

　이 연구단체는 2013년 11월 4일에 서울시 마을공동체종합지원센터와 공동으로 '지속가능한 마을공동체를 위한 서울시의회-서울시 마을지원센터 합동토론회'를 진행하였다. 토론회는 주거, 돌봄, 마을경제, 문화 등으로 나누어 진행했는데, 주거재생, 공동육아와 마을학교, 마을기업, 마을공동체 생태계 조성을 중심으로 논의가 진행되었다.

　논의는 2012년 5월 2일(수) 오전 10시에 제237회 서울특별시의회 임시회에서 시작되었다. 당시 4건의 의사일정 가운데 '서울특별시 마을공동체 종합지원센터 민간위탁 동의안'이 주요 의안으로 상정되었다. 이 안건은 서울특별시장이 제출한 안건이었다. 서울시에서 제출된 마을공동체 종합지원센터 민간위탁의 건은 원안가결로 채택되었다. 이어 서울시의 심사보고 후 서울시의회는 아무런 이의 없이 원안 그대로 가결되었음을 선포하였다.

서울특별시 마을공동체 종합지원센터는 서울특별시 마을공동체 만들기 지원 등에 관한 조례에 따라 주민주도의 마을공동체 사업을 지원하기 위하여 설치하는 시설로서 해당 분야에 대한 현장경험과 전문성이 있는 민간단체 또는 법인에 위탁하기 위하여 의회의 동의를 받고자 제출된 것으로 저희 운영위원회에서 원안가결하였습니다.

서울시 마을공동체 종합지원센터 민간위탁에 관한 제안설명은 서울혁신기획관이 하였다. 당시 서울시는 서울특별시 마을공동체 종합지원센터는 '서울특별시 마을공동체만들기 지원 등에 관한 조례'에 따라 주민주도의 마을공동체 사업을 지원하기 위하여 설치하는 시설로서, 해당 분야에 대한 전문성이 있는 법인 또는 단체에 위탁함으로써 마을공동체 사업지원을 전문적이고 효율적으로 수행하기 위해 민간위탁이 필요하다고 제안설명을 하였으며, 특히 민간위탁 사항은 '서울특별시 행정사무의 민간위탁에 관한 조례' 제4조 제2항에 의거 서울특별시의회의 동의가 필요한 사항이므로 서울시의회에 동의안으로 제안되었던 것이었다.

당시 마을공동체 종합지원센터 민간위탁의 건을 놓고 서울시의회 전문위원의 의견은 행정의 능률성을 높이고 비용을 절감하며 민간의 특수한 전문기술을 활용하여 업무를 신속하게 처리하기 위해 서울시는 1980년대부터 민간위탁사업을 실시하고 있다고 밝히면서, 서울시 마을공동체 종합지원센터는 기존에 여러 부서에 산재되어 있던 마을활성화 사업들을 통합관리하면서 관주도적인 일회성 자금지원 위주의 방식에서 벗어나 지역의 특색을 반영한 주민주도적 마을공동체 사업을 형성할 수 있는 민관협력 조정기구 성격의 중간지원조직이 필요하다는 의견을 제출하였다. 단, 정착 초기단계에는 경험과 전문성이 축적된 민간위탁이 바람직하지만, 위탁 이후에는 센터 운영을 위한 경직성 고정비가 지속적으로 발생하므로 예산 운영에 대한 의견도 동시에 제안하였다.

가. 시설개요
 – 시설명: 서울특별시 마을공동체 종합지원센터
 – 위치: 구 국립보건원 8동 은평구 녹번동 5번지
 – 규모: 지상 3층(837.8m²) 및 지상층 일부(150m²)
 – 설치시기: 2012년 6월 말 예정
나. 위탁기간: 3년 2012. 6 ~ 2015. 6 예정
다. 수탁기관선정: 공개모집
라. 주요 위탁내용
 – 마을주민 소양교육, 마을리더 및 일꾼 역량교육, 공무원 교육 등 마을공
   동체 활성화를 위한 교육 실시
 – 마을공동체 사업기획 지원 및 사업단계별 맞춤형 컨설팅
 – 마을공동체 사업 홍보 · 전파, 마을공동체 자원 및 네트워크 관리
 – 서울특별시 마을공동체 종합지원센터 운영 · 관리 등
마. 민간위탁 추진 필요성
 – 마을공동체 종합지원센터는 주민이 주도하는 마을공동체 사업을 지원
   하기 위해 주민과 행정기관을 연계하는 매개체인 중간지원조직을 설치
   하려는 것이며,
 – 마을공동체 사업 기획 지원 및 컨설팅, 주민교육 등 마을공동체 종합지
   원센터의 기능은 현장경험과 전문성이 있는 민간단체 또는 법인에서 수
   행하는 것이 타당하다고 판단됨

3. 제도 · 정책화 과정: 마을공동체, 씨를 심다

제도화 과정

  서울시의 마을공동체 사업은 공약 제시, 사회화 과정, 담론화 과정을 거치면서 최종적으로 제도 및 정책에 반영을 하게 된다. 2012년 3월 15일 총칙, 계획, 마을만들기 위원회, 종합지원센터 등의 내용을 담은 '서울시 특별시 마을공동체 만들기 지원 등에 관한 조례'가 제정된다. 이 조례는

"주민자치의 실현과 민주주의의 발전에 기여하기 위하여 주민이 주도하는 마을공동체 만들기를 지원하는 데 필요한 사항을 규정하는 것"을 목적으로 하고 있다. 그리고 조례 운영에 있어서 필요한 개념적 정의를 '마을', '마을공동체', '마을만들기'로 분류하여 정의하고 있다. 마을은 "주민이 일상생활을 영위하면서 경제 · 문화 · 환경 등을 공유하는 공간적 · 사회적 범위"로 정의했으며, 마을공동체는 "주민 개인의 자유와 권리가 존중되며 상호 대등한 관계 속에서 마을에 관한 일을 주민이 결정하고 추진하는 주민자치 공동체"로 정의하였다. 마을공동체 만들기는 "지역의 전통과 특성을 계승 · 발전시키고 지역의 인적 · 물적 자원을 활용해 주민의 삶의 질을 높이는 활동"으로 정의하였다. 이와 같이 '마을, 마을공동체, 마을공동체 만들기'의 개념은 주민의 자치적인 활동과 협력, 지역자원의 발굴과 활용에 큰 의미를 두고 있음을 알 수 있다. 이와 같은 특징은 외부로부터 자원을 유입하여 지역발전의 도구로 삼는 것이 아니라, 지역 내의 자원을 최대한 활용하여 지역발전의 기제로 삼고자 하는 '자원발굴형 내생적 지역발전 양식'에 기초하고 있음을 알 수 있다.

서울시 마을공동체 사업에 대하여 김낙준 마을공동체 담당관은 특정인의 집권 여부에 상관없이 계속되는 마을을 만드는 것이 중요하다고 역설하면서 마을만들기 과정에서 민간주도의 중요성을 강조한 바 있다(오마이뉴스, 2013. 9. 12). 그는 중간지원조직의 중요성을 한층 강조하고 있다고 볼 수 있다.

마을공동체 사업의 성공요건으로 '민(民)주도'와 '지속가능성'을 거듭 강조했다. '민이 나서야 성공한다'가 이 사업의 시작점이자, 서울시가 항상 견지하고 있는 자세"라면서 "마을공동체 사업은 민의 욕구에서 출발해서 민의 노력과 땀이 녹아 있어야 한다"고 말했다. 서울시는 중간지원체인 마을만들기 종합지원센터와 협업해서 주민들의 자치역량을 키워 주는 등 '지원'만 한다는 것이 중요하다고 보고 있다.

정책화 과정

마을공동체 지원조례가 시행되면서 마을공동체 관련 정책 및 사업을 심의하고 마을공동체 육성에 대한 발전방향을 자문하기 위한 '서울특별시 마을공동체위원회'의 구성 및 운영안을 마련한다. 그리고 2012년 4월 16일 마을공동체 만들기 지원조례 제15조에 근거하여 당연직 7명을 포함하여 총 20명으로 구성된 위원회를 구성한다. 서울특별시 마을공동체위원회의 주요 역할은 마을공동체 정책에 대한 전문가의 다양한 의견 수렴, 마을공동체 기본계획 및 연도별 시행계획 심의, 마을공동체 사업 추진에 대한 자문 등이었다.

그리고 내부적으로는 마을공동체 만들기 사업을 진행하는 과정에서 각 부서별 업무 조율과 협력을 위한 '핵심사업 행정협의회'를 구성했다. 행정협의회는 마을공동체 만들기 지원사업 추진과 관련하여 사업이 추진되는 과정에서 발생하는 긴밀한 협의를 통해 사업추진의 성과를 높이기 위해 구성된 행정 내부의 협력체계이다. 행정협의회는 서울혁신기획관, 마을공동체담당관을 비롯하여 주거환경과장, 사회적기업과장, 희망복지지원과장, 문화예술과장, 행정과장으로 구성된다. 이 행정협의회는 월 1회 정례화된 회의 외에 사안에 따라 수시로 협의하기로 합의했다.

2012년 5월 17일에는 주민이 주도하는 마을공동체 사업 추진을 지원하기 위하여 '서울특별시 마을공동체 만들기 지원 등에 관한 조례'에 근거한 지원사업 추진절차를 마련한다. 표준절차를 만들면서 정한 추진방향은 크게 세 가지이다. 첫째는 다수의 시민이 참여할 수 있는 방안을 찾는 것이며, 둘째는 마을공동체 회복취지에 맞는 프로세스를 마련하는 것이다. 마지막으로는 마을공동체 발전단계별 맞춤형 지원절차를 마련하는 것이다. 다수의 시민을 참여시키기 위해 마을공동체 중간지원조직인 종합지원

서울시 마을공동체 만들기 지원조례 주요 내용

총칙	목적
	정의
	기본원칙
	주민의 권리와 책무
	단체장의 책무
계획	마을만들기 계획
	연도별 시행계획
	마을공동체 협의회
	마을공동체 만들기 사업
	지원신청
	평가 및 포상
	사업비 환수
	형성재산의 사용
마을만들기 위원회	설치 및 기능
	위원회 구성
	위원장 직무
	회의
	관계기관 협조
	수당
	회의록
종합지원센터	종합지원센터 설치
	종합지원센터 기능
	관리 및 운영
	지도감독
	위탁 계약 및 취소

센터를 통해 사업을 제안하고 지원체계를 일원화하도록 하여 업무의 효율성을 높이려 했다. 그리고 공모방식도 사업설명회나 최초 마을공동체 사업제안에서 강조되었던 상시적 주민제안제도를 운영하는 것이었다. 마을공동체 발전단계별 맞춤형 지원은 커뮤니티 기반이 약한 마을은 씨앗마

을, 커뮤니티 기반이 형성된 마을은 새싹마을, 커뮤니티 활동이 활발한 마을은 희망마을로 분류하여 마을 발전단계별 지원을 하도록 기획되었다. 이와 같은 표준절차는 '서울시 마을공동체 기본계획(안): 기본방향 및 주요 내용'에 제안된 내용을 수렴한 것이었다.

서울시는 마을공동체 사업의 보다 효율적이고 체계적인 추진과 자치구와의 긴밀한 협조, 체계적인 현장지원을 위한 종합지원센터의 역할 강화, 사업 전 단계에 걸친 시·자치구·종합지원센터의 마을현장 지원을 확대하기 위하여 2013년 1월에는 마을공동체 사업 지원절차를 일부 개선한다. 마을공동체 사업을 체계적으로 추진하고 사업의 지속성을 위해 3년 내외로 다년간 지원을 하고, 종합지원센터로의 창구단일화를 통하여 사업의 효율성을 도모하고자 했다. 또한 자치구에 실질적 권한과 책임감 부여를 위해 주민제안에 대한 자체평가를 시행하고 시 사업부서에서는 선정심사 시 '자치구 의견서' 내용을 적극 반영하기로 하였다. 또한 심사를 진행할 때 자치구 사업부서장이 1인 이상 반드시 참여하여 권한과 책임을 더 높이려고 하였다. 종합지원센터는 접수창구를 일원화시키고 마을상담 제도를 도입하여 마을사업에 대한 전반적인 사항과 주민제안 방법 및 지원절차를 상담하도록 하였다.

그 외에도 자치구별 마을넷을 활용한 네트워크를 더욱 활성화시키고 경우에 따라서는 전문가 컨설팅 및 마을활동가 현장지원체계를 강화하도록 사업 추진방법을 보다 더 적극적으로 전환하였다. 마을공동체 지원사업은 약 10개의 사업절차에 따라 지원사업을 체계적으로 지원하고 있다. 사업지원은 중간조직인 종합지원센터, 전담부서인 마을공동체담당관실, 그리고 실행부서인 각 자치구 및 시의 사업부서가 협력적 관계를 유지하면서 지원하고 있으며, 지원과정에서 필요에 따라 마을상담, 현장조사, 자치구 의견 반영, 보조사업자 교육, 전문가 컨설팅, 마을 컨설팅 등을 운영하고 있다. 특히 마을공동체 사업지원 과정에서 마을공동체담당관, 종합지원센터, 시민모니터링단, 마을활동가, 자치구의 마을넷, 자치구 및 시 사업부서가 체계적으로 모니터링할 수 있는 체계를 만들었다. 이렇게 지원된 사업을 통해 얻은 서로의 경험과 기술력을 공유하기 위해 '마을공동체 1년 사례발표 및 시민토론회'를 2013년 7월 16일에 열기도 하였다. 경진대회 형식의 이 행사는 마을공동체가 쉽고 재미있는 사업이라는 것을 확산시키고자 마련된 행사였다.

서울시 마을공동체 사업 지원절차

순서	사업절차	내용	담당
1	연간 사업계획 발표	• 연초 발표(시, 종합지원센터 홈페이지) • 주민 제안방법, 제출서류, 심사 선정절차 등 • 시 사업부서별 발표 병행	• 마을공동체담당관 • 종합지원센터 • 시 사업부서
2	마을상담	• 제안하고자 하는 사업에 대한 상담 • 제언서 작성 상담 지원 • 필요 시 현장 방문 상담	• 종합지원센터
3	사업제안시 제출 및 접수	• 종합지원센터 제출(홈페이지, 방문 등) • 접수 확인 안내 문자 발송(3일 이내) • 접수된 제안서 마을공동체담당관, 시 사업부서에 통보 • 마을공동체담당관 → 자치구 전담(사업)부서 통보	• 종합지원센터 • 마을공동체담당관
4	현장조사	• 기재내용 및 주민(단체의 준비 정도 등 현장 방문조사 • 마을상담을 통해 제안 시 생략가능	• 종합지원센터
	자치구 의견 수렴	• 주민제안에 대한 지치구 의견서는 제안서 통보 역순으로 제출[자치구 사업(전담)부서 → 마을공동체담당관 → 시 사업부서]	• 자치구 사업(전담)부서

5	심사 및 선정	• 심사위원회 구성 · 운영(마을공동체담당관, 종합지원센터, 자치구 사업부서 협력) • 결과공고(시, 종합지원센터 홈페이지) • 결과통보(미선정자 사유고지 및 지원 등 안내) • 공간조성사업 등 심사선정 예비선정제도 적극 활용	• 시 사업부서 • 마을공동체담당관 • 종합지원센터 • 자치구 사업부서
6	보조사업자 교육	• 마을공동체 전반적인 사항 • 회계 및 정산 교육	• 시 사업부서 • 마을공동체담당관
7	실행계획 수립	• 공간제공 및 규모가 큰 사업 대상 • 제안서 구체화 및 주민교육, 집행계획 등 지원	• 자치구 사업부서 • 종합지원센터
8	협약체결 (사업비 교부)	• 자치구(시) 사업부서 협약체결 후 사업비 교부	• 자치구(시) 사업부서
9	사업 집행 / 전문 컨설팅	• 전문가 지원 및 법적 · 예산 절차 컨설팅	• 시 사업부서
10	사업 집행 / 마을 컨설팅	• 자치구 마을넷 연계 마을현장 지원	• 종합지원센터
11	사업평가	• 민관 파트너십 평가 • 수시, 분기별, 종합평가	• 마을공동체담당관 • 종합지원센터

마을공동체 사업 상시 모니터링 체계

주체	역할
마을공동체담당관 (종합지원센터)	마을현황별 특성에 맞는 체계적 지원
시민모니터링단	주민여론 및 마을현장의 문제점 파악
마을활동가 → 자치구 마을넷	네트워크 형성 및 현장의 요구사항 파악
자치구 사업부서 / 시 사업부서	보조금 카드결제시스템 상시 모니터링 (집행상황 확인)

마을 현장 ←

초창기 마을공동체 지원사업은 물리적 환경개선 사업 위주의 사업이었다. 결국 물리적 환경개선 사업에서 주민주도형 사업으로 전환되어야 하는 필요성을 느끼게 된다.

서울시 마을공동체 종합지원센터의 관계자는 마을공동체 공모사업에 대하여 다음과 같이 말했다.

> 서울시 사업은 다 공모사업입니다. 복지마을도 공모, 또 다른 마을도 공모 다 공모죠. 당연히 공모전을 하는 것이기 때문에, 당시에 2012년도 초에 마을사업이라고 발표했던 예산이 약 1,200억 정도였습니다. 서울시는 1,200억 원을 마을공동체 사업비로 책정했던 것입니다.
>
> 왜 그렇게 예산이 많냐는 소리도 있었지만 약 700억 원 정도는 과거에 했던 사업입니다.
>
> 실제로 주거사업 등은 마을이름만 바꾼 사업들이지요. 주거환경사업 등은 일단 빼는 것으로 했습니다.
>
> 이런 사업은 우리가 관리할 수도 없으며, 주민주도형 사업이 아닌 물리적 환경개선 사업으로 전문가가 하는 사업들이지요. 그래서 소프트하게 할 수 있는 사업을 정리하니 약 700억 정도 줄일 수 있었습니다. 그러나 초창기에는 각 부서가 사업을 담당하고 있었기 때문에 자문 정도의 역할에 만족할 수밖에 없었습니다.
>
> 체계적인 조직이 없는 상황에서 우리가 할 수 있는 일은 그 정도였던 것 같습니다.

사실 마을공동체 사업의 성패 여부는 사업을 운영·관리하는 프로세스를 전환하는 것이 급선무하고 판단한다. 마을공동체 지원사업은 연간 단체등록이 가능한 조직만이 단 1회 공모, 1회 선정으로는 주민주도형 마을공동체 사업을 건강하게 성장시킬 수 없다고 판단하고 수시접수, 수시공모 그리고 3인 이상의 공동체만 구성되면 단체와 상관없이 접수할 수 있도록 했다. 그리고 마을현장에서 답사를 통해 제안한 이유를 공유하고 부족한 경우 컨설팅을 통해 지원할 수 있도록 제도적 틀을 만들었다.

그래서 고민을 했습니다. 공모사업 프로세스를 어떻게 바꿀 것인가? 공모사업 프로세스를 바꾸자 그러면 기존에 해 왔던 것처럼 3월에 제안서 쓰고 그다음은 4월에 심사하고 5월에는 예산이 지출되는 방식의 전환이 필요하다고 생각합니다.

그리고 접수하는 양식도 간소화시킬 필요가 있다는 의견을 모읍니다. 그다음에는 수시로 공모하는 방식을 고민합니다. 그 외에도 사업비도 대폭 하향조정해서 150~200만 원에서 많게는 5,000만 원까지 지원할 수 있도록 다양하게 열어 놓기로 합니다.

이렇게 큰 틀에서 프로세스를 정리하고, 심사할 때는 서류를 제출하면 해당 지역 풀뿌리 활동가들이 현장에 가서 확인을 한 후 현장평가 보고서를 제출하도록 했습니다. 즉 현장방문 보고를 한 것입니다. 심사라기보다는 현장에서 어떤 사람들이 활동하고 있는지, 그리고 이들이 제대로 제안을 한 것인지 등에 대한 이야기를 듣는 것입니다. 이러한 방식의 프로세스를 새로 구성한 것입니다. 실제로는 쉬운 일이 아니었습니다. 그럼에도 불구하고 주민 입장에서는 자신이 제안한 프로젝트가 한 번의 심사로 승패가 결정되는 것이 아니라 계속 수정할 수 있도록 도움을 받게 된 것입니다. 컨설팅받듯이 하면서 계속 수정해서 내가 준비되면 언제든지 제안서를 제출할 수 있게끔 마음을 갖게 해 주었습니다. 그러니까 일회성이 아니라 지속적으로 언제든지 준비된 계획을 제안할 수 있게 하는 것이 목표였습니다. 그래서 주민들이 이 공모사업을 하는 것을 어렵지 않게 생각하도록 하는 것이 첫 번째 목표였습니다.

주민모임을 3명 이상이면 가능할 수 있게 해 주는 것도 지원하고자 하는 사람들에게 문턱을 더 낮춘 것이라고 생각합니다. 기존에 검증된 사람만 하다 보니까 단체만 해야 되는 것이고 계속 단체 중심의 사업이 되었던 것이지요. 이 부분이 공무원들과 협의할 때 힘든 부분이었습니다. 무엇으로 증명할 것인가? 안정성을 어떻게 담보할 것인가? 불안하다! 예산을 3명에게 줄 수 있느냐 등의 문제 제기가 있었습니다. 결국 나중에 보증보험에 가입하면서 안전장치를 만들면 되는 것 아닌가 하는 것이 우리측의 판단이었습니다. 그러나 공무원은 법인이 있어야 된다고만 이야기를 했습니다.

이러한 갈등에도 불구하고 저희는 기존의 관점으로 과연 행정이 변할 것인가? 마을지향 행정이라고 하는 부분을 가지고 지속적으로 주민들이 안전하고 쉽게 진입할 수 있는 프로세스를 만들 수 있게끔 논의하고 연구하라는 것이 행정에 대한 저희의 요구였습니다.

서울시가 지원하는 마을공동체 사업에 대한 지속적인 관리와 지원은 여전히 숙제로 남아 있다. 서울시는 보편적으로 보조금 형식으로 지원하고 집행하는 방식은 가급적 지양하고 있다. 서울시 마을공동체 종합지원센터는 적절한 지원과 이를 매개로 한 구성원 간의 커뮤니티 복원에 큰 의미를 두고 있다. 그리고 공모사업에 참여한 구성원 간 상호 심사를 통하여 학습의 장으로 만들어 가고 있다.

그게 지금까지의 단계였다고 하면 거기에 덧붙여서 내년에는 선정 이후에 대한 지원 컨설팅을 더 강화하는 것이 과제로 남아 있습니다. 지금막~ 씨앗을 뿌렸습니다. 씨앗을 계속 뿌리고 이제 그 씨앗들이 새싹이되고 성장할 수 있도록 하여야 합니다. 그리고 지속적인 지원 컨설팅과 사후 지원이 필요합니다.

그다음에는 실제로 기존 마을만들기 사업의 경우에는 자금이 지원되면 그 자금으로 마을만들기협의회라는 조직을 구성합니다. 보편적으로 다른 지방 같은 경우에는 대부분 이렇게 합니다. 서울은 그런 형태가 옳지 않다고 생각하는 겁니다.

작은 커뮤니티 모임들을 했는데 이게 마을이 되려고 하는 커뮤니티들끼리 연결이 필요하다고 생각합니다. 서로 간을 연결하기 위해 여러 선정된 사람들 간의 네트워크를 만들어 나가는 것이 매우 중요하다고 생각합니다.

마을넷이 초창기에는 자치구 단위에서 씨앗을 뿌릴 수 있는 지원을 하는 활동가에 의해 주도되었다고 한다면, 이제는 정말 새롭게 등장하는 주민들이 네트워크하면서 마을넷의 구성원이 되고 구성원들끼리 "우리 둘이 같이 한 번 해 볼까! 이렇게 되는 거죠"라는 식으로 마을이 형성되어 갈 수 있는 것으로 방향을 잡고 있고. 그런 과정에서 주민이 스스로 주도하는 사업이 되어야 한다고 생각합니다.

이러한 모델 발굴을 위해 센터에서 주최하는 '우리마을 프로젝트'라는 공모사업에서는 일정한 규정이나 형식이 없이 지원방식을 최대한 열어 놓았다고 보시면 됩니다. 그 결과 정말 다양한 분야가 접수되고 그 이후에는 심사와 현장심사를 저희가 기본으로 하고 있습니다. 현장심사를 집단 컨설팅 형식으로 했어요.

가령 한 자치구별로 한 번에 열 몇 개씩 들어오기도 합니다. 그분들이 한꺼번에 모여서 현장조사를 하는데 그 자리가 네트워크 자리가 되는 겁니다. 서로가 자기 발표를 하면 떨어져도 다른 구성원의 발표를 통해서 학습을 하게 됩니다. "그러니까 아~ 내 것은 떨어질 만해! 이게 되는 거고요"라고 생각을 합니다. 그리고 자기들끼리 서로 명함과 전화번호를 주고받으면서 앞으로 연락을 하게 됩니다.

이러한 방식을 기본으로 한 상황에서 그다음에 한 단계 발전시켜 심사권한을 주었습니다. 그래서 스스로 모임 사람들이 "아 저쪽을 붙여 줘라

심사할 수 있도록" 하고 말합니다. 그래서 전문 심사위원들하고 참여하는 분들이 한자리에 앉아서 각자 제안서를 듣고 심사권을 주민에게 50%를 주었습니다. 심사권한을 100% 주려고 했는데 주민들이 스스로 부담스러워 합니다. 앞으로는 주민들이 100% 심사할 수 있도록 할 예정입니다. 이런 모델을 광역 단위에서 만드니까 자치구가 그렇게 하려고 합니다.

그 외에도 서울시와 종합지원센터는 「서울특별시 마을공동체 종합지원센터 현장조사원 교육자료(2012)」, 「마을공동체 기본계획 자료집(2012)」, 「우리마을 프로젝트 제안설명회 자료(2012.8.30)」, 「서울시 마을공동체 사업 활용설명서(2013. 2)」 등을 발간하여 마을공동체 사업을 체계적으로 지원할 수 있는 매뉴얼을 구축한 바 있다.

그리고 종합지원센터는 2012년 12월 대학에 '마을공동체 지원사업의

서울시 마을공동체 정책의 주요 흐름

개선방안 연구'를 의뢰하여 종합지원센터의 운영전략을 모색한 바 있다. 특히 마을공동체 성과, 효과적인 조직과 네트워크 구축, 클라이언트 중심의 서비스 수행체계, 마을공동체 지원사업에 대한 효과적 평가, 마을공동체 지원센터의 조직운영안 등에 대한 컨설팅을 받은 바 있다.

위의 내용은 박원순 시장의 보궐선거 출마를 시작으로 당시 공약으로 제시된 '마을공동체 생태계만들기' 공약이 커뮤니티의 풀뿌리 조직과 연결되면서 사회화 과정을 만들고, 그 사회화 과정이 제도 및 정책을 만들어 낸 과정을 순서적으로 살펴본 것이다.

선거출마 당시 제시되었던 공약이 지역의 주요 시정방침과 핵심적인 법정계획의 미션 및 목표가 된다는 점을 감안해 볼 때 공약이 갖는 성격과 의미는 매우 중요하다고 할 수 있다. 과거와는 달리 토건 중심의 사회에서 사람 중심의 사회, 보편적 복지사회에서 창조적 복지사회로의 전환을 위한 과도기에 있다는 것을 고려해 볼 때 '마을공동체 생태계 만들기'는 물리적 환경개선 중심의 공약 정책이 아니라, 사람 중심 · 주민 중심 · 거주자 중심의 정책을 지향하겠다는 중요한 철학적 의지를 지니고 있다고 볼 수 있다. 그 과정은 과거와는 달리 관주도적으로 계획하고 관리하는 통치적 관계 · 하향식 발전양식이 아니라, 삶의 장소의 의미를 보다 구체적으로 사람 중심으로 전환시키는 협치적 관계 · 하향적 발전양식에 기초한다고 볼 수 있다. 이러한 의미는 앞서 사회화 과정에서 설명했듯이 마을공동체 사업의 지원과정에서 보여 주었던 시행착오를 통하여 민관협력과 상호 신뢰의 정치학이 얼마나 중요한지를 보여 준 바 있다. 결국 건강하게 형성된 거버넌스는 커뮤니티가 가지고 있는 자원을 최대한 활용하도록 노력하고 그 과정에서 기존의 자원에 대한 이해를 극복하고 사회적 자본이라는 무형의 가치에 큰 의미를 두기도 한다. 결국 커뮤니티 자원의 효율적인 관리 및 운영이 지역발전에 중요한 의제로 등장하게 되며, 그것은 커뮤니티가 지니고 있는 '가치발굴형 내생적 발전양식'에 기초한 발전전략이라고 할 수 있다.

　서울시 마을공동체 정책은 시민참여 행정을 전개하는 과정에서 다양한
풀뿌리 조직의 연대와 협력, 상호 신뢰에 기초한 네트워크의 구성과 제도
화 모색 등 마을만들기 사업이 결과지향적 사업이 아니라 과정지향적 사
업이라는 점을 보여 주었고, 이는 향후 마을만들기 사업 추진에 있어서 참
고할 만한 본보기가 되고 있다.

4. 마을공동체 효과

발아되기 시작한 마을 씨앗

　서울시는 자치구에서 풀뿌리 시민사회 활동을 하고 있는 '마을넷' 조직
과의 연계와 협력을 통하여 사전에 의사소통을 할 수 있는 충분한 장치를
만들었다는 점에서 풀뿌리 주민조직이 즉자적으로 반응할 수 있는 체계를
만들었다. 그러나 마을넷 등의 풀뿌리 조직이 서울시민 전체를 대변하는
데는 한계가 있다는 점에서 기존이 풀뿌리 보수세력과의 연계도 사전에 네
트워크 여부를 검토할 필요가 있다고 판단된다. 이에 따라 의제설정단계에
서 의제를 둘러싼 논쟁을 최소화하기 위해 마을공동체 관련 전반적인 프로
세스를 기존의 풀뿌리 조직과의 연계를 통하여 최종 검토안과 방향을 풀뿌
리 조직에 위임함으로써 상호 최선의 합의 존중과 참여행정의 기틀을 마련
했다.

　그리고 마을공동체 사업이 의회에서 원안가결로 처리되면서 마을공동
체 의제가 제도적 · 정책적 기반을 마련하게 된다. 당시 서울시 마을공동
체 지원조례는 어느 다른 광역자치단체보다 마을공동체 지원을 위한 제도
적 · 정책적 의지가 분명하게 반영되었다. 광역 단위의 조례 그리고 인구
1,000만 명 이상 규모의 수도권이라는 공간적 특징을 고려해 볼 때 서울시

서울시의 마을만들기 자치입법 내용

구분	내용
총칙	목적
	정의
	기본원칙
	주민의 권리와 책무
	단체장의 책무
계획	마을만들기 기본계획
	연도별 시행계획
	마을공동체 협의회
	마을공동체 만들기 사업
	지원신청
	평가 및 포상
	사업비 환수
	형성재산의 사용
	시·군 기준 마련 및 사업운영
마을만들기 위원회	설치 및 기능
	위원회 구성
	위원장 직무
	회의
	관계기관 협조
	수당
	회의록
종합지원센터	종합지원센터 설치
	종합지원센터 기능
	관리 및 운영
	지도감독
	위탁 계약 및 취소

와 경기도라는 두 광역자치단체의 입법 여부는 향후 마을공동체 활성화를
이끌어 낼 수 있는 제도적 장치가 확보된다는 점에서 중요한 의미를 지닌

다. 서울시는 마을공동체를 형성할 수 있는 민관협력 거버넌스 역할의 중요성을 인식하고 이를 제도화한 상황이다.

서울시 마을공동체 사업 현황

구분	현황
2012년	82팀
2013년	156팀

출처: 서울시 마을공동체 종합지원센터(2013), 내부자료.

그 이후 2012년과 2013년 지난 2년간의 서울시 마을공동체 지원사업의 특징은 마을공동체 기반 형성에 중점을 두었다는 것이다. 2012년 82팀에서 2013년에 156팀으로 확대된 것은 마을공동체 의제설정단계부터 체계적으로 준비된 결과라고 할 수 있다. 위의 〈표〉에서 보듯이 서울시 마을공동체 사업이 매년 확산되고 있음을 알 수 있다. 서울시 마을공동체 지원사업의 경우 가장 참여도가 높은 연령층은 30~40대 주부층이다. 이들은 마을의 새로운 변화주체로 성장할 가능성이 높은 것으로 판단되며, 풀뿌리 밀착형 생활정치의 가능성도 있다는 점에서 매우 중요한 시사점을 지닌다고 할 수 있다.

결과보다 과정이 중요

서울시 마을공동체 지원사업은 '주민참여심사제', '우리마을 프로젝트 컨설팅 지원', '주민제안사업'으로 주민과의 호혜적 관계를 위해 많은 노력을 하고 있다. 주민참여심사제는 서울시 마을공동체 사업 지원절차 과정 중에서 심사와 선정을 최대한 민주적으로 운영하기 위한 제도적 장치로, 주민에게 선정권한을 부여함으로써 경쟁이 아닌 양보와 상호 상생의 장을 마련하는 동시에 서로에게 배우고 교육하는 상호 학습의 장을 만들기 위해 마련된 제도이다. 우리마을 프로젝트 컨설팅 지원은 선정사업을 대상으로 성장단계별 맞춤형 컨설팅 지원사업의 성격을 지닌 제도이다. 서울시는 마을공동체 형성을 크게 3단계로 구분하여 지원한다. 1단계는 마을공동체 기본교육, 2단계는 마을리더 양성교육, 3단계는 마을기획자 양성교육 과정으로 씨앗기, 새싹기, 배양기로 나누어 지원사업을 한다. 이렇게 단계별로 지원한 결과 개별 컨설팅 횟수는 156팀에 각 회씩 총 312회가 진행되었으며, 집합 컨설팅은 12개 구에서 진행된 바 있다.

마을공동체 교육지원 단계별 현황

구분	1단계	2단계	3단계
성격	마을공동체 기본교육	마을리더 양성교육	마을기획자 양성교육
주요 내용	• 마을공동체 기본 이해 • 마을기록관리 기본교육 • 마을홍보 기본교육 • 보조금시스템 활용교육	• 아이스브레이킹 • 의사소통하기 • 이그아니트: 우리마을 사업 소개 • 토크콘서트 • 리빙 라이브러리: 선후배 대화 • 월드카페 • 소감 나눔 및 평가 환류	• 갈등관리 Ⅰ·Ⅱ • 미션트레킹: 동네 프로그램 기획 및 실행 Ⅰ·Ⅱ • 네트워크 관리
횟수	3회	3회	1회
수료생 수	156명	68명	13명

출처: 서울시 마을공동체 종합지원센터(2013), 내부자료.

　　주민제안사업은 주민이 스스로 주인이 되기 위한 등용문으로 마을활동을 처음으로 시작하는 주민이 부담 없이 마을사업을 할 수 있도록 하는 제도이다. 그 결과 2013년 제안 접수는 423건, 선정 건수는 156건으로 평균 3 대 1의 경쟁률을 보인 바 있다.

주민제안사업 현황

구분	현황
제안 접수	423건
선정 건수	156건
평균 경쟁률	3 대 1

출처: 서울시 마을공동체 종합지원센터(2013), 내부자료.

마을 관계망 정도에 대응한 맞춤식 지원 현황

구분	유형 I	유형 II	유형 III
단계	씨앗기	새싹기: 도약기	희망기: 성장기
특징	주민모임 형성 지원	도약기 마을계획 수립 지원	성장기 마을계획 수립 지원
성격	마을주민 3명 이상이 마을에 필요한 일을 하기 위하여 이웃과 처음 만나고 알아 가는 단계	다양한 주민 혹은 주민모임과 함께 마을에 필요한 공통의 주제를 찾고 해결방법을 찾아가는 단계	주민의 힘으로 마을의 중장기적인 비전을 만들고 마을에 대한 종합적인 계획을 수립하는 단계
주요 활동	마을 소모임 (자조모임)	• 복수의 주민모임 • 공동생활권 • 공동의 의제	• 복합적 관계망 • 복수의 의제 • 장기 프로젝트
신청 자격	주민 3인 이상	주민모임 2개 이상	주민모임 2개 이상
지원 한도	최대 150만 원	최대 500만 원	최대 2,000만 원

출처: 서울시 마을공동체 종합지원센터(2013), 내부자료.

서울시는 마을공동체 생태계 조성을 위한 협력 네트워크를 구성하고 이를 토대로 운영하고 있다. 따라서 비용적 측면에 대한 평가 여부를 넘어

체계적이고 안정적 운영을 위한 효율적 방안을 구축했다고 할 수 있다. 이러한 정책적 시스템의 구축은 일반시민이나 공동체 구성원이 사업을 공모하고자 할 때 삼삼오오 방식으로 다가설 수 있는 접근기회를 제공함으로써 시민들의 반응이 높은 차원에서 이루어지고 있다고 볼 수 있다. 또한 기존의 보조금 지원사업 방식으로 운영될 경우 영수증 처리나 증빙서류가 처리가능한 기관이나 기구 중심으로 행정적 입장에서 사업을 집행하고 관리했다고 한다면 삼삼오오 방식의 공모방식으로 제안의 폭을 확장시켜 줌으로써 서울시민 누구나 공평한 경쟁을 할 수 있는 상황을 만들었다고 할 수 있다. 또 하나의 특징은 상시 모니터링 체계를 갖추고 있다는 것이다. 서울시 마을지원사업은 서면심사, 면접심사, 현장심사, 주민참여 심사 등의 다양한 단계를 통하여 정책을 집행하는 과정을 거친다.

마을공동체 사업이 진행되는 과정에서 주무부서인 마을공동체담당관실과 실행기관인 종합지원센터는 마을의 특성에 맞는 사업지원을 최대한 효율적으로 하기 위한 방안이라고 판단된다. 또한 주민여론 및 마을현장의 문제점을 파악하기 위해 사업이 진행되는 과정에서 풀뿌리 활동가가

서울시 마을지원사업 심사운영방식

운영 방식	서면심사	면접심사	서면심사+ 면접심사	서면심사+ 현장심사	주민참여 심사
적용 사업	• 상가마을(예비) • 한옥마을 공동체 • 지역맞춤형 안전마을 • 공동주택 공동체 • 공동육아 • 부모커뮤니티 • 다문화 공동체	• 청소년 휴카페 • 마을미디어 (활동) • 상가마을 (본심사)	• 마을 북카페 • 서울형 안전마을 • 주민제안사업	• 마을예술창작소 • 마을미디어 (공간)	• 우리마을프로젝트

출처: 서울시 마을공동체 종합지원센터(2013), 내부자료.

제안된 사업을 현장에서 검토하는 현장평가가 진행된다. 이 평가는 평가의 성격을 넘어 현장 컨설팅의 성격을 지니고 있다. 현장 컨설팅은 마을공동체 사업 단위에서 발생할 수 있는 요구를 신속하게 처리할 수 있다는 점에서 긍정적 반응을 얻고 있다.

제안된 마을공동사업의 여건을 최대한 반영하기 위해 자치구의 의견도 적극 수렴하고 있다. 자치구 의견 수렴은 공정한 집행을 위한 노력의 하나라고 할 수 있다. 결국 서울시 마을공동체 사업이 집행되는 과정에서 마을공동체 사업을 제안한 주민이 제기한 문제는 관행적으로 처리하는 민원처리가 아니라 상호 존중에 기반한 집행을 하고 있다고 할 수 있다. 결국 이러한 일련의 과정은 주민주도성을 최대한 보장하고 참여의 가치를 중심으로 공동의 책임을 도모하는 참여행정의 표본이라고 할 수 있다. 그러나 서울시 마을지원사업의 절반 이상이 심사위원에 의한 서면심사로 진행되고 있어 심사과정에 주민의 참여가 매우 제한적일 수밖에 없는 상황이다. 반면 서면심사가 아닌 주민참여심사는 큰 호응을 보인 것으로 내부에서는 평가하고 있다.

서울시 마을공동체 사업의 정책평가 과정에 대한 평가도 매우 특이하다. 일반적으로 정책평가의 경우 지역사회의 현실을 고려하지 않은 외부 전문가 중심으로 정책평가를 하는 것이 일반적인 관례이다. 이러한 평가 과정에서 지역사회 주민은 갑과 을의 관계에서 을의 입장에 위치할 수밖에 없는 상황에 직면하게 된다. 서울시의 경우 전문가 중심의 평가에서 전문가평가와 주민평가를 동시에 병행하고 있다. 2013년 7월 서울시 마을공동체 성과발표회에서는 마포구 예찬길, 강북구 무지개맘 공연 등 6개팀의 마을이 소개·전시된 바 있으며, 2013년 10월에는 서울시 마을박람회를 통하여 그동안의 성과를 상호 교류하는 장을 만들어 내고 있다. 이러한 사업방식은 마을공동체 사업을 추진한 주민을 주체적으로 세우고 책임감과 공동체성 의식을 함양하는 중요한 기제로 작용한다.

따라서 서울시는 정책목표를 달성하는 과정을 전문가 중심의 평가에서 참여자 중심의 주민평가와 호환하여 운영하고 있다는 점에서 마을공동체의 근본 목적인 공동체성을 도모하는 정책목표에 효율적으로 접근하고 있다고 볼 수 있다. 즉 참여형 평가과정은 시민의 의견이 다양하게 개진되고 상호 학습하는 과정을 거치면서 시민의 수요에 신속하게 대응할 수 있게 된다. 또한 전문가평가는 전문가의 정확하지 않은 현장에 대한 정보와 서류 중심의 평가의 한계를 지닌 반면, 참여형 주민평가는 지역사회 현장에 대한 공감대 형성 및 이해관계가 증진됨에 따라 평가의 신뢰뿐만 아니라 비교적 높은 수준의 공정한 평가가 이루어지고 있다고 볼 수 있다. 또한 참여형 현장평가는 참가한 구성원의 팀워크를 고양시키는 과정에서 상호간에 합의 존중은 물론 주민과 행정부가 지역사회에 대한 공통의 문제의식과 책임의식을 가지고 문제를 해결하려는 높은 수준의 참여행정을 도모하고 있다고 볼 수 있다.

서울시는 마을공동체 지원사업을 추진하면서 과정지향적 단계별 과정에 중심으로 두고 사업을 진행하였다. 따라서 서울시는 마을공동체 사업을 '지원사업'으로 정하고 있다. 지원사업을 위한 일련의 과정은 '사회화, 정치화, 제도화, 정책화' 과정을 거치면서 마을공동체 지원사업의 의제의 당위성을 정착시켜 나가면서 '서울형 마을공동체'라는 특화된 사업과 전국에 마을공동체 사업의 기초를 제공하는 데 기여했다고 할 수 있다. 서울시는 사업의 성격에 따라 마을공동체 사업의 평가방식을 달리하였다. 일반적으로 진행하는 서면심사부터 면접심사, 서면심사와 면접심사의 혼합형, 서면심사와 현장심사의 혼합형, 그리고 주민참여심사 등 평가방식을 다양화함으로써 주민참여를 유도하였다. 주민이 스스로 마을계획을 수립하는 것을 지원해 주는 사업이 '우리마을 프로젝트' 사업이다. 이 사업은 주민의 자발적 참여와 주민의 요구에 기반한 마을공동체 모델을 발굴하고 마을의 성장단계별로 맞춤형 지원을 하는 사업이다. 이 사업의 성과는 주민이 스

함께 만드는 마을, 함께 누리는 삶

스로 마을에 대한 의제를 만들고 실행을 위한 방법을 모색하는 데 있다. 이 성과는 전국에서 마을공동체 사업을 하는 대전광역시를 비롯하여 고양시, 수원시, 안산시, 세종시 등으로 확산되는 성과를 얻기도 하였다. 서울시의 마을만들기 지원사업은 과정지향적 단계별 과정에서 커뮤니티 단위의 사회적 합의를 도출하고 평가방식도 다양한 방법으로 진행하고 주민참여를 최대한 고려함으로써 서울형 마을공동체 사업이라는 의미도 부여받게 되었다. 이러한 과정은 향후 마을만들기 사업을 추진하고자 하는 지방자치단체가 고려해 볼 만한 사항이다.

서울시 마을만들기 사업 진행과정별 각 영역별 역할

구분	의제설정단계	정책결정단계	정책집행단계	정책평가단계
시민의 역할	풀뿌리 마을조직과의 연계와 협력	참여 기회의 폭 증진	현장 컨설팅 방식의 정책지원	주체적 참여형 주민평가
행정의 역할	출마자의 인식과 공약, 명확한 의제	단계별 교육지원체계 구축과 맞춤형 정책 지원체계 구축	상시 모니터링의 체계화	상호 학습기회의 장 마련
의회의 역할	연구단체 구성을 통한 이해관계 증진	-	-	-
특징	풀뿌리 마을조직으로부터의 기획을 통한 이해와 민관협력체계 구축	마을과 주민의 특성을 고려한 맞춤형 정책지원체계 구축	과정 중심·참여자 중심의 정책집행	마을공동체 기반 형성을 위한 참여행정의 실현

과정지향적 의제진행 단계별 특성

구분	사회화	정치화	제도화	정책화
의미	풀뿌리 시민사회의 해당 구성원이 중심이 된 의제 설정 및 논의의 장을 마련하는 과정	풀뿌리 시민사회조직에서 도출된 의제와 집행부에서 검토된 의제를 바탕으로 의회 동의를 얻는 과정	풀뿌리 시민사회조직과 의회의 합의를 얻은 의제를 중심으로 제도화하는 과정	입법화된 제도를 기반으로 정책을 수행해 가는 과정
주요 대상	시민·주민, 풀뿌리 시민사회조직	의원·의회	집행부·의회·시민	집행부·중간지원조직
접근 방식	풀뿌리 자치에 중심을 둔 민간 네트워크 활용	의회와의 소통	자치입법화	정책 시행
자원 동원	풀뿌리 시민사회조직	의원·정당과의 소통과 이해 도모	제도의 마련	풀뿌리 시민사회조직

서울시의 마을만들기는 '주민주도형' 마을공동체를 지향하고 있다. 현재 박원순 시장이 추진하는 서울시의 마을공동체 정책은 성미산마을도 새마을운동도 아니다. 양자의 절묘한 결합이다. 즉 자원은 행정에서 지원하되(top-down), 그 결과는 주민주도적인(bottom-up) 성과로 내자는 것이다.

이 모순적인 마을공동체 정책의 전략을 성공적으로 이루기 위해서는 두 가지 전략과제가 해결되어야 한다. 첫째는 '톱다운(top-down)의 방식이 달라져야' 한다는 것이고, 둘째는 '보텀업(bottom-up)의 주체를 형성'하는 것이다. 전자는 이른바 행정혁신이고, '마을지향 행정'으로의 전환이다. 자원을 아래로 내리는 방식 자체를 혁신하지 않으면 보텀업의 성과를 낼 수 없다. 두 번째 전략과제인 '보텀업의 주체를 형성'한다는 것은 생활세계에 기초하여 시민들이 직접 참여하는 것, 즉 민간혁신이다. 시민이 직접 자신

함께 만드는 마을, 함께 누리는 삶

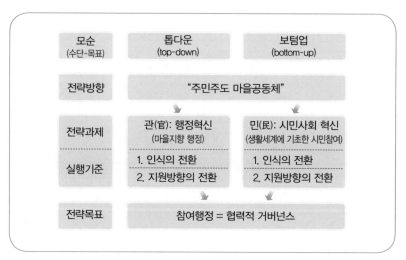

서울시 마을공동체 정책의 전략개념도

출처: 유창복(2014a).

의 생활상의 필요를 함께 궁리하고 협동으로 해결하는 주체로 나서는 것
이다. 정치인에게 선거를 통해 위임했건만 그들의 기득권으로 사용되어
버린 주권을, 시민단체의 애드보카시(advocacy) 운동으로 대변된 주권을,
이제는 시민이 직접 행사한다. 자신의 생활과 삶을 스스로 고민하고 궁리
해서 해결해 가는 주체로 나서는 것이다. 이는 시민사회의 혁신이다. 시민
사회의 미시적 재구성의 과정이고, 시민사회의 새로운 주체형성의 과정이
다. 그런데 생활세계에 기초한 주민의 협동적 생활관계망의 구축이 다름
아닌 마을이고 보면, 마을이 곧 혁신이다(유창복, 2014a).

5장

마을에서
자원 찾기

1. 마을조사, 시작이 반이다

공간의 본질을 찾는 작업

마을자원조사는 일정한 마을에 분포하고 있는 다양한 자원조사를 통하여 마을연구의 질적 수준을 높이는 활동이라고 할 수 있다. 루이스 멈포드(Lewis Mumford)는 『역사 속의 도시(*The City in History*)』에서 "만약 우리가 새로운 도시생활을 위한 기초를 놓아야 한다면 우리는 반드시 도시의 역사적 특성을 이해해야 하고, 도시의 원초적·파생적 기능과 앞으로 발휘해야 할 기능을 알아야 하며, 긴 역사의 시발점부터 출발하지 않는다면 미래를 향한 대담한 도약을 위해 필요한 힘을 우리 자신의 내부에서 찾을 수 없다. 왜냐하면 현재 대부분의 도시계획들, 그중에서도 '발전적', '진보적'이라고 자랑하는 것들까지도, 현재 우리가 일부 알아낸 과거의 도시 및 지역형태를 단지 기계적으로 모방한 것에 지나지 않기 때문이다"라고 했다. 그는 도시든 마을이든 공간을 이해하는 출발점은 그 공간이 가지고 있는 오래된 역사로부터 출발해야 함을 강조하고 있다. 그의 주장에 비추어 보면 마을자원조사는 단순히 있는 콘텐츠를 정리·분류하는 것이 아니라, 공간의 본질을 꿰뚫어 보려는 기초적인 행동이다. 공간의 본질을 꿰 뚫어 보는 과정에서 마을의 현안과제를 체계적으로 도출하고 그 과정이 마을계획에 반영되는 일련의 과정을 거치게 된다. 공간이 가지고 있는 역사성·지역성에 대한 탐구를 기초로 단지 기계적 모방이 아니라 공간이 가지고 있는 보다 근본적인 본질에 도달하려는 심층적 조사방법이다.

마을자원은 풍부한 자연, 심도 있는 역사, 오랜 세월 견뎌 온 풍토를 기반으로 여유, 정감, 평온, 접촉 등의 더불어 사는 삶의 터로서의 정주성이 내재되어 있으며, 그 정주성은 풍요롭고 쾌적한 자연환경과 연결되어 있다.『택리지(擇里志)』의 저자 이중환은 이를 '복거(卜居)'라고 했다. '복거'는 지금 우리말로 삶의 터이다. 그 삶의 터를 위해서는 자연이라는 '지리', 먹을 것이 부족하지 않은 '생리', 주민공동체의 원활한 '인심' 그리고 삶의 안위와 안락한 쉼터를 제공하는 '산수'가 자리해야 하고, 이들이 제대로 어울어진 삶의 터가 바로 '복거'이다. 우리의 삶의 터인 경관, 즉 마을자원은 그냥 눈으로 보이는 드러나 있는 것이 아니라, 휴향적·심미적·경제적·관계적 가치를 포괄하고 있다. 그리고 이것이 마을의 자원적 요소가 된다.

마을조사를 위한 준비물

마을은 그곳에서 거주하는 사람들이 활동하고 그들이 축적한 역사가 담겨 있는 공간이다. 따라서 마을을 탐구한다는 것은 그 마을이 가진 유·무형의 가치를 발견하고 기록함으로써 마을이 가진 역사, 자연, 인물, 활동, 이야기 등 마을이라는 공간과 사람 그리고 그 안팎에서 이루어지고 축적되어 온 활동을 찾아 정리하는 것이다. 따라서 마을을 기록하는 일은 마을조사에서 출발한다. 마을조사는 조사연구의 한 유형으로서, 우리는 마을조사를 통해 마을과 주민이 가진 어떤 특성이나 공통점, 다른 마을과 다른 특성 등 여러 가지 객관적인 자료를 구할 수 있다. 특히 마을조사를 통해 표면상으로는 잘 볼 수 없는 마을과 주민들의 관습, 문화, 의식, 행태 등 심층적인 특성이나 이야기를 파악할 수 있다. 또한 마을탐구를 통해 마을과 주민이 가진 특성이나 현상에 대한 원인이나 환경을 파악할 수 있다

(김광남, 2015: 273).

먼저, 마을자원을 조사하려면 몇 가지 준비물이 필요하다. 마을을 조사할 때 아무런 준비 없이 다니면 별로 성과를 기대할 수 없다. 지참하여야 할 물품은 물론이고, 미리 지도를 보고 마을의 상황을 파악해야 한다. 그룹별로 조사를 하는 경우에는 각각의 역할분담을 결정해 두는 등의 사전 준비가 필요하다. 마을이나 지역 단위 조사작업에 사용되는 지도는 일반적으로 1/2,500 지도를 사용한다. 그 외에 주택단지나 다른 범위의 지도(예를 들면 1/10,000 등)가 있으면 편리하다. 1/2,500 지도는 건축물의 바깥선, 도로, 공원, 커다란 수목, 전답, 표고 등이 기록되어 있으며, 이 지도를 꼼꼼히 보는 것만으로도 상당한 정보를 얻을 수 있다. 또한 1/10,000 지도는 1/2,500 지도에서는 알 수 없는 넓은 범위에서 대상지역을 파악하는 데 도움이 된다. 그러나 모든 지도는 일정한 시점에서 작성된 것이기 때문에 현장에 가서 바뀐 건물 등을 발견했을 때에는 지도에 기록해 두어야 한다.

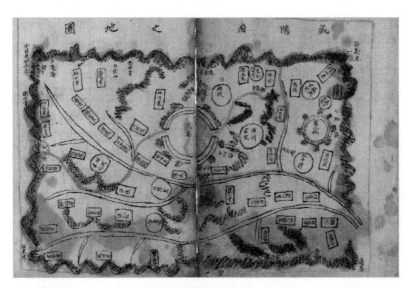

함양의 옛 지도(읍지도)

최근에는 디지털 지도도 보급되었기 때문에 목적이나 환경에 적합하게 이용할 수 있다.

지도만 들고 다니면 무언가를 적어 넣을 때에 불편하기 때문에 클립보드(문서판)에 끼워서 가지고 다니는 것이 바람직하다. 필기구는 몇 가지 색의 펜(4색 볼펜이 편리)을 준비하고, 얻은 정보를 몇 가지 범주로 분류하여 색으로 구분해 두는 것이 알기 쉽다. 예를 들면, 장점, 단점, 애매한 점과 같이 유형별로 나누어 기록한다. 줄자와 같이 길이를 측정하는 도구도 있으면 좋다. 도로의 폭이나 건물의 일정 부분 등 필요한 수치를 적어 넣자. 최근에는 GPS를 이용한 좌표측정 등 편리한 도구를 활용할 수도 있다. 카메라나 녹음기도 필요하다. 단, 사진이나 녹음에만 의존하지 말고, 스스로가 현지에서 느낀 점을 자신만의 표현으로 기록하는 것이 중요하며, 이러한 기구들에만 의존하는 것은 바람직하지 않다. 생각난 것을 그때그때 논의하면서 걷는다. 발견한 것은 바로 적는 것이 중요하다(일본건축학회 편, 김선직 · 김광남 · 이창언 외 역, 2015). 필기도구, 기자수첩, 녹음기 등 현장에서 이동의 편의와 면접자가 부담을 덜 받게 하기 위하여 소형 사이즈의 물품을 준비하는 것이 바람직하다. 포스트잇은 지도에 적어 넣지 못하는 정보를 메모할 때 쓴다. 이것도 미리 색의 사용을 결정해 둔다.

마을조사를 위한 준비물

조사표, 필기도구, 기자수첩, 디지털 녹음기, 디지털 카메라, 디지털 캠코더
노트북, 조사지역 기초자료, 조사지역 지도, 명찰, 조사단 네임리스트

마을조사에서 가장 중요한 것은 조사표이다. 조사표에는 현지에서 어디에 포인트를 두고 조사할 것인가, 무엇을 조사할 것인지가 구체적으로 포함되어 있다. 한편, 조사표는 마을자원조사 시 응답자로부터 응답을 얻

어 내는 일차적인 도구로서 조사결과에 큰 영향을 미칠 수 있다.

마을조사가 사람일 경우 마을주민의 응답은 질문에 대한 이해 (comprehension) → 정보인출(retrieval) → 판단(judgement) → 응답보고 (reporting)의 네 단계를 거쳐 이루어지며, 응답의 오차는 이 모든 단계에서 발생할 수 있다. 예컨대 질문을 잘못 해석할 수 있으며, 중요한 정보를 잊어버릴 수도 있고, 자신이 인출한 정보에 근거하여 잘못된 추론을 할 수도 있다. 혹은 자신의 응답을 응답범주에 적절하게 맞추어 응답하지 못할 수도 있다(Tourangeau , 2000; 박영실, 2014: 55 재인용). 따라서 조사표 작성은 엄밀해야 하며 일정한 평가과정을 거쳐야 한다. 조사표 설계과정은 조사표 설계 → 평가 → 재설계 → 평가 → … 로 뫼비우스의 띠와 같이 끝이 없는 작업을 요구한다(박영실, 2014: 69).

마을조사를 위해서는 현지에서 중점을 두고 조사해야 할 것을 사전에 생각해 두어야 한다. 조사시간에도 좌우되지만, 먼저 전체를 파악하고, 그 다음에 지구별로 또는 주목해야 할 부분을 상세하게 조사하는 방법과 그룹별로 분담하여 전체를 상세하게 조사하는 방법 등이 있다. 그룹으로 분담하는 경우에는 조사 후에 서로 간에 조사결과를 설명하고, 자신이 조사하지 않았던 부분도 잘 이해해 두자. 한 부분을 본 것만으로 전체를 판단하는 일반화의 오류는 저지르지 말아야 한다.

조사 전 제대로 알고 알리자

사전조사는 본 조사가 진행되기 전에 시행착오를 줄일 수 있으므로 매우 중요한 과정이다. 반드시 조사대상이 사람일 경우 조사목적, 시기, 내용을 간단하게 이해시키고 사전에 반드시 연락을 한 후 조사가 진행되어야 한다. 그렇지 않을 경우 상호 신뢰의 문제가 발생하여 다른 대상을 조사하는 데 적잖은 어려움이 발생할 수 있기 때문이다.

마을조사 대상지가 결정되었을 경우 문헌 · 신문 등을 이용한 기초조사는 반드시 필요하다. 마을조사 대상지의 해당 지방자치단체에 문의하여 시정백서, 기초통계 등을 통하여 사전정보를 습득하는 것이 중요하다. 조사대상자는 조사대상지에 오랫동안 거주했다고 했더라도 실질적인 데이터에 대한 정보는 취약하므로 상대에 대한 신뢰를 높이기 위해 시정백서, 통계 등으로 사전정보를 습득하고 그 내용을 공유하면서 신뢰를 쌓아 가야 한다. 사전정보를 얻기 위해 시정백서, 통계, 해당 지역 관련 단행본 및 지역문화원에서 발행하는 지역사에 대한 문헌은 반드시 검토하여야 한다. 지역문화원에서 발행하는 문헌은 지역향토사에 대한 문헌이 대부분이므로 지역에 대한 정보를 얻기에는 가장 효과적이다.

마을조사는 조사가 아니라 소통이다

마을조사는 조사가 아니다. 마을조사를 결과 중심적으로 판단하면 백번 실패한다. 조사결과가 출력된 결과물보다 조사를 진행하는 과정이 더 중요하므로 마을조사는 소통이 전제되어야 한다. 가장 편하고 쉽게 다가설 수 있는 현지화 전략을 반드시 고려하여야 한다. 가령 산골의 시골마을이 조사대상지일 경우 잘 다린 양복바지에 와이셔츠 그리고 번쩍번쩍 빛나는 구두는 오히려 경계심을 유발시킨다. 고무신, 밀짚모자, 텁수룩한 수염이 오히려 금방 친해질 수 있게 한다. 조사대상자가 대부분 어르신이므로 편하게 마실 수 있는 막걸리 한 통과 사탕 한 봉지가 마음을 얻는 데는 더 좋다. 참고로 어르신은 치아상태가 양호하지 않으므로 오징어와 같이 오래 씹어야 하는 안주는 금물이다. 마을조사는 주민과의 일상적이고 직접적이며 반복적인 접촉을 통해 하는 것이 제1의 원칙이다. 제1의 원칙을 지키기 위해서는 마음의 경계를 허무는 것이 우선되어야 하며, 조급함보다 여유로운 기다림에 의한 소통의 원칙이 지켜져야 한다.

함께 만드는 마을, 함께 누리는 삶

- 주민과는 일상적 · 직접적 · 반복적 접촉이 원칙
- 조사자와 주민과 쌍방향적 관계는 기본
- 질적 자료수집이 목적
- 주요 조사방법은 인터뷰와 참여관찰
- 자료수집과 해석과정은 자료의 맥락이 중요
- 표준화된 연구방법 지양
- 개인사의 경우 개인적 성향에 우선

마을조사는 주민과의 끝없는 교감

마을조사는 주민과 끝없는 교감을 유지할 줄 알아야 한다. 실제로 이런 일이 있었다. 2012년 안양시 만안구에서 마을조사를 진행한 적이 있었다. 그 결과물이 『만안의 기억』이었다. 일제강점기, 미군정기 그리고 산업화의 근간을 이루었던 안양시 만안구에는 밝혀지지 않은 수많은 이야기가 있었다. 지금은 민자역사로 대형 백화점이 들어섰지만, 안양역은 일제강점기인 1905년에 설치되었다. 안양천의 물이 풍성하고 수질이 좋아 의류 · 염색 산업 등이 일제강점기부터 자리하기 시작했다. 해방 이후 일제가 떠난 그 자리에 대규모 의류 · 염색 공장들이 들어섰다. 대형 기계가 설치된 공장들이니 관련 공구가게도 함께 자리를 잡았다. 그 거점역할을 한 곳이 안양 역전에서부터 명학역에 이르는 옛 국도 1번 길이었다. 안양역 앞에 안양의 산업화와 역사를 같이한 어르신이 계셨다. 그 어르신에게 공구를 비롯한 안양의 산업에 대하여 구술면접을 하기로 했다. 그러나 『만안의 기억』이 출간되는 날까지 그 어르신의 이야기는 들을 수 없었다. 지면으로 표현하기 어렵지만, 그 분이 자신의 삶의 질곡을 공개된 기록으로 남기는 걸 어려워했기 때문이다. 그래도 연구진은 지나갈 때마다 인사를 하고 안부를 묻고 했다. 그러다 드디어 심층구술면접을 허락받을 수 있었다.

거의 2년 넘게 만나고 이야기하면서 연구진이 공감을 얻기 위해 나름 대로 노력을 해 온 결과였다. 마을조사를 진행할 경우 조상대상자인 주민과의 관계에 있어서 가장 중요한 과제가 교감을 형성하는 일임을 다시금 명심하여야 한다.

마을조사 대상자와의 관계

- 조사대상자와 반드시 교감형성을 할 것
- 조사목적에 따라 조상대상자를 선택할 것
- 조상대상자 중 핵심적 대상자를 잘 선택할 것
- 핵심대상자와는 면접조사를 지속적이고 반복적으로 할 것

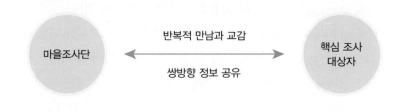

아는 만큼 보인다

마을조사단은 '아는 것이 힘'이라는 말을 마음에 깊이 새겨야 한다. 왜냐하면 아무리 관심을 가지려 해도 아는 만큼만 보이기 때문이다. 자신이 관심을 갖고 알고 있는 만큼만 볼 수 있으며 질문도 그 범위에서 할 수밖에 없다. 따라서 마을조사자는 주어진 주제와 내용에 대하여 끝없는 관심을 가져야 한다. 끝없는 관심과 이해로 결국 조사의 본질을 습득하게 되고, 그 과정에서 조사대상자의 눈높이에서 이야기할 수 있다. 일방적으로 알려고 하는 내용을 질문하고 응답받는 식의 일방향 소통은 절대 지양하고 마을조사자와 조사대상자가 교감과 공감을 통하여 편하게 이야기하듯이 쌍방향적 관계를 유지하는 것이 중요하다. 마을조사자는 본인이 알고

싶은 것을 확인하고 듣고 싶은 이야기만 듣는 것이 아니라, 조사대상자가 하고 싶은 말을 잘 들어주는 자세가 필요하다. 조사지도 '예, 아니요' 식의 단답형 설문지가 아니라 개방형 답변과 구체적인 사례로 이야기의 본질을 이끌어 내야 한다. 심층면접조사는 다양한 변수가 발생한다. 그중에 가장 큰 변수는 조사대상자는 이야기를 하는 것을 싫어하고, 마을조사자는 듣기만을 원하는 것이다. 이 경우 마을조사자는 강제로 이야기를 이끌어 내서는 안 된다. 이야기를 뒤로 미루거나 다음에 하거나 마음이 열릴 때 기다려야 한다. 그리고 자연스럽게 대화의 주제를 전환해 주고, 간접적인 방식으로 관련 자료를 확보하고 공유함으로써 조사대상자 스스로 이야기를 할 수 있는 분위기를 만들어야 한다. 마지막으로 마을조사자는 조사대상자의 이야기를 임의로 판단해서는 안 된다. 마을조사자의 섣부른 판단은 조사대상자에게 왜곡된 정보를 주거나, 이야기의 본질이 조사목적과는 달라 질 수 있는 심각한 오류를 발생할 수 있기 때문이다. 주어진 주제에 의견이 다른 것은 당연하다. 주민의 다양한 태도와 견해를 보여 주는 것을 목표로 주민의 다양한 견해에 집중하여야 한다.

주민은 아는 만큼만 이야기한다

조사대상자인 주민은 심층면접조사를 진행하는 과정에서 내용의 체계를 갖추고 이야기하지는 않는다. 따라서 마을조사자는 반복적인 인터뷰로 자료를 체계화시켜야 한다. 주민이 말하는 것과 실제로 나타나는 현상이 다를 수 있다. 이러한 경우 심도 있는 참여관찰로 정확한 정보를 판단하여야 한다. 조사대상자는 자기 입장에서 인터뷰를 한다. 일관된 주장이 되지 않을 수도 있다. 상황에 따라 상이한 답변을 하거나 동일한 경우의 이야기를 서로 다르게 이야기하기도 한다. 이때 다양한 의견을 듣는 것이 중요하며, 퍼즐 조각을 맞추듯이 반복적인 질문을 하여 최대한 올바르게 퍼즐을 맞출 수 있도록 노력해야 한다. 또한 조상대상자는 자신의 경험과 지식을 가치 있는 것으로 판단하지 않는 경향이 있다. 따라서 조사자는 조사대상자에게 조사목적을 정확하게 전달하고 조사대상자의 지식과 경험이 중요하다는 것을 강조하여야 한다.

보다 면밀하게 때로는 심각하게 바라보자

마을자원조사는 관찰로부터 시작한다. 문헌 DB 이후 관찰을 하면서 사실 유무를 판단하여야 한다. 행위자와 관계없이 일방적으로 진행되는 조사방법이지만 이 과정에서 심도 있게 조사해야 할 대상이 도출된다. 이때 도출된 조사대상이 참여관찰 대상이 된다.

참여관찰은 주민이 깊이 있게 생각하지 않았던 것에 대한 새로운 문제의식을 이끌어 낼 수 있다. 다양하게 제기되고 있는 주민의 말과 행동을 통일시킬 수 있는 동시에 이러한 상황을 적절하게 통일시킬 수 있는 정보를 얻을 수 있다. 그리고 주민과의 공감대 형성으로 신뢰도 높은 정보를 얻을 수 있으며 보다 용이하게 주민과 이야기를 할 수 있다. 그러면 일상적인 대화에서도 심층면접에서 얻지 못한 정보를 쉽게 얻을 수 있는 경우도 생긴다.

참여관찰의 특징

- 조사자는 조사대상자와 유기적인 관계를 유지하면서 조사대상을 관찰한다.
- 조사자는 사회적 상황을 이해하여야 한다.
- 조사자는 조사대상자를 반복적으로 만난다.
- 조사자는 다양한 사회적 상황과 연결되어 있다는 것을 인식하여야 한다.
- 조사자는 조사대상자와 끊임없이 교감을 유지하여야 한다.

따라서 참여관찰도 단계별 전략이 필요하다. 개괄적이고 설명수준의 내용을 공유하는 초기단계는 특정 문제에 관심을 두지 않고 참석할 수 있는 모임에는 모두 참석한다. 왜냐하면 조사대상에 대한 상황을 밀도 있게 이해할 수 있기 때문이다. 이 과정은 친밀도보다는 일차적 대면관계가 형성되게 된다. 초기단계의 질문은 포괄적이고 일반적인 질문으로 진행되어야 한다. 초기단계에서 수집된 자료는 일상적 대화의 자료로 활용한다.

초기단계가 어느 정도 마무리되면 선택과 집중을 분명히 하여야 한다. 이 단계는 특정 의제를 고려하여 참여하여야 한다. 특정 의제에 대한 관심을 가지면 반복적 만남이 불가피하다. 결국 반복적 만남으로 친밀관계를 형성하고 질문은 분명한 의제 중심으로 반복적으로 진행하여야 한다. 이렇게 수집된 자료를 중심으로 심층면접을 진행한다.

단계별 참여관찰의 특징

1단계: 초기단계	구분	2단계: 심층단계
초반기에서 중반기로	시기	중반기에서 후반기로
참석할 수 있는 모든 장소	대상	특정 내용을 논의하는 장소
일반적인 내용 이해	관심	특정 주제에 집중
조사대상자의 제반 여건에 대한 자료수집	자료활용	조사대상자의 심층검토를 위해 자료수집
인사하는 정도의 대면관계 형성	주민관계	반복적 만남에 의한 친밀관계 형성
포괄적이고 일반적인 질문	질문수준	심층적이고 제한적인 질문
단순 단답식 일회성 질문	질문형식	심층 개방식 반복적 질문
수집자료 대화소재로 활용	기타	수집자료를 기초로 심층면접 진행

필기도구는 늘 지참하라

조사를 진행하는 과정에서 필기도구는 늘 지참해야 한다. 왜냐하면 어떤 정보가 어떤 상황에서 어떻게 제공될지 모르기 때문이다. 기억력이 좋다면 외워라. 그러나 본인의 암기력을 장담하지 마라. 조사자료는 구체적이고 자세하게 내용을 기록하고 수집된 자료는 자료수집 배경과 과정도 기록하여야 한다. 주민과의 대화, 관찰이나 참여관찰 과정에서 얻은 정보는 실시간으로 간략하게 정보를 기록하고 조사가 완료된 후 충분한 시간을 가지고 보완하면서 정리하여야 한다. 자료정리는 항상 조사 당일 정리해야 하며, 주별·월별로 전체 조사내용을 검토하고 정리하여야 한다. 그리고 무엇보다 중요한 것은 조사과정에서 느낀 점을 일기 형식으로 정리하는 것이 매우 좋다. 나중에 일기형식으로 쓴 개인적인 느낌이 훌륭한 정보가 될 수 있기 때문이다.

기록의 질을 높여라

녹음·영상자료는 마을조사 기록의 질을 높이는 매우 훌륭한 도구이다. 그러나 녹음·영상자료를 사용할 때는 반드시 면접자의 허락을 받고 난 후 면접조사를 진행해야 한다. 다수의 면접자들이 녹음을 어색해 할 수 있으므로 필기도구로 직접 기록을 병행함으로써 면접자의 긴장감을 덜어 줄 필요가 있다. 물론 면접 중간에 사진으로도 기록을 남겨야 한다. 또한 면접조사를 마치고 난 후 면접대상자가 소유하고 있는 각종 자료를 수집하고 디지털화하여 자료를 체계적으로 데이터베이스(DB)화하여야 한다. 마지막으로 촬영된 영상은 면접자에게도 전달하여 조사의 신뢰도를 높일 필요가 있다.

면접조사에 따른 단계별 준비사항과 진행방법

구분	면접조사 전 단계	면접조사 진행단계	면접조사 마감단계
1	문헌조사	기본정보 녹음(과제명, 연월일, 면접자, 연구자, 장소 등)	장비정리(작업파일 PC에 바로 저장, 파일명은 구술자명, 연월일, 면접자명 주제로 구성)
2	구술자 동의 및 주제 공지	인터뷰 태도(겸손, 쉬운 일상언어)	마을조사단과 면접자 신상기록과 면담기록 공유

3	면접조사 시간 및 장소 확정(식사시간 지양, 가장 좋은 장소는 면접자의 집)	장비설치(사전 동의, 책이나 손수건 위에 녹음기 배치)	예산 담당자에게 구술 진행 경비 영수증 제출
4	장비 점검 및 준비(배터리 및 작동 여부 재확인)	장비시험 (작동상태 점검)	면접자료 파일로 DB화
5	사례비 영수증, 구술자료 공개 동의서 작성	기록(지명, 인명, 연월일 등 고유명사, 확인이 필요한 경우 면접 후 확인)	녹취문 작성
6	면접조사 진행	잘 듣고 기다리기	반드시 녹취 검독 진행(검독자는 오탈자를 보는 것이 아니라 상황을 판단할 수 있는 자가 검독 진행)
7		한 번에 하나씩만 질문하기(자기주장 피력 금지, 제 생각에는… 이런 말 연구자는 하지 말아야)	
8	마무리	장비 끄기(장소를 완전히 벗어날 때 까지 놔두기)	
9		반드시 구술자료 공개 동의서 작성	
10		사례금 영수증 서명받기	

관리가 곧 조사의 질로 연결된다

마을자원조사는 조사를 진행하는 과정 그 자체가 주민과 접촉하는 시작과 끝의 연속이다. 디지털 기기를 활용한 기록뿐만 아니라 조사자가 직접 작성한 마을주민조직 모임 등에 대한 참관일지 등은 반드시 수반되어야 한다. 사실 일정한 양식은 없다. 167~170쪽에 제시한 자료는 참고용

정도로 활용하면 될 것 같다. 조사자가 필요에 따라 각색하고 편집해서 사용하면 된다.

　일일 조사 마감 후 일지를 쓰는 것도 중요하지만 정작 중요한 것은 구술자와의 면접조사 후 기록으로 당일에 반드시 기록해야 한다는 것이다. 일지 및 정리도 반드시 당일에 마감함으로써 조사의 질을 유지하도록 노력해야 한다.

　그리고 면접조사 과정에서 면접자료 활용 여부에 대한 동의서를 반드시 받아야 한다. 차후에 발생할 문제를 사전에 방지하는 것도 중요하지만 그보다 더 중요한 것은 면접조사의 신뢰를 높여 주기 때문에 공개동의서는 꼭 받아야 한다.

2. 마을조사는 단계별로 대응하라

초기단계 마을조사: 마을에 적응하라

　마을자원조사는 3단계로 진행된다. 1단계는 적응단계, 2단계는 본조사단계, 3단계는 정리마감단계로, 체계적인 과정을 거쳐 마을조사가 진행되어야 한다. 마을조사단이 마을에 도달하면 낯설기 그지없다. 주민들이 잘 도와줄까 등의 조바심과 긴장감이 교차한다. 집에서 출발하여 조사지에 이르기까지의 긴장감을 완화하고 조사일정 동안 편하게 쉴 거주공간을 마련해야 한다. 조사기간 동안 매일 진행되는 조사일정을 고려하여 조사거점은 마을에 쉽게 접근할 수 있는 동선을 고려하여 선택한다. 그리고 마을이장을 찾아간다. 사전에 연락을 해 두고 가면 더 좋다. 이 자체가 마을에 적응하는 과정이다. 마을이장을 찾아 인사를 하고 마을조사의 목적과 취지를 이해시키고 조사단도 인사를 한다. 그리고 나서 마을의 공식적인 행사 여부를 파악하여 마을행사에 참여하면서 관찰을 시작한다. 그 과정에

마을주민조직 모임 참관일지

모임제목			
일시		장소	
모임명		모임인원	남(명) 여(명)

전체 과정	• • • •
주요 안건	• • • •
안건 논의 과정	• • • •
특이사항	(집단에 대한 특성 등 기술) • • • •
추가질문 사항	• •
기타	• •

심층면접 개인기록 보존부			NO,
			면 접 자:
			면접일시:
			면접장소:
이 름	(남 / 여)	연 령	
현주소		출생지 (고 향)	
연락처	(자택/직장) (핸드폰) (이메일)	종 교	
학 력	① 무학 ② 초등(졸/중퇴) ③ 중등(졸/중퇴) ④ 고등(졸/중퇴) ⑤ 대학(졸/중퇴) ⑥ 대학 이상		
직 업			
현재 가족관계			
만나게 된 상황			
대 화			
내 용			
느 낌			

면접자료 공개동의서

구 술 자: _____(인)

상기 본인은 면접자료(녹취문, 음성자료, 영상자료)를 '○○○ 사업'에 기증하며, 아래와 같은 조건으로 공개 및 이용에 동의합니다.

1. 면접자료의 공개 여부 및 공개 시점
  □ 공개에 동의합니다.
  □ 조건부로 공개에 동의합니다.
   – 비공개 조건: _____
    (예: 특정 인물에 대한 언급, 특정 사건에 대한 언급 등)
   – 공개 시점: _____
    (예: 3년 후, 면접자의 사후, 특정인의 사후, 특정인의 동의 후 등)
  □ 공개에 동의하지 않습니다.

2. 면접자료에서 인명의 실명 공개 여부
  □ 실명 공개에 동의합니다.
  □ 면접자의 이름을 가명으로 공개합니다.
   – 해제 시점 _____
  □ 일부 인물의 이름을 가명으로 공개합니다.
   – 해제 시점 _____

3. 기타 제안사항

면 접 자: (서명)

○○○○년 ○○월 ○○일

○○○○○○ 귀중

심층면접 후기

구술자		면담자	
면접일시		면접장소	
소요시간		녹취기록 고유번호	

주요 내용	<ul><li></li><li></li><li></li><li></li><li></li><li></li><li></li><li></li><li></li></ul>
준비사항 (약속시간, 질문지, 장비 등)	<ul><li></li><li></li></ul>
진행사항 (면접여건, 진행의 원활함, 특이사항 등)	<ul><li></li><li></li><li></li><li></li><li></li><li></li></ul>

함께 만드는 마을, 함께 누리는 삶

서 주민과 만남을 확대하고 주민활동에 자연스럽게 참여한다. 다양한 주민과 관계형성을 하면서 얻은 주민정보는 정리하여 리스트를 작성한다. 작성된 리스트는 향후 진행되는 마을조사에 매우 중요한 정보가 된다. 그 다음에는 벽 한쪽에 구입한 마을지도가 잘 보이게 설치한 후 길, 중요한 집, 가게, 다양한 자원 등을 표시한다. 어느 정도 마을에 대한 기초조사를 위한 상황이 정리되면 사전에 문헌조사로 얻은 문화마을명에 대한 확인작업을 진행한다. 즉 지명유래 파악이다. 기존의 출판물에 제시된 이름과 마을주민이 사용하는 명칭, 그 외에도 주민들이 기억하고 있는 명칭을 비교하고 마을명에 대한 어원 찾기를 한다. 그리고 개별 방문을 한다. 사전에 얻은 정보를 파악한 다음 방문하면 더 효과적이다. 하루에 일정하게 방문할 집을 정한 후 진행하고 거주자의 기초정보 및 동의을 얻은 상태에서 사진으로 기록을 남긴다. 물론 인물에 대한 사진기록도 예외는 아니다.

조사대상자 중에서 교통 및 생활권 조사를 진행한다. 대중교통 시간, 횟수, 외부지역과의 거리, 교통로, 시간, 자주 방문하는 지역과 마을주민이 함께 이동하는 동선 등을 파악한다. 초기단계에서 마을조사는 문화재 및 생활시설물, 문헌자료를 집중적으로 조사하여 향후 진행될 마을조사에 대한 체계를 잡아야 한다.

초기단계에서는 조사 초기 전체 일정, 주 단위 일정, 일별 일정 등 계획을 수립하고 시기와 상황에 따라 탄력적으로 활동계획을 수정하면서 조사를 진행한다. 조사계획은 상황에 따라 얼마든지 변경될 수 있다. 그리고 매일 조사 시작 전에는 브레인스토밍 방식으로 상호 의견을 검토하여 조사에 대한 긍정적인 사고를 배양할 필요가 있다. 조사단은 인사 또는 대면관계를 유지하는 단계에서 모임 등을 방문할 경우에는 조사단 전체가 참여하는 것도 바람직하나 가급적 너무 많은 인원이 한 장소에 참여하는 것은 지양한다. 2~3명 정도의 인원이 한 조가 되어 공간별로 나누어 진행하는 것이 주민과의 친밀도를 높일 수 있다. 초기단계의 자료수집은 자연지

리적 배경, 인구학적 배경, 공동체 조직 및 활동 등으로 정리한다. 그리고
초기단계에는 마을자원조사표를 DB화한다.

가족별 한 주간 생활권 조사표

구분	월	화	수	목	금	토	일
대중교통 시간							
대중교통 이용횟수							
이용거리							
교통로							
이동시간							
특정 목적 방문지							
마을공동 이동방문지							

문화재 및 생활시설물 자료수집 목록

- 마을 송덕비 · 묘비
- 마을 표지비(성황당, 벅수, 장승, 솟대, 선돌 등)
- 지리적 표지 기능을 하는 자연물(금표 등)
- 공동 이용시설(빨래터, 마을회관 등)
- 종교시설(사당 등)
- 교육시설(서당 등)
- 공간의 이용방식(제각, 모정 등)
- 공간과 관련된 이야기(설화, 인물 등)

초기단계에 조사해야 할 문헌자료 목록

- 조선시대에 쓰여진 문헌의 내용 중 마을과 관련된 것
- 면(동)사무소, 시 · 군청 출판 자료
- 마을회관에 보관된 문서 및 서류
- 개인 소장 문헌자료
- 개인 소장 사진

초기단계에 조사해야 할 지리적 배경 현황 목록

조사목적	자연지리적 환경에 대한 기초자료 수집
	마을주민이 인식하는 자연환경 이해
	마을주민의 생활권 파악
필수 조사항목	마을지도 작성, 동(면)지도 작성
	행정구역 변화
	(문화마을)지명과 유래
	도로망, 외부 교통편
	생활권
	지형특성

초기단계에 조사해야 할 인구학적 배경 현황 목록

조사목적	• 인구구성 • 인구변화, 이동추이
관심 유발을 위한 조사목적 설정	• (예) 인구특성에 부합하는 사업은? • (예) 급격한 고령화 양상은?
필수 조사항목	• 인구현황(현재, 남녀별, 연령별) • 가구별 가족형태 • 인구변화의 역사
자료 수집방식	• 호별 방문 자료 • 출판된 자료

초기단계에 조사해야 할 공동체 조직 및 활동 현황 목록

조사목적	• 마을공동체 조직 파악 • 마을공동체 조직의 구성 및 주요 활동 파악
관심 유발을 위한 조사목적 설정	• 마을주민과 공동사업 추진 시 경로 모색 • 조사단 활동을 홍보하기 위한 경로 모색

필수 조사항목	• 마을 내 공식 · 비공식 조직의 구성과 주요 활동
자료 수집방식	• 공식적 · 비공식 조직의 주요 임원 면담 • 관련 자료 복사 • 정기회의 및 활동 참여

본조사단계 마을조사: 공감과 공유를 극대화하라

마을조사 초기단계가 지나면 어느 정도 마을조사단이나 마을구성원이 대면관계를 이루게 되고, 마을조사단은 핵심 조사대상자를 선별하게 된다. 주민은 조사단 활동에 익숙해져 있고 그에 따라 마을주민과 조사단은 친밀도가 높아져 있다. 이제 일차적 대면관계에서 상호 쌍방향적 공감대와 정보가 교류되기 시작한다. 쌍방향적으로 형성된 주민과의 관계를 바탕으로 마을조사단은 조사단 목적에 맞는 계획을 진행하고, 계획과정에서 선택된 내용을 중심으로 조사를 진행하게 된다. 선택된 내용을 중심으로 한 조사는 특정 주제나 의제를 다루게 되며 이에 맞는 자료를 수집하게 된다. 이때 심층면접대상자를 선별하게 되며 선별된 심층면접자를 대상으로 한 질문리스트, 즉 질문 시나리오를 준비해야 한다. 심층조사 대상이 다수가 될 수 있으므로 조사단은 2~3명 정도 규모로 팀을 나누어 각기 조사작업을 진행한다. 이때부터 마을조사는 모든 주민에서 핵심자료 제공자로 전환된다. 마을조사 활동도 어느 정도 일정한 정기적인 활동이 이루어지는 초기단계에서 벗어나 핵심자료 제공자의 입장에 맞추어 부정기적인 활동으로 전환된다.

조사내용은 일반조사에서 핵심조사로 전환되고 주요 조사항목을 선별하여 그 부분에 대한 조사 비중을 높인다. 조사주체는 팀별 조사에서 팀별 조사와 개인별 조사를 병행하면서 수시로 변화하는 조사환경에 대응해야 한다. 마을조사의 분업은 팀별 또는 개인별 조사 주제를 할당하고 질 높은 자료를 확보해야 하며, 주요 조사를 주제로 한 조사단 간의 의사소통이 원활하게 진행되어야 한다. 사실 조사 시 고급정보 수집에서 혼선을 빚지 않으려면 정보의 공유가 중요한 것이다.

본조사 진행은 초반부와 중반부 역할에 차이를 둘 필요가 있다. 초기에 팀별 조사를 진행하다 보면 개인사 등의 개별 면접의 집중도를 높여야 할 경우가 발생하는데, 이 과정에서 팀별 역할을 세분하고 그중에서 개인별 미션을 정확하게 숙지시킬 필요가 있다. 경우에 따라 본조사 후반기에는 팀별 조사와 개인별 조사를 병행한다. 그리고 주제별 영역에 따라 마을 조사의 역할분담도 적절히 조정하여야 한다.

본조사의 질문 리스트 목록

목적	주요 조사항목을 중심으로 한 체계적 자료수집 필요
	조사 주제 관련 심층자료 수집
	특정 주제의 심층적 이해 필요
방법	인터뷰 전 주제에 관한 질문 리스트(질문 시나리오) 작성
	1시간 인터뷰 시 5~10개 정도 개괄적 질문
	1시간을 단위로 진행하며 50분 질문 10분 휴식(반드시 엄수)
	시간 조절을 위해 개괄적 질문에 포함된 세부 질문들을 만들어 놓을 것
유의점	단답식 질문, 답변 시 충분한 시간 제공, '예, 아니요' 식의 단답형 질문 지양
	주민의 이야기를 주의 깊게 들으면서 즉석 질문도 동시 병행
	지명, 연도, 숫자 등은 확인하고 정확히 다시 복창과 동시에 펜으로 기록
	질문 리스트는 대화의 방향 정도로 활용, 사전에 질문지 공유하면 더 효과적, 간단한 메모로 전달가능

본조사 중반기의 조사항목 목록

구분	세부 주제
역사	마을사, 개인사
공동체 생활	공동체 활동, 의사결정 과정
경제생활	농업, 공업, 노동 등 기타
일상의 문화	일상생활, 의식주, 언어생활
종교	종교기관, 종교활동
교육	교육기관, 교육관

정리마감단계 마을조사: 마지막까지 모든 예의를 갖추어라

정리마감단계까지 오면 마을조사는 최종적으로 정리할 상황이다. 그동안 마을조사단과 주민은 조사진행 과정에서 쌓여진 신뢰로 친분관계가 형성되어 있다. 이미 마을조사단은 조사대상 주민과 쌍방향적 교류가 보다 원활해진 상황이고 주민의 일원이 되어 의견을 수렴하는 단계에 이른다.

주민의 일원이 된 마을조사단은 심층적인 자료를 제공하는 조사에 보다 더 깊이 집중할 수 있으며, 세밀하게 조사하려고 하는 특정 주제를 중심으로 핵심 자료제공자와의 반복적인 만남을 통해 깊이 있는 조사를 할 수 있다. 조사의 깊이를 더하기 위해 조사 질문지는 매우 자세하게 준비해야 한다. 이제부터는 마을조사단의 개인적 노력과 관심이 조사의 질을 결정하게 된다. 조사단은 팀별 또는 개인별로 조사상황에 대처하면서 최소한 오류를 범하지 않기 위해 상호 정보공유를 적극적으로 하여야 한다.

핵심적인 조사는 본조사에서 마감되어야 하며 정리마감단계는 부족하다고 판단되는 것에 대한 보완조사에 집중하여야 한다. 본조사까지 조사된 내용을 정리하고 부족한 것은 보완조사하고 심층조사가 더 필요한 조사는 문헌조사 등의 기초자료를 통하여 더욱 구체화시켜야 한다. 심층적인 보완조사와 함께 심층적인 자료조사가 동시에 이루어져야 하는 것이다.

마을조사 단계별 추진 현황

구분	1단계: 적응단계	2단계: 본조사단계	3단계: 정리마감단계
시기구분	초반 1/3	중반 1/3	후반 1/3
활동개요	• 조사자 조사 거점 마련 • 조사단 및 조사활동 목적 홍보	• 필요에 의한 의도적인 주민 방문 • 핵심자료 제공자 선정 및 조사	주제별 자료 정의
조사정도	일반적 이해수준 정도	심층조사 주제 선정	심층조사
주민관계	대면관계 형성	친분관계 형성	친분관계 유지
주민모임	주민모임 참여 및 관찰	체계적이며 적극적인 참여관찰	심화수준의 참여관찰
주민접촉	모든 주민	핵심대상자 선별	핵심대상자
조사자료	• 일반적인 내용 • 수집가능한 자료 모두 수집	• 선택된 내용 중심 • 체계적 자료수집	• 심화주제 중심 • 체계적 자료수집
중심주체	조사단 전체 및 팀별 운영팀별	팀별 및 개인별	개인별
조사대상	조사지역 주민 모두	• 모든 주민에서 핵심대상자 선별 • 선별된 주민	핵심 조사대상자
관찰정도	• 단순 관찰 • 개괄적 참여 관찰	• 개괄적 참여관찰 • 집중적 참여관찰	집중적 참여관찰
자료수집	비체계적인 자료수집	선별된 주제 중심	핵심주제 중심

3. 마을자원은 콘텐츠다

「건축학 개론」은 마을 이야기

국민 첫사랑의 신드롬을 일으킨 영화 「건축학 개론」, 이 영화는 첫사랑 이야기이다. 첫사랑의 국민적 열망을 보여 주었던 것과는 다르게 나는 이 영화를 조금 다른 시각에서 보고자 한다. 영화 등장인물인 두 주인공인 승민과 서연은 건축학 개론 수업을 수강한다. 담당교수는 과제를 내 준다. 과제는 자기가 살고 있는 동네를 알아 오는 것이다. 남자 주인공인 승민이 사는 동네는 유년시절부터 오랜 기간 살아왔던 곳이다. 반면 서연은 이곳에 이사 온 지 얼마 되지 않은 새내기이다. 그러나 오래된 사람이나 갖 이사 온 사람이나 마을에 대해 아는 것이 거의 없다. 아는 만큼 보이는 것일까? 오히려 이사 온 지 얼마 안 된 서연이 오히려 마을에 대하여 많이 알아 간다.

교수는 첫 수업시간에 도시에 대하여 생각해 보자고 제안한다.

"도시에 대하여 생각해 봅시다. 밥 먹고 술 먹고 당구 치고 시장 가고 모든 생활을 합니다. 우리는 도시에 대하여 정말 잘 알고 있을까요?"

교수는 칠판에 지도를 붙이고 집에서 학교 오는 길을 표시한다. 그러고 나서 학생들에게 집에서 학교 오는 길을 지도에 표시할 것을 제안한다. 서연이 나와서 지도에 표시를 한다. 교수가 묻는다.

"자기는 집이 정릉이야?"

"정릉이 누구 릉이야"

그녀는 대답한다.

"정조, 정종, 정약용…."

서연은 자기가 살고 있는 삶의 터에 깊이 있는 이해가 필요하다는 것을 새롭게 인식하게 된다. 교수는 말을 잇는다.

"자기가 사는 동네를 여행해 보는 거야."

"평소에 무심코 지나가던 동네 골목들 길들 건물을 관찰하면서 사진으로 기록을 남기세요."

"저기가 살고 있는 곳에 대해 애정을 가지고 이해를 하는 것… 그것이 바로 건축학 개론의 시작입니다."

그리고 그다음 시간에는 물리적 거리, 시간적 거리, 심리적 거리를 칠판에 쓰고 나서 거리에 대하여 이야기한다. 즉 공간에 대한 이야기를 하려는 듯하다.

"이번 주는 먼 곳까지 가봅시다."

"내가 사는 데서 가장 먼 곳이 어딜까?"

"멀다는 것이 무슨 뜻일까?

아마도 교수는 상대공간, 절대공간 그리고 관계공간에 대하여 이야기하는 것 같다. 즉 공간에 대한 근본적인 질문이다.

승민과 서연은 동네에서 가장 멀다고 여기는 곳이 버스종점이라고 생각하고 버스를 타고 먼 곳까지 가 본다.

"여기서부터 개포동까지 버스정류장이 42개… 제일 먼데…."

그다음에 교수는 두 번째 과제를 내준다.

지역자원을 마을관광과 연결시킨 저작물들

두 번째 과제 주제는 "그 곳에 살고 싶다"이다.

"좋은 데 가서 놀다와, 좋잖아."

자기가 살고 있는 곳에 무엇이 있는지, 자기가 살고 있는 마을에서 가장 먼 곳을 가보는 일이 공간에 대한 감각을 키우고, 정말 살기 좋은 마을이 무엇인지를 알게 된다는 이야기를 하고 있다. 이렇듯 자신의 삶의 터를 알아 가기 위해 중요한 도구는 마을자원이다. 교수는 마을자원 이해를 바탕으로 한 건축의 의미를 강조한다. 마을자원이 건축만의 일일까?

지역자원을 마을관광과 연결시킨 저작물도 있다. 대구를 소개한 『대구신택리지』이다. 『대구신택리지』는 대구지역의 다양한 방대한 자원을 DB화했다. 『만안의 기억』과 『지리산에 길을 묻다』는 마을자원을 소재로 콘텐츠를 발굴하고 마을자원을 DB화했다. 중요한 인적자원은 구술과정을 거쳐 이야기를 완성했다.

마을자원은 『대구신택리지』, 『만안의 기억』, 『지리산에 길을 묻다』처럼 마을자원을 활용하여 콘텐츠를 구상하고 그다음에는 스토리텔링 작업으로 이어지면서 마을에 이야기를 입히게 되는 과정을 거치게 된다. 따라서 마을자원조사는 마을계획, 마을관광, 마을 콘텐츠 구상 등 마을과 관련된 작업을 수행하는 가장 기초적인 작업이다.

마을자원 DB는 콘텐츠이다

마을자원은 일반적으로 자연자원, 문화자원, 역사자원으로 구분한다. 자연자원은 자연경관, 산림경관, 농산촌경관으로 재분류하며, 문화자원은 문화경관, 문화축제, 문화관광자원으로 재분류된다. 역사자원은 과거의 인적자원, 현재 생존해 있는 현재의 인적자원, 마을의 다양한 이야기를 담은 향토설화자원 등이 있다.

남원시 산내면의 매동마을에서 함양 휴천면 세동마을에 이르는 지리산 둘레길 초기 시험구간은 경관자원 분류기준에 의하여 작업을 진행한 바

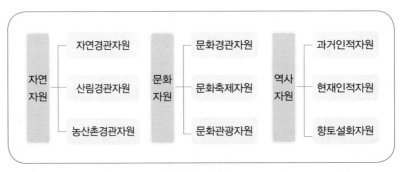

자원분류 기준표

있다. 지리산 둘레길은 단순히 숲길을 만드는 것이 아니라, 길과 사람과 마을을 잇는 것을 목표로 한 프로젝트였다. 그 과정에서 정주환경, 소득기반, 자연환경으로 구분하여 세분화한 후 마을자원을 DB화했다. 사람과 길과 마을을 잇는 지리산 둘레길 콘텐츠는 '하늘, 땅 그리고 사람'을 소재로한 자원을 발굴했다. 이렇게 발굴된 마을자원은 콘텐츠 구상에 기초가 되며 세부적인 공간적·사회적 자원을 활용한 콘텐츠로 세분화된다. 이러한 콘텐츠는 계절별 또는 육감별 등 다양한 콘텐츠로 구분할 수 있다. 이것은 연구자의 관심과 지식으로부터 시작된다.

전라북도 남원시 산내면 마을자원 DB 목록

자원분류		자연환경	소득기반	자연환경
자연 자원	경관 자원	중황 누석단		백장골, 뱀사골, 백장암, 지리산 주능선 경관
	지역 자원	성도암, 황강사(현재 없음)	백장골 백장공원, 사과, 고사리, 상추, 송이버섯, 고로쇠, 찰곶감, 한봉꿀, 흑돼지, 목기	

문화 자원	시설 자원	퇴수정, 백장암, 실상사, 백운암	백장암 보살좌상, 백장암 청동은입사향로, 백장암 석등, 백장암 삼층석탑, 백장암 소장 법종	
	향토 설화자원	당산제, 황치 이야기		
인적 자원	과거 인적자원	독립투사 박정석, 파평윤씨 집성촌, 조중삼, 강화노씨		
	현재 인적자원			

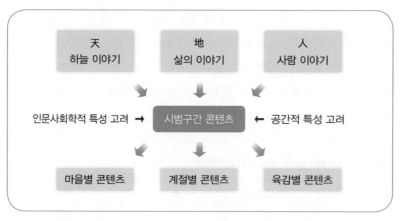

마을 콘텐츠 적용 사례: 지리산 둘레길 마을자원 콘텐츠 구상

출처: 숲길(2007).

대상지 구간별 테마 설정

철학	天	地	人	道	터
의미	하늘/영성	땅	사람	길	터
관계	신 · 자연과 사람	토지와 사람	사람과 사람	길과 사람	터와 사람
특성	영성	감성	이성	이치	삶
소재	남명조식과 개혁	화엄사와 화엄사상	박경리의 『토지』, 화개장터	이중환의 『택리지』, 김종직의 『두류유록』, 절과 사하촌	목기, 운봉고원, 장승과 비보 사상
기초 자치단체	산청	구례	하동	함양	남원

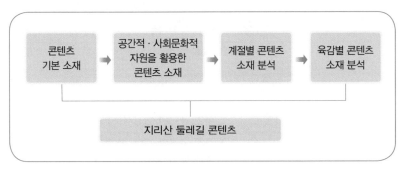

스토리텔링 콘텐츠 사례 : 지리산 둘레길

주요 마을자원 콘텐츠 현황: 지리산 둘레길(매동마을에서 세동마을까지)

자연자원 콘텐츠	동 · 식물	마을 느티나무	마을마다의 보호수
		옛길의 나무들과 숲	
		야생화, 약초	
		곤충	

		강	만수천, 엄천
	무생물	바위	매동 세심대, 금계 확독바위, 의중 미륵바위, 구룡대, 송대 음양바위, 수태바위
		논	상황 다랑논, 금대암에서 본 다랑논, 창원 다랑논
		산	지리산 천왕봉 조망, 수청산, 창암산, 자연와불
문화자원 콘텐츠	불교	삼국시대 사찰	군자사, 벽송사, 법화사, 엄천사, 문수암
		통일신라 사찰	실상사, 백장암, 안국사, 금대사, 견불사
	유교	제각	매동 퇴수정, 관선재, 경모재, 효우재, 상황 파평윤씨 제각, 창원 서당과 제각, 세동 일신재
		비석	매동 석각군(石刻群), 창원 부사 이득준비(碑), 세동 석각군(石刻群), 효자 신영언 정려비각
	무교	당산제	마을 당산나무
		누석단	중황 누석단
		굿터	용유담, 백무동
	설화	전설	추성 지리산 성모전설, 의중 가사어전설, 마천 옹녀와 변강쇠, 송대 마적도사
		역사	추성 구형왕 전설, 추성산성, 두지터, 송대 빨치산전시관
인적자원 콘텐츠	지역민	목기	원백일 김을생, 중기 양재경(옻칠), 백일 정상길
		한지	하황 신평식, 창원 이상옥
		노동요 구연자	상황 상여소리, 노동요, 하황 상여소리
		설화 구술자	마을마다
	귀농인	단체	인드라망 공동체, 지리산생명연대
		개인	중기 한태주, 창원 산촌유학

봄	자연	봄 야생화 탐사, 야생화 편지 쓰기
	사람	효소와 야생차 만들기, 다랑논 물대기, 논갈이, 모심기, 각 사찰 사월초파일 행사
여름	자연	민물고기 탐사, 다슬기 잡기, 물놀이
	사람	지리산생명문화교육원 계절학교
가을	자연	칠선계곡 단풍, 각종 열매따기
	사람	산내면 가을한마당, 효소만들기, 감 따서 곶감 만들기, 추수하기
겨울	자연	눈 덮인 지리산, 눈 덮인 산사에서의 하루, 눈썰매타기
	사람	실상사 김장축제, 지리산생명문화교육원 명상학교, 겨울철 별자리(동양별자리), 각 마을 대보름행사

소리	자연의 소리	새소리
		동물 소리
		바람 소리
	산사의 소리	범종과 풍경 소리
		예불 소리
		스님의 법문
	무교의 소리	용유담의 굿 소리
	삶의 소리	대안을 꿈꾸는 사람들의 소리
		노동요
		설화

눈	산 풍경	지리산
	물 풍경	임천(엄천)강
	삶 풍경	다랑논
		마천 5일장
	문화재 풍경	산내, 마천, 휴천의 각종 문화재
	자연 풍경	야생화
		곤충
		민물고기
손	목기체험	
	한지체험	하황 신평식, 창원 이상옥
	염색체험	원백일 염색단, 중황 귀농팀
	친환경농업	실상사농장
머리	가야역사탐사	구형왕 전설, 두지터, 산성
	사찰탐사	여러 사찰들
	비석탐사	산내, 마천, 휴천의 비석과 석각군
	모정탐사	
명상	명상 프로그램	지리산생명문화교육원
	사찰 명상	여러 사찰
	걷기 명상	여러 길에서

　　강원도 양구 펀치볼을 중심으로 한 마을자원 DB도 지리산 둘레길과 유사한 방법으로 진행되었다. 강원도 양구 펀치볼을 중심으로 한 마을자원DB는 한국전쟁 이후 DMZ의 오롯한 모습 그 자체에 초점을 두고 진행되었다. 한국전쟁의 압축적 각축장이었던 펀치볼을 중심으로 한 고지전, 치열한 고지전 이후 남한 땅이 된 수복지구에서의 삶의 이야기, 산골 사람이 걸어가기에도 험난한 곳인 강원도 양구 방산면의 백자 이야기 등이 마을자원 DB 결과로 도출된 콘텐츠들이다.

함께 만드는 마을, 함께 누리는 삶

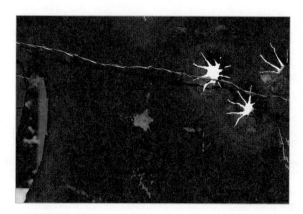

모자람 없이 모든 것을 온전하게 지켜 온 땅, 오롯누리 DMZ

양구군 해안면 자연자원 아카이브 목록

구분	자원목록
자연경관자원	해안8경, 돛대바위, 외솔쉼터, 오리나무 고목, 상상바위, 형제나무, 돌산령터널, 해안분지, 성황천, 만대천
산림경관자원	평화의 숲길, 와우산 전망대, 와우산 평화의 숲, 서희령 고갯길, 노박덩굴 계곡, 야광나무 계곡, 만대리 자작나무길, 돌산령, 대암산, 먼멧재
농산촌경관자원	오미자 농장, 버드나무 둠벙, 오유밭길, 오유저수지, 만대벌판길, 만대저수지, 비타민나무

양구군 해안면 문화자원 아카이브 목록

구분	자원목록
문화경관자원	월북방지판, 도솔산 지구 전투 전적비
문화축제자원	시래기축제
문화관광자원	해안 고인돌, 선사시대 보물, 상처투성이 불망비, 와우산 진지, 해안재건기념비, 구호가옥, 남녀근석, 구시장터, 선사유적지, 만대리 전시가옥, 양구통일관, 양구전쟁기념관, 을지전망대, 제4땅굴

양구군 해안면 역사자원 아카이브 목록

구분	자원목록
과거 인적자원	야경꾼
현재 인적자원	김동구 선생
향토설화자원	해안 지명유래, 펀치볼 유래, 현리 유래, 오유리 유래, 만대리 유래, 이현리 유래, 월산리 유래, 가칠봉 지구 전투, 도솔산 지구 전투

양구군 해안면 자원분석

구분	자연자원		문화자원		역사자원
자연경관자원	돌산령터널, 돛대바위, 상상바위, 오리나무 고목, 외솔쉼터, 해안8경, 해안분지, 형제나무, 성황천, 만대천	문화경관자원	도솔산 지구 전투, 전적비, 월북방지판	과거 인적자원	야경꾼
산림경관자원	노박덩굴 계곡, 대암산, 돌산령, 만대리 자작나무길, 먼멧재, 서희령 고갯길, 야광나무 계곡, 와우산 전망대, 와우산 평화의 숲, 평화의 숲길	문화축제자원	시래기덕장	현재 인적자원	김동구 선생

함께 만드는 마을, 함께 누리는 삶

농산촌 경관 자원	만대벌판길, 만대저수지, 버드나무 둠벙, 비타민나무, 오미자 농장, 오유밭길, 오유저수지	문화 관광 자원	구시장터, 구호가옥, 남녀근석, 만대리 전시가옥, 상처투성이 불망비, 선사시대 보물, 선사유적지, 와우산 진지, 을지전망대, 제4땅굴, 해안 고인돌, 해안재건기념비, 양구전쟁기념관, 양구통일관	향토 설화 자원	가칠봉 지구 전투, 도솔산 지구 전투, 만대리 유래, 오유리 유래, 월산리 유래, 이현리 유래, 펀치볼 유래, 해안 지명 유래, 현리 유래

자원을 이야기로 묶어라

『만안의 기억』은 마을자원을 DB화하면서 개인별·주요 사건대상별·장소별 특성을 고려하여 스토리텔링을 한 사례이다. 경기도 안양시 만안구는 조선시대 정조대왕이 어머니인 혜경궁 홍씨의 회갑잔치를 위해 수원 화성을 가던 길에 안양천을 건너기 위해 만든 만안교에서 그 기원을 두고 있다. 만안은 한자어 '萬安'으로 하늘 아래 만 명 정도의 사람이 가장 편안하게 사는 장소라는 의미를 가지고 지어진 지명이다. 조선시대에 만 명 정도의 인구는 마을의 모든 사람을 의미하며, '만안'은 그 모든 사람이 가장 편안하게 살 수 있는 장소라고 할 수 있다. 그러나 만안구는 일제강점기, 미소군정기를 지나면서 일제와 미군의 흔적이 그대로 남아 있는 근현대사를 품고 있는 애환의 공간이기도 하다. 이것이 결국 섬유산업, 여공 그리고 노동문화와 연결되면서 지금의 안양시 만안구가 된 것이다. 이러한 콘텐츠에 기초하여 마을자원을 DB화하고 스토리텔링을 하였다. 안양시 만안구의 스토리텔링은 후술하는 내용으로 재구성되었다. 특히 안양5동은 장소별 분석을 하였다. 이렇듯 마을의 다양한 자원을 묶고, 잇고, 엮어서

스토리텔링으로 마감하였다. 마을자원을 이야기로 묶는 것은 아래로부터의 역사 읽기와 마찬가지이다. 역사는 권력이나 명예를 가진 자들의 전유물이 아니다. 곧 우리 할아버지, 할머니, 나의 부모님의 이야기가 곧 역사이며 현대사의 산증인이 될 수 있다. 우리의 자원은 밤 번화가의 화려한 네온사인이 아니라 나무 전봇대에 나직이 걸려 거리의 밤길을 비치는 희미한 가로등 불빛과 같은 것이다. 누군가 보기에는 하찮은 존재일지라도 비추어야 할 곳을 밝히며 이름도 성도 없이 살아온 그 분들의 이야기가 곧 역사이며 마을의 자원이다.

「만안의 기억」의 주요 콘텐츠

- 기억으로 쓰는 모두가 편안한 땅 이야기
- 안양, 행정구역의 흔적을 더듬다
- 하늘 아래 가장 편안한 땅, 만안
- 안양사 칠층전탑의 비밀, 안양세계 이상향
- 천 년의 평화, 마애종과 안양사
- 역사지킴이, 당간지주
- 길을 만들다. 만안교
- 1905년, 안양역 개통
- 일제강점기의 지역거점, 서이면 사무소
- 유유산업 그리고 김중업
- 일제 수탈로 시작된 산업화 그리고 안양포도
- 국민유원지, 안양풀장
- 공간의 각축장, 가축위생시험소
- 아직도 끝나지 않은 재해, 삼성천
- 예술이 공공을 만나다, 공공예술
- 두껍아! 두껍아! 헌집 줄게, 새집 다오. 뉴타운개발
- 더불어 사는 삶의 터, 안양아카데미테미타운
- 모두가 살기 좋고 편안한 만안을 위하여

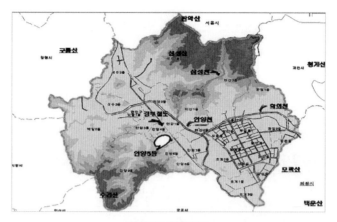

안양5동 현황지도

출처 : 안양시 지리정보 자료.

안양5동 주요 마을자원 현황

번호	명칭	번호	명칭
1	수태골	9	환경단체연합, 광복회, 소울음아트센터/옛 5동사무소
2	삼덕로/마을 외곽길	10	M-마트/옛 냉천목욕탕

3	홍천 고추장 화로구이	11	장미아파트
4	안양대 입구길/옛 실개천	12	은혜슈퍼/해바라기길
5	시네마 델리	13	냉천약수터(찬우물)
6	은행주택	14	원불교당
7	안양대/옛 은성고등공민학교	15	현충탑
8	이슬람사원	16	소곡마을/소곡천

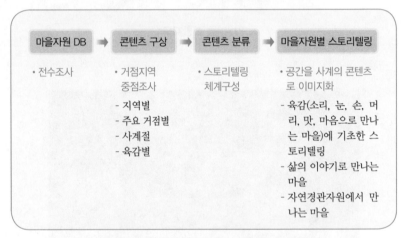

스토리텔링을 위한 마을자원의 단계별 운영과정

마을 아카이브를 구축하라

마을자원을 조사하며 얻은 자료를 체계적으로 분류하고 관리하며 많은 사람이 이용할 수 있도록 하는 일이 남았다. 최근 지방자치단체에서 진행하고 있는 마을만들기 활동, 주민주도의 풀뿌리 운동의 일환으로 마을 아카이브(archive)에 대한 관심이 높아지고 있다.

서울시는 현재 마을만들기를 본격적으로 진행하면서 핵심의제 중 하나로 마을 아카이브 구축을 설정하고 있다. 마을 아카이브는 아카이브 교육과 아카이브 연구 분야로 구분된다. 아카이브 교육에서는 마을일꾼에 대한 아키비스트 교육과 마을 아카이브 캠페인을 진행하고, 아카이브 연구에서는 마을에 적합한 맞춤형 아카이브 연구와 아카이브 표준화 작업을 진행한다. 이를 통해 아카이브 기반 구축 후 마을일꾼의 성장과정, 커뮤니티 생성과 발전, 마을의 갈등과 해결, 마을의 재설정과 실행, 마을기업의 설립과 해산, 마을행사, 마을사람들의 일상에 관한 기록들을 수집한다. 관리·보존보다는 활용 중심 아카이브 구축에 주안점을 두어 마을 포털을 통한 디지털 아카이브 구축을 지향한다(이경래, 2012: 56~67; 김화경, 2012: 144 재인용).

마을공동체 기록은 마을공동체 자체와 마을공동체 활동과 관련한 인물, 단체 등이 생산하는 모든 유형의 기록을 의미한다. 마을공동체 활동의 고민과 과정, 결과를 보여 주는 모든 것이 마을공동체의 기록이 될 수 있으므로 구성원 모두가 기록 생산의 주체이다. 따라서 마을공동체 기록의 생산주체는 한 명이 될 수도 있고, 여러 명 또는 단체나 소모임이 될 수도 있다. 마을공동체의 기록유형은 먼저 주제별로 나누어 볼 수 있다. 마을의 자연공간, 마을의 문화, 특정 장소, 주민생활, 특정 인물 또는 집단, 마을의 역사, 기억할 만한 사건, 특별한 이야기 등을 주제로 하여 기록화할 수 있다. 기록의 물리적인 특성에 따라 유형을 설정하는 경우 일반적으로 종이 기록물, 전자 기록물, 시청각 기록물의 형태로 분류된다. 대표적인 종이 기록물로 문서, 포스터, 사진, 편지, 마을교육 교재, 회의록, 발표문, 성명서, 서명용지 등이 포함된다. 디지털 파일의 형태로 존재하는 기록으로는 다양한 포맷의 사진, 영상, 음성 등이 해당된다. 그 외에도 마을공동체 내에 존재하는 의미 있는 모든 것들을 포함할 수 있다. 예를 들어 오래된 나무, 공공미술작가의 작품 등도 마을공동체 기록으로 포함할 수 있다. 그리고 마을공동체 활동을 통해서 직접적으로 생산된 기록이 아니라 할지라도 외부의 기관이나 단체, 개인 등이 생산한 기록물도 포함할 수 있다(김익한, 2010).

마을의 기록을 보존함은 물론 '기록'과 '기록화'라는 과정을 통해 지역 또는 장소의 삶의 증거를 공동의 유산으로 재생하는 것을 아카이빙 작업이라고 할 수 있다. 아카이빙(archiving)의 의미는 크게 세가지로 정의할 수 있다. 첫째, 지역 아카이빙을 통해 지역의 변화사를 기록하여 지역의 문화적·역사적 정체성을 확고히 할 수 있다. 두 번째, 지역의 삶과 풍경을 기록하여 지역 아카이브 또는 지역기록관을 만들기 위한 기반을 마련하는 것이다. 마지막으로 사라지는 '지역'의 모습을 기록하여 지역민의 생애와 문화를 보존한다는 의의를 가진다. 다시 말해 지역 아카이빙은 단순히 지역의 풍경 또는 경관을 기록하는 것을 넘어 역사와 문화, 그리고 삶을 보존하여 지역의 정체성과 유산을 보존하는 것이라 할 수 있다(권순명·이승휘 2009: 51~52).

마을 아카이브는 마을의 역사, 현재의 모습을 보여 주는 다양한 형태의 기록과 집합적 공간을 동시에 의미한다. 즉 마을의 커뮤니티 공간과 마을의 정체성을 밝히는 구심점으로 아카이브를 설정하는 것이다. 마을공동체 아카이브는 공동체의 지속적인 발전을 위한 다양한 고민과 활동의 흔적은 물론이고, 그 흔적들을 서로 공유하고 공감할 수 있도록 체계적으로 관리되는 곳을 말한다. 마을을 근간으로 하는 아카이브는 단순히 지역의 풍경이나 경관을 기록하는 것을 넘어 역사와 문화, 그리고 삶을 보존하여 지역의 정체성과 유산을 보존하는 마을만들기 활동으로 여겨지고 있다. 그 이유는 지역의 형성부터 지금에 이르기까지의 역사성뿐만 아니라 지역만이 지닌 지역성(locality)과 정체성(identity)을 수집·보관하기 때문이다(권순명·이승휘, 2009; 손동유, 2013).

마을 아카이브는 크게 두 가지 측면에서 역사적 의의를 지닌다. 첫째, 마을 아카이브는 마을공동체와 관련된 공간적 역사를 기록하고 재구성하는 데 중요한 역할을 함으로써 마을공동체의 정체성 발전과 시민의식을 고양한다는 점이다. 둘째, 마을 아카이브 자료는 생활사뿐만 아니라 건축, 미술, 음악 등 관련 예술 역사연구의 기초를 마련하고 마을의 물리적 환경과 같은 실무적 차원에서도 기초자료로 활용할 수 있다는 점이다. 이는 특히 재개발로 인해 마을의 원형이 점점 사라지고 있지만 관련 기록이 부재한 한국의 도시 상황에서 중요한 의미를 가지게 될 것이다.

마을 아카이브는 "집단과 개인의 기억이 만나는 곳, 공공기록과 민간기록이 만나서 지역의 전체상을 기록으로 보여 주고, 지역민들이 능동적으로 집단기억을 형성하는 데에 참여할 수 있는 공간"이라 할 수 있다. 마을공동체 기록의 특징을 정리하면 다음과 같다. 첫째, 기록 생산주체의 다양성과 마을공동체별 특성화 등으로 인해 기록의 유형은 무궁무진한 확장성을 가진다는 점이다. 둘째, 마을기록은 국가기관이나 공공기관과 같이 표준화를 기반으로 한 기록 관리방식과는 다르게 관리방식이 유연하다는 점도 특징이라 할 수 있다. 마을 아카이브의 대표적 구축 사례로는 마을도서관, 마을신문, 416기억저장소 등을 들 수 있다. 홍성군 홍동면에 있는 밝맑도서관은 지역 커뮤니티 거점공간으로서 마을도서관에서 행해지는 다양한 프로그램을 통해 기록이 생산·수집되는 전형을 보여 준다. 또한 공공도서관 네트워크를 기반으로 기록서비스 기능의 기능적·조직적·공간적 통합을 모색하여 문헌, 기록자료, 시청각물, 박물 등의 전문적 통합 수집·관리·전시·서비스가 가능한 라키비움(larchiveum) 개념에 기반을 둔 공간으로의 진화를 모색할 수도 있다(서울특별시 마을공동체 종합지원센터, 2013).

마을신문은 소소한 일상의 공유를 통해 동류의식을 형성하고, 주민 각자에게 공동체의식을 부여하여 스스로 공동체의 역사를 만들고 이어 나갈 수 있도록 계기를 제공하고 있다. 신문기사 콘텐츠가 곧 마을공동체 기록의 일부로서 이의 축적이 곧 아카이브 컬렉션으로서 구성될 수 있다. 기사 이외에도 취재원 정보, 사진, 메모, 기획 아이디어, 녹취록, 영상 등 기획 · 취재 과정에서 발생한 모든 산출물들이 기록으로서 중요한 가치를 갖는다. 또한 마을신문 주관의 프로그램, 이벤트 등을 기획함으로써 공동체 기록을 생산 · 수집하는 허브로서 마을신문의 역할을 기대해 볼 수 있다. 특히 전자화된 디지털파일 형태로 이루어지는 정보자료의 축적은 온라인 공간에서의 서비스 활성화 및 향후 마을신문 주체들 간 네트워크 협력체계가 구축되면 광역 서비스로 연결될 수 있다.

안산에 위치한 '416기억저장소'도 빼놓을 수 없다. 세월호 사건 이후 독립 다큐멘터리 감독, 대학의 역사학과 교수, 한국기록학회 등 다양한 영역에서 활동하는 이들이 만나 '안산시민기록위원회'를 만들었다. 이러한 움직임은 비단 안산에서만 있지는 않았다. 서울, 진도 팽목항을 중심으로 자발적인 기록저장 운동이 있었다. 자연스럽게 세 지역에 위치한 단체들 간의 교류가 생겨났다. 그렇게 계속 연락을 주고받던 중에 명지대 문헌정보학과 김익한 교수가 시민단체 '아름다운재단'과 함께 본격적으로 세월호에 대한 기억을 저장 · 기록하는 운동을 할 것을 제안하였다. 그렇게 세 개의 단체가 '416기억저장소'의 이름으로 뭉치게 되었다. 그리고 2014년 8월, 안산시 고잔1동의 삼두상가에 첫 번째 장소를 만들고 이를 가족에게 헌정하는 것으로 본격적인 기록 수집작업이 시작되었다. 416기억저장소가 현재 중점적으로 모으는 자료는 안타깝게 세상을 떠난 304명의 세월호 탑승객들 한 명 한 명에 대한 개인 기억에 관련된 것이다. 또한 세월호 유가족들이 진도 팽목항에서 오랫동안 머무르면서 덮고 있던 이불들과 같은 물건들도 수집하고 있다.

기억저장소는 유가족의 아픈 기억이 담긴 이불을 모아 추후 전시를 통해 먼 훗날 누군가가 그 이불을 보고 느낌으로써 세월호 유가족의 상황과 심정을 이해하기를 바라고 있다. 이 외에도 416기억저장소는 세월호에 대한 의미가 담겨 있는 기록물이라면 최대한 모을 수 있는 대로 모을 예정이다. 이들은 2015년 1월 초순까지 약 1,000상자에 달하는 오프라인 기록물,

4테라바이트에 달하는 온라인 기록물을 수집했다. 또한 이후 추모공원과 같은 애도의 공간이 생기면 현재의 임시 보존체계를 넘어 장기 보존체계로 시스템을 전환할 예정이다(미디어스, 2015. 4; 이창언·김광남, 2015: 312~313).

마을 아카이브를 계획하고 구축하는 작업을 할 때에는 먼저 마을의 일반적 구성에 대한 조사를 해야 한다. 대상은 주로 자연공간, 인문공간, 역사, 공동체 조직의 운영, 공동체 문화, 내부 소조직의 운영과 활동, 개별 가호, 지역 간 네트워크 등이다(김익한, 2010). 그리고 마을 아카이브의 전체적인 목표와 마을 아카이브가 포함하려는 공간적·시간적 범위를 설정해야 한다.

다음 단계로 자료를 수집한다. 마을 아카이브는 다양한 주체들의 참여를 기반으로 이루어지므로 체계적인 자료의 분류와 향후 활용을 위해서는 자료수집단계에서부터 표준화된 조사표를 마련하여 수집자료의 내용을 작성할 필요가 있다. 자료수집 시 마을에 존재하는 다양한 주제와 기록은 마을 아카이브를 중심으로 진행해 나가면서 범위와 대상을 확장해 나갈 수 있다. 마을 아카이브 구축은 아카이브가 어떤 목표를 가지고 있는지에 따라 향후 수집되는 자료의 성격이나 자료의 체계적 분류의 기준이 달라진다. 또한 아카이브 작업은 현실적으로 시간적·공간적 제약을 받을 수밖에 없으므로 초기단계에서 마을 아카이브 구축에 참여할 수 있는 주체들, 재정지원이 가능한 경로, 기술적인 지원 여부, 마을 아카이브의 최종형태 등 아카이브의 실제적인 운영에 필요한 요소들이 논의된다.

마을 기록 수집의 목적은 마을공동체의 역사와 문화, 일상의 활동을 보여 주는 가치 있는 기록을 보존·관리하여 마을구성원 간에 소통하고자 하는 1차적인 목적을 가진다. 그 밖에도 수집 기록물을 활용한 홍보, 전시, 편찬 등에 활용되기도 한다. 기록의 수집은 크게 단체 소장기록 수집, 개인 소장기록 수집, 이벤트 수집으로 구분된다. 이벤트 수집은 다소 생소하게 들릴것 같다. 이벤트 수집은 마을기록을 가지고 있는 개인, 단체 등을 모두 대상으로 하여 특정 주제, 인물, 사건 등을 선정하여 해당하는 기록물을 수집하는 방식이다. 이벤트 방식의 수집이기 때문에 주로 공모전을 통한 수집이 많이 이루어지며 참여자에게는 시상을 통해 상장, 상금, 기념품 등을 주기도 한다. 기록물의 수집방법은 기록관리학의 수집 절차와 방법에 준한다(서울특별시 마을공동체 종합지원센터, 2013).

이렇게 구축된 마을기록을 대중적으로 활용하는 것도 중요하다. 아카이브의 확장 서비스로는 전시, 교육, 출판물 제작 등이 있다. 전시는 많은 사람이 접할 수 있는 공공장소에서 기록의 전시를 통해 기록에 익숙하지 않은 사람의 호기심을 자극할 수 있다는 점, 더 나아가 아카이브의 기능과 소장기록을 알리고 대중적인 공개와 교육적 활용을 촉진시켜 자료의 이용 및 연구를 장려한다는 점에서 이용자의 관심을 높이고 이용을 활성화시키는 효과를 가진다.

전시의 계획과 개발의 계획단계에서 결정해야 할 주요 사항은 전시회의 대상집단, 전시 주제 및 자료, 전시 장소 및 시기 등이다. 우선 대상집단을 결정한 후, 그 집단의 연령, 직업, 관심주제, 방문 동기, 시간, 출입이 빈번한 장소 등을 분석해야 한다. 또한 전시 프로그램의 목적과 효과를 분명히 하고, 그에 따른 적절한 방법론을 모색해야 한다. 전시주제와 관련 자료의 선정과 함께 전시자료의 배치 또한 중요하다. 전시자료는 전시실의 공간, 관람 소요시간, 관람객의 수준, 전시자료의 유형, 개별 전시자료의 중요성과 비중에 따라 전시실에서 다르게 배치될 수 있다.

교육은 아카이브에서 제공되는 여러 서비스 중에서 매우 중요한 위치를 차지한다. 이용자 교육 서비스 계획에는 목적과 목표를 수립하고, 참가자와 이들의 요구를 확인하며, 이러한 요구를 충족시킬 프로그램을 개발하고, 프로그램의 결과를 평가하는 것을 포함한다. 교육 프로그램은 이용자의 유형에 따라 달라야 하는데, 교사 및 학생을 위한 이용자 교육 프로그램을 고려할 수 있다. 교사를 위해서는 아카이브의 소장기록, 교육내용과 관련된 기록의 존재 여부 및 자료활용 조건에 관한 정보를 제공하는 프로그램이 적합하다. 기록관리자는 교사들과 상의하여 수업에서 학생들에게 제시할 수 있는, 기록을 이용한 수업자료를 제공할 수도 있다.

출판물 제작은 아카이브에서 소장하고 있는 기록을 널리 홍보하고 아카이브 서비스를 알리기 위해 각종 팸플릿, 리플릿, 기관지 등을 간행하는 활동이다. 최근에는 웹사이트, 동영상 CD-ROM, 비디오테이프 등의 형태로도 출판이 가능하다.

필요성에도 불구하고 마을 아카이브 구축은 대단히 어려운 과정을 거쳐야 한다. 마을 아카이브가 제대로 구축되기 위해서는 전체 구상, 자료의 수집, 수집된 자료의 체계화, 마을 아카이브 구현, 활용 및 지속적인 보완의 과정을 되풀이해야 한다. 마을 아카이브가 구축되기 위해서는 재정 및 기술 지원에 대한 문제와 함께 원자료의 공개 여부, 관련된 저작권 문제에 대한 고민이 있어야 한다. 현재 마을 아카이브의 토대가 될 수 있는 법적 근거로는 「공공기록물 관리에 관한 법률」, 「건축기본법」, 「문화재보호법」 등 다양한 분야의 법령이 있다. 따라서 법령에 대한 지식도 필요하다. 마을 아카이브는 자치단체와 긴밀히 협력하는 한편, 다양한 네트워크 간 연계를 시도해야만 지속가능할 수 있다(서울특별시 마을공동체 종합지원센터, 2013; 이창언 · 김광남, 2015: 316~318).

6장

마을 백년대계
세우기

1. 마을만들기, 주민이 계획한다

주민을 세우다

마을만들기는 단발적인 활동이 아니라 지역의 다양한 행위자와 함께 지속적으로 활동하는 것이다. 그것을 위해서라도 마을만들기를 지원하는 '사람'이나 '조직'의 구조(마을만들기 체제)를 디자인하는 것이 마을만들기에서는 필수불가결하다. '마을만들기 체제'는 기본적으로 '주민'과 '행정'이 함께 만드는 것이다. 주민 한 사람 한 사람의 힘만으로는 한계가 있기 때문에 마을모임이나 자치회, 주민조직이나 비영리단체 등이 결성되어, 그들과 행정이 마을만들기 체제를 만들게 된다. 이러한 주민조직을 여기에서는 '마을만들기 조직'이라고 부르며, 주민과 행정의 중간에 둔다.

마을만들기 체제를 디자인한다는 것은 먼저, ① 주민이 마을만들기조직을 디자인하고, ② 마을만들기 조직과 행정의 관계를 디자인하며, ③ 그것에 필요한 '지원구조'를 디자인하는 것이다. 여기에서 마을만들기를 디자인할 때에는 어떠한 '마을만들기 과제'를 '어떻게 실현할 것인가' 하는 조직의 목표를 누구라도 알기 쉽게 표현하는 것이 중요하다. 그리고 그러한 목표에 따라서 구체적인 사업계획이 세워지게 되는 것이다(이창언 · 김광남, 2015).

앞에서도 살펴보았듯이 마을만들기 기획이란 마을에 대한 바람직한 미래의 목표를 확립하고 실현하기 위한 합리적 선택과 이행의 절차를 결정 짓는 일련의 과정이다. 마을만들기 계획은 이러한 기획과정을 통해 만들어진 마을이 앞으로 실천해 나갈 내용 및 약속이다. 마을만들기 계획은 마을의 정체성을 유지하면서 지속가능한 발전을 위한 마을의 미래상을 설정하고, 이를 달성하기 위해 마을이 가진 인적·물적·내부·외부·유형·무형의 자원을 동원하는 구체적인 실천계획이다. 마을만들기 계획은 주민이 참여하고, 결정하고, 실천하는 주민주도형 계획이라는 점에서 기존의 기술 중심적 하향식 마을계획, 형식적 주민참여에 의한 계획과는 구별되어야 한다(김광남, 2015: 253).

마을만들기 기본계획은 서울시, 부산시, 서울 성북, 경기 수원시가 기본계획을 수립한 바 있다. 일반적으로 기본계획은 전문가 중심으로 진행되는 경향이 있다. 이 중에 수원시는 평생교육방법론에서 활용하는 일명 우리 사회에 원탁회의로 알려진 버즈토의 또는 눈덩이토의 방식을 주민의견 수렴과정에 적용하였으며, 서울 성북구는 현황조사의 질을 높이는 것에 주안점을 두고 기본계획안을 마련하였다. 각기 다른 마을만들기 기본계획은 지방자치단체장의 성향 또는 마을의 역량과 활용 정도에 따른 결과이다. 마을만들기는 주민공동체를 기반으로 진행되는 계획이므로 주민참여가 매우 중요하다. 따라서 마을만들기 기본계획 수립과정에서 주민참여 방안이 반드시 모색되어야 한다. 이러한 고민을 가지고 마을만들기 기본계획을 수립하는 곳이 부천시이다. 부천시는 2014년 한 해 동안 시민계획단, 전문기획단 그리고 행정이 협력적 거버넌스를 이루면서 마을만들기 기본계획을 수립하였다. 이렇듯 협력적 거버넌스 관계망에 의해 시민계획단과 전문기획단이 협력적 관계를 유지하면 된다. 협력적 거버넌스는 부천시 사례와 같이 각 단계별 과정으로 진행하면 된다.

몇 가지 유형의 매뉴얼을 통해 우리는 마을이 가진 특성에 따라 다소 차

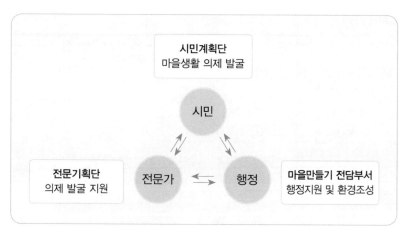

마을만들기를 중심으로 한 협력적 거버넌스 관계망

이는 있지만, 일반적으로 마을만들기는 '준비 · 조사 및 분석 · 비전의 설정과 실천전략 수립 · 세부 실행계획의 수립 · 사업실천 및 평가'의 과정으로 진행되는 것을 알 수 있다(김광남, 2015: 256).

다시 말해, 마을만들기 파트너십 구축 → 마을에 대한 분석 → 마을 비전의 설정 → 과제의 선정 → 실행전략 수립 → 구체적 실행 → 결과 평가와 환류(초의수, 2010: 149)의 과정을 거치게 된다.

주민에게 과학적으로 접근하기

일반적으로 기본계획을 수립하는 과정에서 주민참여 정도는 설문조사 또는 전문가 중심의 토론, 그리고 계획 마지막 단계에서 공지 정도 수준의 공청회가 전부이다. 이는 참여하는 주민이 매우 제약적이며 논의의 시작과 끝이 전문가와 행정에 의해 결정되기 때문이다. 핵심적인 사안 정리와 제도적 · 정책적 검토가 행정의 몫이지만 그 과정에서 주민참여를 최대한 보장하는 것은 매우 의미 있는 일이다. 그것이 곧 협력적 거버넌스를 구축하는 일이다. 마을만들기가 단순히 마을을 만드는 일로 끝나서는 안 되는

전문기획단		시기	시민계획단	
기본계획 수립을 위한 기본구상(안) 마련	시민계획단 운영계획(안)수립	1단계		
마을자원조사 지표 개발	시민계획단 준비과정 점검			
시민계획단 운영계획 발표	자원조사 교육	2단계	시민계획단 발대식	마을자원 조사 교육
자원조사 1차자료 종합		3단계	1차 마을자원조사	
자원조사 2차자료 종합	시민계획단 준비과정 재점검	4단계	2차 마을자원조사	
분석 및 과제도출	마을만들기 기본계획(안) 수립	5단계		
시민계획단 토론회			시민계획단 토론회	
시민계획단(안) 검토	마을만들기 매뉴얼 가이드북 제작 기획	6단계	2차 시민계획 토론회	
시민계획단 최종검토	마을만들기 매뉴얼 가이드북 제작 검토	7단계		
마을만들기 기본계획 최종완료		최종	마을만들기 기본계획 최종완료	

이유가 여기에 있다. 마을만들기는 마을공동체 그리고 마을자치의 과정으로 성장하기 때문에 마을만들기 기본계획 수립과정에서 주민참여는 어떤 행태로든 다양하게 모색되어야 한다. 주민참여를 수렴하는 과정에서 행정과 전문가의 역할은 객관적이고 과학적인 자료에 기초하여 주민에게 다가서는 것이다. 통계자료를 활용하여 마을의 현황을 다각적으로 분석하여 그 의미를 소상하게 설명해 주어야 한다. 자칫 소홀하기 쉬운 마을의 현황분석에 신중을 기하여 마을의 현재 상황을 정확하게 설명해야 한다.

마을만들기 → 마을공동체 → 마을자치

이야기 장을 만들다

마을만들기 워크숍은 행정과 전문가의 입장을 전달하는 자리가 아니라 주민의 이야기를 듣는 자리이다. 설문조사 또는 공청회 정도 수준의 행정 중심의 주민참여 프로세스가 아니라, 주민의 대표성을 최대한 고려하여 주민 중심형 주민참여 프로세스에 기초하여야 한다. 주민 워크숍은 충분한 시간적 여유를 두고 행정은 전 주민을 대상으로 홈페이지 등을 활용하여 본 행사의 취지 및 의미 그리고 모집공고를 반드시 하여야 한다. 워크숍에 참여하는 대상이 200~300명 정도에 불과하더라도 충분한 공지와 공고를 함으로써 주민의 신뢰성을 확보해야 하기 때문이다. 이 부분은 행정이 해야 할 몫이다. 그리고 워크숍은 각 테이블별로 원탁토론을 중재할 수 있는 조정자(퍼실리테이터)가 배석한 상황에서 논의가 진행되는 버즈토의 또는 눈덩이토의 방식의 원탁회의가 가장 적합하다. 이 회의방식은 주민참여형 회의방식으로 워크숍에 참여한 모두가 의견을 제시할 수 있는 구조를 지니고 있기 때문이다. 참관하는 주민참여가 아니라 실질적으로 참여하는 주민참여인 것이다.

주민 워크숍에 참여한 주민의 자긍심을 높이기 위해 지방자치단체장은 위촉장을 부여하고, 담당부서장은 마을만들기 기본계획을 이해할 수 있는 정도 수준의 간략한 설명과 주민 워크숍을 진행하기 전에 조사된 현황분석을 내용으로 한 각 동별 분석내용을 공유할 수 있는 시간을 마련해 두어야 한다. 이러한 과정에 의하여 마을만들기에 대한 이해 및 각 마을에 대한 현황이해에 기초하여 마을에 대한 본격적인 토의를 시작한다. 처음에는 사전에 준비된 마을지도를 가지고 마을자원을 표시하고 마을의 장점과

단점을 포스트잇으로 색깔을 구분하여 표기한다.

2차 워크숍은 1차 워크숍 내용을 공유하고, 1차 워크숍에서 도출된 마을지도에 대한 논의를 개괄적으로 설명한 후 주민이 보다 심도 있는 논의를 진행할 수 있도록 한다. 2차 워크숍은 마을활동조사 및 SWOT를 활용한 마을분석과 마을만들기 역할 등을 종합적으로 검토한다.

3차 워크숍은 1차, 2차에 걸쳐 도출된 내용을 기초로 마을만들기 기본계획에 담아낼 미션을 선정한다. 일반적으로 기초자치단체에서 진행하는 각종 기본계획의 미션은 단체장이 선거 당시 제안한 공약내용에 근거하여 선정하나 주민의 토의를 통하여 의견을 도출하는 것을 원칙으로 하여야 한다.

마을만들기 기본계획은 사전에 1차와 2차 워크숍에서 도출된 내용과 다양한 각도에서 정리·분석된 현황분석의 내용을 종합하여 핵심 키워드를 도출하고 이 키워드를 중심으로 논의와 토의를 진행하여 핵심 어젠다를 도출하면 된다. 본격적인 토론이 진행되기 전에 전문가는 1차, 2차 워크숍 내용과 현황분석 내용을 각 동별로 심층적으로 정리하여 간략히 설명함으로써 참여한 주민이 객관적으로 이해할 수 있도록 하여야 한다.

주민의 심층적인 논의에 의해 도출된 의견은 핵심 키워드를 중심으로 우선순위를 나열한 후 그 결과를 참여한 주민과 충분히 공유한 후 최종 정리는 전문가가 담당하면 된다. 물론 원탁회의에서 도출된 미션의 핵심 키워드는 전문가의 몫이라고 주민과 충분한 공유를 한 후 마무리한다. 진행자와 퍼실리테이터(facilitator)는 원탁회의에 참여한 주민들이 재미를 느끼고 자신이 무언가를 제시했다는 자긍심을 가질 수 있도록 유도하는 것이 매우 중요하다.

함께 만드는 마을, 함께 누리는 삶

원탁회의는 집단지성의 힘을 활용하는 토의형식으로 모두가 동등하게 발언하고 의사결정에 참여하는 직접민주주의의 새로운 전형을 만들어 내고 있다.

마을만들기 주민 워크숍 취지

- 마을만들기 기본계획 수립을 위한 기본현황 및 자원 체계화
- 전문가 및 활동가, 주민 의견조사 실시를 통한 마을만들기 수요 파악
- 마을 내 다양한 주체들의 교류 및 네트워크 구축
- 마을의제 · 마을계획 수립을 위한 체계적인 방법론의 학습기회 제공
- 보다 다양한 주체의 참석 견인

부천시 마을만들기 원탁회의 2차 워크숍 진행내용

구 분	시간		내용
	시간	누적	
1. 개회식	10분	10분	• 시민계획단 위촉장 수여
	5분	15분	• 마을만들기 기본계획의 이해
	15분	30분	• 마을자원조사 방법론 교육
휴 식	10분	40분	
2-1. 자기소개	20분	60분	• 포스트잇에 자기소개 쓰기 • 팀별 이야기 나누기 • 팀장 정하기, 팀별 소개
2-2. 마을자원 지도와 문제점 지도 그리기	30분	90분	• 우리마을의 자랑 - 다니면서 기분이 좋은 곳, 자랑할 만한 곳, 커뮤니티 공간 • 우리마을의 나쁜 점 - 위험한 곳, 개선이 필요한 곳
2-3. 지도에 표시되지 않는 우리마을의 좋은 점, 나쁜 점	30분	120분	• 좋은 점: 예부터 전해 오는 이야기, 사람, 이웃관계 등 • 나쁜 점: 사회적·경제적 문제점, 주민갈등 등
공 연	10분	130분	• 오원노래단(오정구)
2-4. 팀별 발표	20분	150분	• 전체 공유시간
2-5. 부천시의 마을자치 활동의 점수는? 이유는?	-	150분	• 부천시 마을자치 활동 점수 • 평균 이하는 빨간색 포스트잇, - 평균 이상은 파란색 포스트잇 (퇴장 시 준비된 시트에 붙이기)

부천시 마을만들기 원탁회의 1차 워크숍 활동내용

주요 내용	활동 모습

• 개회식
  – 시민계획단 위촉장 수여
  – 마을만들기 기본계획의 이해
  – 마을자원조사 방법론 교육

• 마을자원 및 문제점 지도 그리기
  – 기분 좋은 곳, 자랑할 만한 곳 등
  – 위험한 곳, 개선이 필요한 곳 등	

• 우리마을의 좋은점, 나쁜점
  – 좋은 점: 옛이야기, 사람, 이웃
    관계 등
  – 나쁜 점: 사회적·경제적 문제
    점, 갈등 등

• 주민공연 및 발표
  – 오원노래단 축하공연
  – 팀별 발표	

부천시 마을만들기 원탁회의 2차 워크숍 진행내용

구 분	시간		내용
	시간	누적	
1. 개회식	10분	10분	• 마을만들기 공모사업 공지
	10분	20분	• 1차 워크숍에 대한 리뷰
2-1. 마을분석-SWOT	40분	60분	• 마을분석(SWOT) – 강점(S), 약점(W), 기회(O), 위기(T)
2-2. '마을분석-SWOT' 에 따른 전략계획	40분	100분	• '마을분석-SWOT'에 따른 전략계획

팀별 발표	20분	120분	• 전체 공유시간
2-3. 내가 알고 있는 마을 활동	10분	130분	• 우리마을에서 이루어지고 있는 마을활동
2-4. 마을만들기 기본계획 수립 시 고려할 내용	20분	150분	• 구성원 모두가 5가지씩 씀 • 비슷한 내용을 모아서 4~6개로 모음
2-5. 마을만들기 주체로서 행정에 바라는 내용	–	150분	• "이런 것을 도와주면 마을만들기 하 는 데 도움이 되겠다" – 중간지원조직에 대한 기대사항 (퇴장 시 한곳에 붙이기)

부천시 마을만들기 원탁회의 2차 워크숍 활동내용

주요 내용	활동 모습
• 개회식 – 행복한 마을만들기 사업 공지 등 – 1차 워크숍 리뷰	
• 마을분석(SWOT) 및 전략계획 수립 – 마을의 강점과 약점, 기회, 위협 – 마을분석에 따른 전략계획 수립	
• 내가 알고 있는 마을활동 등 – 우리마을에서 이뤄지고 있는 마을 활동 – 마을만들기 수립 시 고려할 내용 – 마을만들기 주체로서 행정에 바 라는 내용	

함께 만드는 마을, 함께 누리는 삶

부천시 마을만들기 기본계획 원탁회의 진행순서

구분		내용
개회식	인사말	국민의례, 내빈소개, 인사말
	결과보고	마을만들기 진행사항 경과보고, 마을만들기 의의
	발제	마을자원현황분석 보고
	토론안내	토론 진행규칙 안내 및 토론의제 소개, 참가자 소개
	인구통계조사	인구통계조사(아이스브레이킹용＋성별, 연령대, 거주구, 거주기간)
제1토론 핵심전략	입론＋상호토론	제1토론 마을만들기 핵심전략 (테이블 입론과 상호토론 SO/WO/ST/WT 전략별 진행)
	공유 및 전체 토론	전체 토론(참가자 30초 발언)
	투표	전략별 우선순위 투표
제2토론 비전	입론	제2토론 마을만들기 비전 (만들고 싶은 마을)
	공유 및 전체 토론	전체 토론(참가자 30초 발언)
	투표	우순순위 투표, 우선순위사업 투표
폐회식	폐회선언 및 사진촬영	폐회선언 및 사진촬영

이 단계에서는 마을의 특성과 주민욕구를 반영한 계획수립이 가능하도록 마을사업을 이해하는 연구와 분석, 주민들 간 마을사업에 대한 정보와 이해를 공유하는 상호작용, 마을사업에 대한 관심과 참여를 유도하고 역량을 강화하는 동기부여가 이루어져야 한다. 또한 이 단계는 마을이 가진 유·무형의 자원 및 자산의 조사 분석, 마을이 처한 환경 분석, 주민욕구 조사를 통해 마을이 지향해야 할 비전과 실천전략 수립을 위한 기초자료를 구축하는 과정이다.

2. 설문조사

주민욕구는 설문조사, 인터뷰, 생각을 지도처럼 이미지화하는 마인드맵(mind map), 워크숍 등 다양한 방법을 사용해 주민과 마을이 가진 고민과 바람을 도출해 내는 것이다. 이 과정에서 서로가 가진 생각의 차이를 이해하고 양보와 타협을 통해 마을 발전으로 향하는 합의를 이끌어 내는 계기를 마련한다.

먼저, 설문조사는 통장, 반장, 주민자치위원, 직능단체, 시민단체 등 지역사회에 대하여 설명해 줄 수 있는 주민을 대상으로 진행해도 무방하다. 설문조사 항목은 거주동, 마을만들기에 대한 인식, 마을만들기 사업진행 방법, 마을만들기 사업에 대한 바람과 개방형 기타 질문 등으로 구성하면 된다. 경우에 따라 마을만들기 사업의 방향은 물리적 환경개선, 동네경제 활성화, 주민공동체 형성에 초점을 두고 항목을 구성해 보는 것도 괜찮다.

마을만들기 설문조사 주요 내용

Ⅰ. **거주동기**
  1. 현재 마을에 살고 계신 이유가 무엇입니까?
  2. 지금 살고 계신 곳에서 계속 살기를 원하십니까?
  3. 다른 곳으로 이사하고 싶은 이유가 무엇입니까?

Ⅱ. **마을만들기에 대한 인식**
  4. 부천시 마을만들기 사업에 참여해 본 경험이 있나요?
  5. 마을만들기 사업에 참여해 보신 적이 있다면, 어떤 사업에 참여해 보셨나요?
  6. 부천시 마을만들기 사업에 대하여 알고 있는 것은 무엇인가요?
  7. 보다 더 살기 좋은 마을을 만들기 위하여 마을만들기 사업이 필요하다고 생각하십니까?
  8. 마을만들기 사업에 참여를 한다면 어디에 참여를 하고 싶습니까?

Ⅲ. 마을만들기 사업 진행방법

9. 마을만들기 사업은 주거문제를 거주자의 입장에서 해결하고, 골목경제를 건강하게 하고, 더불어 사는 마을공동체를 만드는 것이 중요하다고 생각하는 이유는 무엇입니까?

10. 주택 및 주거환경 개선을 위해 필요한 마을만들기 사업은 무엇이라고 생각하십니까?

11. 골목(동네)경제가 잘되기 위해 필요한 마을만들기 사업은 무엇이라고 생각하십니까?

12. 주민의 힘을 키우기 위해 필요한 마을만들기 사업은 무엇이라고 생각하십니까?

13. 부천시 마을만들기를 위해 부천시가 우선적으로 하여야 할 일이 무엇이라고 생각하나요?

Ⅳ. 마을만들기 사업에 대한 바람

14. 살고 있는 마을에서 우선적으로 개선하여야 할 생활환경은 무엇이라고 생각하십니까?

15. 현재 사는 동네에서 마을공동체를 만드는 데 우선적으로 해결하여야 할 과제가 무엇이라고 생각하십니까?

16. 현재 살고 계신 마을이 어떤 모습으로 변했으면 합니까?

Ⅴ. 마을만들기 사업에 대한 단답형 질문

17. 우리마을에서 일어나고 있는 가장 큰 변화는?

18. 우리마을에서 가장 자랑할 만한 것은?

19. 우리마을에서 주민들이 모여서 이야기 나누기 가장 좋은 장소는?

20. 우리마을 주민 간의 관계는 어떻다고 생각하시나요?

22. 우리마을에서 스스로 모여서 활동하고 있는 단체와 활용내용은?

23. 마을만들기, 마을공동체에 대하여 마지막으로 하고 싶은 말은?

---

3. 현황분석은 세부적이고 치밀하게

숫자의 힘, 통계

통계는 마을에서 활동하는 주민, 행정, 전문가에게 천마 페가수스(Pegasus)와 같다. 통계는 꼼꼼하면서 소름 끼칠 정도로 음산하고, 열정도 없다. 오히려 냉정하다. 통계는 현재의 정확한 상황뿐만 아니라 과거의 상황도 알려 준다. 그리고 통계는 매우 의미 있는 선으로 그들을 연결시켜 주어 과거로부터 정확한 의견을 얻고, 미래를 깊이 이해하고 예측할 수 있게 한다. 마을만들기에서 마을의 당면 문제에 접근하기 위한 방법 중의 하나는 음산하고 열정도 없는 냉정한 통계를 활용하는 것이다. 통계가 제시하는 순간의 정확한 진실에 대해 주민과 행정은 경멸감과 분노를 느낄 수도 있다. 통계는 냉정할 만큼 마을이 처한 현주소의 수준을 보여 주는 힘이 있다.

통계로 마을의 현황을 제시하기 위해서는 섬세하고 인내심 있는 작업과 열정이 없는 숫자로부터 영감을 얻기 위한 모험이 필요하다. 마을현황을 설명하는 통계자료는 공식적인 통계서비스와 기관의 필요에 의해 수집된 통계로 구분된다. 공식적인 통계서비스 중 대표적인 것은 국가통계포털(kosis.kr), 광역시 · 도 통계연보, 기초자치단체 시 · 군 · 구 통계연보이다. 기관의 필요에 의해 수집된 통계서비스는 연구기관과 중앙행정기관 자체 통계자료집 등이 있다. 마을현황을 설명하는 통계자료는 분야, 항목, 자료, 자료원, 기간, 분석 단위와 같은 분석항목과 통계 출처를 명확하게 제시해야 한다. 그렇지 않으면 자료의 신뢰성을 잃고, 마을현황의 문제점에 대해 초점을 잃기 쉽다. 분석항목과 통계 출처는 표 형식으로 만들어서 일괄적으로 제시해 주는 것이 좋다. 잊지 말아야 할 것은 통계의 신뢰성을 담보할 수 있는 유일한 근거는 출처를 명확하게 밝히는 것이다. 통계의 출처를 확인했다면 본격적으로 통계의 바다로 모험을 떠날 준비가 끝났다. 본격적인 모험을 떠나 보자.

현재 통계서비스가 제공하는 범위는 광역 · 시군구 · 읍면동 3수준으로 제공하고 있다. 공식적인 통계서비스인 국가통계포털은 자료의 종류에 따라 읍면동 수준까지 제공하고 있지만 기관의 필요에 의해 수집된 통계서비스는 주로 광역 수준이고 간혹 시군구 수준에서 제공하는 자료도 있다.

마을만들기는 행정 최소 단위인 읍면동 수준에서 활동하기 때문에 공식적인 통계서비스 중 읍면동 수준 자료를 확인하는 작업이 필요하다. 국가통계포털과 기초자치단체 통계연보 중 읍면동 수준 통계를 제공하는 항목을 꼼꼼하게 살펴야 한다. 읍 · 면 · 동 수준 항목이 없으면 구별 수준, 시군구 수준을 대안으로 선택해도 된다. 명심하자. 읍면동 수준과 구별 수준 통계자료는 마을을 이해하는 섬세함에서 큰 차이를 보인다.

통계서비스에서 제공하는 자료는 원자료(raw data) 형태이므로 마을현황을 설명할 수 있는 형태로 가공이 필요하다. 예를 들어 국가통계포털에서 제공하는 5세별 연령대별 인구통계를 14세 미만 유소년 · 15~64세 경제활동인구 · 65세 이상 고령자 인구로 유형화하기 위해서는 원자료를 유형별 · 인구별로 합계를 내서 가공을 해야 한다. 이러한 가공작업을 위해서는 엑셀 프로그램이 가장 효율적이다.

원자료를 다운로드받아 마을현황 항목별로 가공하는 작업에서 필요한 것은 인내심이다. 5세별 연령대별 인구통계를 유소년 · 경제활동인구 · 65세 이상 고령자 인구로 유형화하기 위해서는 원자료 다운로드 → 유형별 엑셀 함수계산 → 각 읍면동별 자료추출 과정을 거친다. 이때 엑셀 함수계산 과정에서 검산과 에러(실수)체크는 반드시 거쳐야 한다. 왜냐하면 통계자료는 거짓말을 하지 않지만 인간은 반복되는 함수계산 과정에서 실수를 할 수 있기 때문이다.

실수의 유형은 다양하다 가장 많이 실수하는 것이 함수계산을 잘못 설정하는 것이다. 유소년 인구를 계산해야 하는데 자칫 유소년 인구와 경제활동 인구 일부를 합산해서 계산할 수 있다. 이러한 실수를 검산하기 위해서는 엑셀에서 'F2'를 눌러 정확한 합산이 이루어졌는지 눈으로 검산하는 작업이 필요하다. 다음으로 함수식을 잘못 기입하는 것이다. 비율을 계산하는 수식에서 맨 마지막에 100을 곱해야지 백분율로 표시되는데 100을 곱하지 않으면 비율은 소수점으로 표시된다. 10%는 0.1, 50%는 0.5,

67.4%는 0.674로 표시된다. 마을현황 항목은 100.0을 기준으로 하는데 엑셀 함수계산으로 1.0을 기준으로 산출하는 에러가 발생된다.

통계자료 수집은 반드시 시간적 여유를 가지고 차분한 마음으로 작업해야 한다. 급한 마음에 서두르면 통계처리하는 과정 곳곳에서 발생하는 에러로 통계의 신뢰를 잃을 수 있다. 수도 없이 반복된 검산과 에러체크를 거쳐야 통계의 신뢰성을 담보할 수 있다. 그 신뢰성은 작은 정성이 모여진 인내심에서 시작된다.

통계처리 과정

자료검색 → 자료수집 → 자료가공 → 자료검산 → 에러체크 → 확인

독립변수는 다양하게

마을만들기 현황분석은 통계를 활용할 수 있는 최대한의 범위를 활용하여 작성해야 한다. 해당 지방자치단체의 독립변수는 공간적 특성을 고려하여 다양하게 분류해야 한다. 기본적으로는 해당 지방자치단체의 구·동별 현황을 기초로 도시의 특성을 고려하여 원도심과 신도심으로 구분하고, 도시기본계획 또는 장기발전계획에서 적용하고 있는 생활권과 지방선거에서 적용하고 있는 광역의원 선거구와 기초의원 선거구별 공간적 영역을 고려하여 독립변수를 구성한다.

현황분석에 적용가능한 독립변수

- 행정 동(洞)
- 행정 구(區)
- 원도심 대 구도심
- 도시기본계획(장기종합발전계획) 생활권
- 광역의원 및 기초의원 선거구

공간적 특성을 고려한 독립변수: 부천시 사례

구분		동명
동별		원미1동, 역곡1동, 역곡2동, 춘의동, 도당동, 심곡1동, 심곡2동, 심곡3동, 원미2동, 소사동, 약대동, 중1동, 중2동, 중3동, 중4동, 중동, 상동, 상1동, 상2동, 상3동, 심곡본1동, 심곡본동, 소사본동, 소사본3동, 범박동, 괴안동, 역곡3동, 송내1동, 송내2동, 성곡동, 원종1동, 원종2동, 고강본동, 고강1동, 오정동, 신흥동
구	원미구	심곡1동, 심곡2동, 심곡3동, 원미1동, 원미2동, 소사동, 역곡1동, 역곡2동, 춘의동, 도당동, 약대동, 중동, 중1동, 중2동, 중3동, 중4동, 상동, 상1동, 상2동, 상3동
	소사구	심곡본1동, 심곡본동, 소사본동, 소사본3동, 범박동, 괴안동, 역곡3동, 송내1동, 송내2동
	오정구	성곡동, 원종1동, 원종2동, 고강본동, 고강1동, 오정동, 신흥동
도심	원도심	신도심 외 지역
	신도심[1]	중1동, 중2동, 중3동, 중4동, 상동, 상1동
생활권[2]	중·상동권	중1동, 중2동, 중3동, 중4동, 상2동, 상3동
	송내권	상동, 상1동, 중동, 송내1동, 송내2동
	삼정권	신흥동, 오정동, 약대동
	원종·고강권	원종1동, 원종2동, 고강1동, 고강본동
	춘의권	춘의동, 도당동, 성곡동
	심곡·소사권	원미1동, 원미2동, 심곡1동, 심곡2동, 심곡3동, 심곡본동, 심곡본1동, 소사동, 소사본동, 소사본3동
	역곡·범박권	역곡1동, 역곡2동, 역곡3동, 괴안동, 범박동
도의원 선거구	제1선거구	원미1동, 역곡1동, 역곡2동, 춘의동, 도당동
	제2선거구	심곡1동, 심곡2동, 심곡3동, 원미2동, 소사동
	제3선거구	중1동, 중2동, 중3동, 중4동, 약대동

---

1 윤정중 외(2012), 「수도권 1기 신도시 도시성 분석을 위한 데이터베이스 구축 및 지표개발」, p. 25. 상동은 62.33%만 신도시에 포함.

2 부천시(2013), 「2030 부천시 도시기본계획」, p. 77.

	제4선거구	중동, 상동, 상1동, 상2동, 상3동
	제5선거구	심곡본1동, 심곡본동, 송내1동, 송내2동
	제6선거구	소사본동, 소사본3동, 범박동, 괴안동, 역곡3동
	제7선거구	성곡동, 고강본동, 고강1동
	제8선거구	원종1동, 원종2동, 오정동, 신흥동
시의원 선거구	가 선거구	원미1동, 역곡1동, 역곡2동, 춘의동, 도당동
	나 선거구	심곡1동, 심곡2동, 심곡3동, 원미2동, 소사동
	다 선거구	중1동, 중2동, 중3동, 중4동, 약대동
	라 선거구	중동, 상동, 상1동
	마 선거구	상2동, 상3동
	바 선거구	심곡본1동, 심곡본동, 송내1동, 송내2동
	사 선거구	소사본동, 소사본3동
	아 선거구	범박동, 괴안동, 역곡3동
	자 선거구	성곡동, 고강본동, 고강1동
	차 선거구	원종1동, 원종2동, 오정동, 신흥동

통계자료를 최대한 활용하라

기초통계자료는 부천시 기본통계, 부천시 통계 DB, 인구총조사, KOSIS 홈페이지, 시정백서, 부천시사회조사, 경제총조사, 도시재생 종합정보체계, 재정공시, 자치단체 내부자료, 부천시 마을만들기 자료 등을 최대한 활용한다. 현황분석을 종속변수는 외부환경과 내부환경으로 구분한 후 지표를 세분화한다.

현황분석에 적용가능한 독립변수

- **외부환경**: 사회적 · 경제적 · 물리적 환경 등
- **내부환경**: 시민참여, 사회자본, 마을역량, 생활안전, 행정 등

구분	지표		출처	자료 확인	비고
인구 사회	세대수	세대수(명)	지방자치단체 기본통계	유	
		2006년 세대당 인구		유	
		2012년 세대당 인구		유	
		세대당 인구 증감		유	
	인구변화	2003년 인구수(명)	지방자치단체통계 DB 자료	유	
		2012년 인구수(명)	지방자치단체 기본통계	유	
		인구증감		유	
		인구밀도		유	
	연령대별 인구	9세 이하 비율	인구총조사	유	
		10대 비율		유	
		20대 비율		유	
		30대 비율		유	
		40대 비율		유	
		50대 비율		유	
		60세 이상 비율		유	
	유소년 비율	2003년	KOSIS 홈페이지	유	
		2012년		유	
		유소년 비율 증감		유	
	경제활동 인구비율	2003년		유	
		2012년		유	
		경제활동인구 증감		유	
	65세 이상 고령자 비율	2003년		유	
		2012년		유	
		65세이상 고령자 증감		유	

고령화	65세 이상 고령자 인구		지방자치단체 기본통계	유	
	고령화율			유	
	외국인수			유	
소외 계층	소외계층 전체		지방자치단체 시정백서	유	
	국민기초 생활보장	생계주거급여		유	
		교육급여		유	
	차상위 계층	한부모가족 양육학비		유	
		무한돌봄사업		유	
거주형태			지방자치단체 사회조사	유	구별 자료
거주만족도				유	구별 자료
향후 지속거주				유	구별 자료
생활만족도				유	구별 자료
교육환경 만족도				유	구별 자료
평생학습				유	구별 자료

구분	지표		출처	자료 확인	비고
산업 경제	사업체 · 종사자수	전체 사업체수	지방자치단체 기본통계	유	
		사업체수 구성비		유	
		전체 종사자수		유	
		종사자수 구성비		유	
	영세 사업체 · 종사자수	1~4인 사업체수		유	
		5~9인 사업체수		유	
		9인 이하 사업체수		유	
		9인 이하 사업체수 구성비		유	
		1~4인 종사자수		유	
		5~9인 종사자수		유	
		9인 이하 종사자수		유	
		9인 이하 종사자수 구성비		유	

산업 경제	제조업· 도소매업 구성비	제조업체수		유	
		제조업 구성비		유	
		10인 이상 광업 제조업		유	
		도소매업수		유	
		도소매업 구성비		유	
	업종별 매출액	교육 서비스업 매출액	경제 총조사	유	
		도매 및 소매업 매출액		유	
		숙박 및 음식점업 매출액		유	
		부동산업 및 임대업 매출액		유	
		보건업 및 사회복지 서비스업 매출액		유	
		예술, 스포츠 및 여가 관련 서비스업 매출액		유	
	유통업	유통업체수	지방자치단체 기본통계	유	
		유통업체 매장면적		유	
		대형마트수		유	
		대형마트 매장면적		유	
		전문점수		유	
		전문점 매장면적		유	
		백화점수		유	
		백화점 매장면적		유	
		쇼핑센터수		유	
		쇼핑센터 매장면적		유	
		시장수		유	
		시장 매장면적		유	
	사회적 경제 업체수		지방자치단체 내부자료	유	
	계층인식, 월평균소득·소비지출		지방자치단체 사회조사	유	구별 자료

구분	지표		출처	자료 확인	비고
물리적 환경	면적(km²)		지방자치단체 기본통계	유	
	주요 시설	공공기관	지방자치단체 시정백서	유	
		학교		유	
		보육시설		유	
		금융기관		유	
		병의원		유	
		약국		유	
		종교시설		유	
		사업체		유	
	노후주택 구성비 (20년 이상 경과)		국토교통부 도시재생 종합정보체계	유	
	신규주택 구성비(2005년 이후 건설)		KOSIS 홈페이지	유	구별 자료
	주거환경 불만족 및 개선 우선순위		지방자치단체 사회조사	유	구별 자료
	환경오염 심각성			유	구별 자료
	교통	통근 · 통학 지역		유	구별 자료
		자전거 이용		유	구별 자료
		교통만족도		유	구별 자료
	주택유형		지방자치단체 내부자료	유	구별 자료

구분	지표		출처	자료 확인	비고
시민 참여	투표율	19대 총선(국회의원)	부천시 내부자료	유	
		18대 대선(대통령)			
		6회 지방선거			
	참여	자원봉사 참여	지방자치단체 사회조사	유	구별 자료
		지역축제 참여		유	구별 자료
		시민, 시민사회단체 참여		유	구별 자료

함께 만드는 마을, 함께 누리는 삶

구분	지표		출처	자료확인	비고
마을 역량		인적자원		무	추가 확보
	마을 조직	주민단체 회원	지방자치단체 시정백서	유	
		단체수		유	
		마을자원		유	추가 확보
		커뮤니티 과정		무	설문조사
	마을만들기 활동	마을만들기 활동	지방자치단체 내부자료	유	

구분	지표		출처	자료확인	비고
생활 안전		대피소, CCTV 등		무	추가 확보
	생활 안전 인식	식품위생	지방자치단체 사회조사	유	구별 자료
		안전사고		유	구별 자료
		교통안전		유	구별 자료
		치안, 야간보행		유	구별 자료
		재난		유	구별 자료
		화재		유	구별 자료

구분	지표	출처	자료확인	비고
행정	통	지방자치단체 기본통계	유	
	반		유	
	공무원수		유	

자료를 종합적으로 정리하자

　도출된 현황분석 자료를 체계적으로 정리하는 것이 중요하다. 연구개요, 현황분석 지표, 마을현황분석, 각 동별 현황분석 종합의 순서로 정리한다.

마을현황분석 조사 목차

마을현황분석에서 마을만들기의 필요성이 명확하게 전달되어야 한다. 마을현황분석에는 해당 지방자치단체의 지방재정 여건이 반드시 평가·분석되어야 한다. 우리나라 지방재정은 토건개발에 의한 인구유입과 그에 따른 자주재원 확보와 관련되어 있다. 성장형 구조의 지방재정 여건은 토건개발을 중심으로 사업이 진행될 수밖에 없는 상황이므로 지역사회의 내생적 발전양식에 기반하여 자원을 발굴하는 것이 아니라 외부요건에 의하여 해당 지역사회 발전을 도모하는 경향이 크다. 현실적으로 세계경제의 불황 및 성장형 수요의 감소에 따른 재정수입의 감소에 비하여 경직성 경비인 인건비, 운영비, 사회복지비용의 과도한 부담 등은 지방자치단체의 재정여건을 어렵게 만드는 요인이 되고 있다. 그 외에도 가용토지의 한계에 도달한 지방자치단체는 더 이상 개발의 여지가 없는 상황에 직면하고 있는 것이 현실이다. 결국 지방자치단체는 외생적 요인에 의한 발전양식이 아니라 주민 그 자체가 지역사회의 자원이며 지역사회에 숨어 있는 다양한 자원을 활용한 내생적 발전양식에 초점을 둔 마을만들기의 중요성을 제기할 필요가 있다. 내생적 발전양식은 토건 중심의 성장형 도시에서 사람과 거주자 중심의 관리형 도시로의 전환을 모색하는 것이며, 그 사업의 시작이 마을만들기와 연관되어 있다는 것을 설명해야 한다.

- 성장형 도시 대 관리형 도시
- 외생적 요인에 의한 토건 중심의 발전양식에서 사람과 거주자 중심의 내
  생적 발전양식

각 동별 종합정리는 통계를 활용한 현황 및 워크숍(원탁회의)을 통하여 도출된 주민의견을 중심으로 내용을 종합한다. 인구구성은 세대수, 세대당 인구수, 인구변화, 인구밀도, 유소년 비율, 경제활동 비율, 60세 이상 고령자 비율, 고령화율, 외국인수, 소외계층수 등의 자료를 활용하여 해당 지방자치단체의 인구사회학적 변화추이를 예측해야 한다. 산업경제도 거시적 측면의 지역경제 상황을 파악해야 하며, 노후주택 구성비는 물리적 환경개선의 여건을 파악하는 데 사용한다.

각 동별 현황 요약(종합)

구분		주요 내용	비고
인구사회	세대수		
	세대당 인구수		
	인구변화(○○○○년 대비)		
	인구밀도(지방자치단체 평균 ○명)		
	연령대별 인구		
	유소년 비율		
	경제활동 비율		
	60세 이상 고령자 비율		
	고령화(평균 ○%)		
	외국인수		
	소외계층		
산업경제	사업체 · 종사자수		
	영세사업체 · 종사자수		

산업경제	제조업 · 도소매업 구성비		
	업종별 매출액		
	유통업		
	사회적 경제 업체수		
물리적 환경	면적(km²)		
	주요 시설		
	노후주택 구성비(20년 이상 경과)		
시민참여	투표율		
마을역량	마을조직		
	마을만들기 활동		
	마을모임		
	현재 활동		
	향후 활동하고 싶은 모임		
행정	통		
	반		

각 동별 현황분석 정리내용

- 인구구성
- 노후주택
- 지역경제
- 사회적 경제 · 마을만들기 및 시민참여 활동
- 행정지원 기반
- 우리 동네 좋은 점 불편한 점
- 우리 동 주요 지점별 좋은 점 개선할 점
- 우리 동 SWOT와 CROSS-SWOT 분석
- 설문조사
- 우리 동네 희망과 바람

4. 마을만들기 기본계획 내용 구성

마을만들기 기본계획은 해당 지방자치단체의 물리적·사회적·경제적·제도적 현황을 파악하고, 행정동별 마을현황과 자원분석을 토대로 마을만들기의 수요와 과제를 도출하는 것을 기본목적으로 하고 있다. 결국 마을만들기는 단기적으로는 주민의 적극적인 참여를 유도하고 장기적으로는 지속가능한 마을만들기의 추진주체와 동력을 발굴하고, 육성·지원·성장을 도모하는 일이다.

성북구는 2013년에 마을만들기 기본계획을 수립한 바 있다. 보고서에 의하면 성북구는 성북구 현황분석, 현황과 과제, 수요와 과제, 비전과 목표, 그리고 기본계획 방안을 주요 내용으로 계획을 수립한 바 있다. 현황분석은 일반현황, 물리적 현황, 사회·경제적 현황, 제도적 현황을 분석하였다. 마을만들기는 주거환경 개선 차원의 물리적 환경개선, 지역사회경제 활성화 차원에서의 경제적 측면, 주민공동체 활성화를 위한 사회적 측면이 고려된 통합적 공간재생의 관점에서 접근한 것이라고 보여진다. 현황분석에 기초하여 각 동별 현황과제를 도출하고 마을이 필요한 의제를 도출했다. 의제 도출방식은 설문조사 및 포커스 그룹 인터뷰로 의견을 모았다. 현황분석과 마을의제 도출 과정을 거친 후 마을의 비전과 목표를 설정한 후 기본계획 방안을 마련했다. 기본계획 방안은 유형별 추진방안, 분야별 추진방안, 단계별 추진방안, 추진체계 및 지원방안에 대하여 논의하였다.

마을만들기 기본계획은 토건 중심의 물리적 환경개선에서 거주자·사람 중심의 지역사회 발전을 모색하는 것으로 사회적·경제적 여건 및 주민공동체 형성에 초점을 둔 내생적 발전양식이다. 서울 강북구의 사례처럼 마을만들기 기본계획은 지역자원 조사 분야와 기본계획 분야로 나누어 계획안을 마련한다.

서울 성북구 마을만들기 기본계획 목차

구분		주요 내용
현황과 특성	일반현황	위치, 행정구역, 기후, 지리지형, 녹지율
	물리적 현황	토지이용 현황, 주택유형, 도로 및 교통, 주요 공공시설
	사회·경제적 현황	인구, 풀뿌리 단체, 직능단체, 주민모임, 산업·경제, 보육 및 교육, 복지, 역사·문화 및 관광
	제도적 현황	서울시 관련 계획, 성북구 관련 계획
현황과 과제		각 동별 마을현황 및 자원
수요와 과제		설문조사, 포커스 그룹 인터뷰 조사
비전과 목표	개념과 철학	마을만들기 정의, 개념, 철학
	비전과 목표	성북구 비전과 목표, 성북구 마을만들기 비전과 목표
마을만들기 기본계획	기본계획 개요	필요성과 목적
	유형별 추진방안	• 마을만들기 유형 • 노후단독주택 밀집지역 추진방안 • 다가구·다세대주택 밀집지역 추진방안 • 공동주택 밀집지역 추진방안 • 임대주택 밀집지역 추진방안 • 성곽 등 역사문화자산 주변 지역 추진방안 • 산과 하천 주변 지역 추진방안 • 한옥밀집지역 추진방안 • 개발사업지역 추진방안
	분야별 추진방안	• 물리적 환경 개선방안 • 경제적 여건 개선방안 • 사회적 여건 개선방안 • 주민참여 및 역량강화 방안 • 마을공동체 활성화 방안 • 네트워크 구성 및 운영방안

함께 만드는 마을, 함께 누리는 삶

	단계별 추진방안	• 단계별 주요 과제 • 단계별 추진전략
마을만들기 추진체계 및 지원제도 개선방안	추진체계 개선방안	• 마을만들기 추진체계 현황 • 다른 지자체 마을만들기 추진체계 현황 • 마을만들기 추진체계 개선방안
	지원조례 개선방안	• 마을만들기 지원조례 현황 • 다른 지자체 마을만들기 지원조례 현황 • 마을만들기 지원조례 개선방안
	공모사업 개선방안	• 마을만들기 공모사업 현황 • 다른 지자체 마을만들기 공모사업 현황 • 마을만들기 공모사업 평가 • 마을만들기 공모사업 개선방안
	주민역량 강화사업 개선방안	• 주민역량강화사업 현황 • 다른 지자체 마을만들기 주민역량강화사업 현황 • 마을만들기 주민역량강화사업 평가 • 마을만들기 주민역량강화사업 개선방안

마을만들기 기본계획안

분 야 별	과 제 명	과 업 내 용
지역자원 조사분야	지역현황 및 자원조사	• 일반현황 • 사회·경제 현황 　- 연령별, 계층별, 성별, 취약계층 등의 분포현황 • 기존 마을만들기 관련 주민조직 및 활동, 지원체 　계 현황 　- 주민자치위원회, 새마을부녀회, 자치방범대, 　　자원봉사단체, 마을도서관, 아파트입주자대표 　　회, 아파트부녀회 등 • 마을현황조사 　- 동/기초생활권 단위 현황조사 　- 물리적, 사회경제적 현황조사 • 마을만들기 관련 수요조사 　- 권역별, 유형별 마을만들기 수요분석

지역자원 조사분야	지역현황 및 자원조사	- 연령별, 계층별, 성별, 취약계층 등의 마을만들기 수요분석 • 마을만들기 지역자원/잠재자원 조사 - 무형자원/유형자원 - 풀뿌리단체, 사회적기업, 마을기업, 협동조합, 중소기업, 직능조직, 전문가 등
	종합분석	• 유형별, 권역별 구분 및 특징 분석 • 주체별, 그룹별 특징 및 주민역량 분석 • 마을만들기 관련 수요 분석사 • 지역자원/잠재자원 분석 • 종합분석
마을 만들기 기본계획 분야	마을만들기 비전 및 목표설정	• 마을만들기 개념정의 • 마을만들기 정책의 비전·목표
	기본방향 및 실천전략	• 마을만들기 중·장기 구상 및 기본방향 수립 • 추진전략 수립(유형별, 권역별, 단계별)
	마을만들기 기본계획 수립	• 유형별, 권역별 프로그램 및 단계별 추진방법 제시 (단독주택단지, 공동주택, 상가, 재래시장 등) • 주체별, 그룹별 마을만들기 참여방안 • 주민역량 강화(주민교육, 리더 육성 등) 방안 • 기존 마을만들기 관련 사업의 통합적 활용방안 • 사회적기업, 마을기업, 협동조합 등 연계방안 • 민-민, 민-관 네트워크 활성화 방안 • 마을만들기 종합지원센터의 역할과 운영방안
	추진체계 및 역할분담	• 추진체계 및 지원체계 • 주체별 역할분담 방안
	제도개선 방안	• 조례 등 관련 제도 개선방안

마을의 비전 설정과 실천전략 수립과정은 마을만들기 계획의 기본구상에 해당되며 전 단계(조사 및 분석 단계)에서 조사된 마을 여건과 현황을 종합하여 마을이 지향하는 사업방향과 주요 테마를 도출하는 과정이다. 마

마을만들기 기본계획 수립은 마을만들기 비전 및 목표 설정(마을만들기 개념정의와 마을만들기
정책의 비전과 목표), 마을만들기 중·장기 구상 및 기본방향, 유형별·권역별·단계별 실천전
략을 갖추어야 한다.

을의 여건을 강점, 약점, 기회, 위협요인으로 구분하여 대안을 찾고 주민
이 바라는 비전과 발전방향을 설정한다. 세부 실행계획수립단계는 사업의
실질적 추진을 위한 조직을 짜고 운영방안을 마련하는 과정으로 비전과
테마, 실천전략에서 정해진 주요 내용을 누가, 언제, 어떻게, 누구와 함께
이행할 것인지 정하는 과정으로 계획에서 가장 세부적인 단계이다.

마을 기본계획이 수립되면 계획을 이행하는 과정을 거친다. 사업실천과
평가단계는 마을에 새로운 자원이 투입되는 동시에 마을이 가진 기존의
자원과 결합하여 새로운 주민의식, 어메니티(amenity), 마을경제 등 마을의
사회적 자본이 형성되는 과정이라는 점에서 의의가 있다. 사업평가는 마
을만들기 사업의 성과목표 달성, 주민참여, 예산집행, 주민 만족도 등에
대해 종합적으로 평가하여 개선방법 및 대안을 찾는 과정이다(이창언·김
광남, 2015: 263).

7장

마을학습,
요람에서 무덤까지

1. 마을교육의 현실

지방자치단체의 평생학습관, 여성회관, 주민자치센터, 사회복지관, 사회단체 등에서 교수자 중심의 강의법으로 마을을 소재로 한 마을교육을 진행하고 있다. 각 기관은 주어진 예산을 사용해야 하는 수고를 감수해야 하며, 교육생은 주어진 매뉴얼에 수단으로 동원되는 경우가 허다하다. 마을교육을 주최하는 주최자는 주민을 동원해야 하는 수고를 해야 하며 동원된 주민은 영혼 없이 강의를 듣는 경우가 허다하다. 그리고 강사는 그저 그런 일반적인 이야기를 주저리주저리 떠들어 대며 시간을 보내는 것이 현실이다. 잘 기획되고 준비되지 않은 경우 이러한 상황으로 빠질 가능성이 매우 높다. 심지어 이런 경우도 있었다.

모 지방자치단체의 주민자치센터에서 강의요청이 왔다. 주제는 강사가 알아서 하라는 주문이다. 주최자는 해당 지역의 마을에 대한 미션과 목표가 부재한 상황이다. 시간에 맞추어 갔다. 도착하기 전까지 "잘 오느냐", "장소는 알고 계시냐" 등의 일반적인 업무 연락이 없다. 시작 5분 전에 강의장소에 도착했다. 주민자치위원장이 소개를 한다. 강사 이력을 미리 보냈음에도 불구하고 숙지를 못한 듯하다. 강의는 이렇게 시작되었다. 강의 도중에 있어야 할 주민자치위원장은 바쁘다는 핑계로 자리를 비웠고 기관의 담당간사만 혼자 남았다. 그런데 다른 마을교육보다 유난히 교육생이 많았다. 나는 영국의 토트네스를 사례로 설명을 하고 그곳의 영상을 보여 주고 이야기를 이끌어 갈 계획이었다. 영상을 보고 난 후 이야기를 이끌어 가려고 하자 "우리는 그렇게 할 수가 없어요"라는 볼멘 소리가 나온다. "아니 이건 뭐지…." 그렇게 이야기한 이유가 있었다. 교육에 참여한 분들은 공공근로하는 어르신들이었다. 마을교육 시간에 참여하면 공공근로 시간을 채워 주는 것으로 이야기가 된 듯하다. 그날의 강의는 그렇게 마무리되었다. 그리고 그다음 주에도 같은 일이 반복되었다.

이런 경우도 있었다. 도농복합도시의 한 시골마을에서 강의요청이 왔다. 교육주관은 평생학습관이다. 주관자는 마을에 대하여 소개하고, 몇 명 정도 참석에 어떤 분들이 참석하는지를 자세하게 설명해 준다. 고령의 마을 어르신들이다. 주관기관의 직원과 함께 마을로 향했다. 마을 어르신이라고 해서 걱정했는데 소심한 나의 기우에 불과했다. 동네 어르신은 이미 마을만들기와는 상관없이 마을에 대한 애착을 가지고 이런저런 고민을 하고 있는 상황이었다. 마을자원이 이야기 주제인데 자연스럽게 이야기를 풀어 갔다. 계획에도 없던 마을지명 이야기부터 마을 어르신의 삶 그리고 마을 곳곳에 숨어 있는 자원을 탐방하면서 마을에 대한 깊이를 더해 갔고 어르신이 차려 낸 아주 맛있는 김치찌개로 아름답게 마무리했다.

두 가지 사례로 주관자와 참여자의 열정이 교수자 중심의 강의법에서 중요하다는 것을 알 수 있다. 이렇듯 마을교육은 대부분 교수자 중심의 교육으로 일관하고 있는 것이 현실이다. 그러다 보니 주최자는 미션과 목표 수행보다는 리더의 역할이 강조되며 그 역할이 미흡할 경우 관리되지 않는 교육자원이 동원될 가능성이 매우 높다. 이러한 경향이 지금 우리 사회가 직면해 있는 마을만들기 교육의 현주소라고 할 수 있다.

최근에는 마을공동체 관련 중간지원조직이 등장하면서 마을교육을 체계적으로 관리·운영하고 있다. 그러나 각 기관과 마을 차원에서 공동으로 기획하거나 논의하는 경우는 거의 없는 것 또한 현실이다. 그럼에도 마을공동체 중간지원조직은 마을을 소재로 마을교육을 진행하고 있으므로 전문성에 기반하여 마을교육을 진행하고 있다는 것을 전제로 두고자 한다.

2. 마을공동체 중간지원기구의 마을교육

마을교육을 심화시키다

현재 마을공동체 중간지원기구의 핵심 마을교육 프로그램은 주로 심화교육에 집중하고 있다. 마을공동체에 대한 입문교육 수료 이후 고조된 마을에 대한 관심과 이해 증진을 위해 보다 체계적으로 관리하기 위해 핵심 마을교육 프로그램을 심화교육에 집중하는 경향이 보이고 있다. 교육과 학습을 병행하여 프로그램을 운영하며, 사업 중심으로 진행되는 지역은 사업을 통하여 주민 스스로 내생적 발전양식을 도모하기 위한 차원에서 마련된 마을교육 프로그램을 운영하고 있다.

도시는 양성교육 중심으로 마을교육과정을 운영하는 반면, 농촌지역은 보다 적극적인 방법으로 주민을 찾아가고 기획하고 동기를 부여하면서 마을사업을 유도하는 특징을 보이고 있다. 이와 같은 특징은 수혜자 중심의 교육체계에서 주민주체 중심으로 교육주체를 세우기 위한 노력이라고 할 수 있으며, 특히 고령화라는 사회문제가 농촌지역에 집중되면서 나타난 유연적 교육접근 방법이라고 할 수 있다.

도시는 촉진, 양성, 인문 등의 용어를 교과과정에 사용하는 반면, 농촌지역은 동기화, 커뮤니티 비즈니스, 추진주체 역량강화 등 보다 적극적인 용어로 마을교과과정 프로그램을 구성하고 있다.

핵심 마을교육 프로그램 현황(2014)

구분		주요 핵심 교육 프로그램	회차 (년)	회당 회차	접수 인원	참가 인원	이수 인원
광역시	서울	우리마을 촉진교육	13회	1박 2일	25	20	20
	부산	마을활동가 양성교육	56회	1일	50	30	25
	인천	주민자치인문대학	2회	5강 주 1회	40	35	35
	대전	소셜어벤저스(분야별 전문교육 프로그램)	5회	2일	40	25	25
광역자 치단체	전라북도	추진주체 역량강화	4회	1일	20	20	15
기초자치 단체(시)	경기 수원시	마을전문가 양성교육	2회	6~8일	25	20	15
	경기 안산시	주민대학 기본과정	10회	5일	30	20	15
	강원 강릉시	찾아가는 마을교육- 동기화 과정	20회	1일	30	28	25
	전북 정읍시 고창군	지역 코디네이터	5차	4일이내	18	18	16
기초자치 단체(군)	전북 완주군	마을CB통합교육	1회	1일	50	50	50
	전북 진안군	으뜸마을 가꾸기	6회	1일		30	
기초자치 단체(구)	서울 도봉구	마을일꾼 리더과정	6회	4일	20	20	20
	서울 성북구	찾아가는 마을학교	8회	1~6일	167	144	144
	광주 광산구	광산마을학교	2회	4일	50	35	35

집중된 교수자 중심의 강의법

마을공동체 중간지원기구의 마을교육 핵심 프로그램은 마을공동체의 기본적 이해를 돕기 위한 주민자치 인문학, 주민대학 기본과정을 비롯하여 촉진과 양성, 추진주체 역량강화, 동기부여, 리더 양성 등을 주요 내용으로 하면서 대부분 심화교육에 집중하는 경향을 보이고 있다.

핵심 마을교육 프로그램은 주민모임과 마을 단위의 활동성 강화를 위한 프로그램에 집중하거나 마을사업 수행을 위한 실무적 이해를 돕거나 마을에 주어진 문제를 스스로 해결할 수 있는 방안 등을 주로 교육내용으로 정하고 있다. 이러한 특징은 도시든 농촌이든 도시의 재개발지역이든 공간적 특성에 상관없이 나타나는 여타의 문제를 주민 스스로 문제를 진단하고 해결할 수 있는 방안을 도모하기 위한 프로그램으로 마련되어 있다. 교육과정에 대한 참여도를 높이기 위하여 교육인증을 발급하거나 교육 컨설팅이 마을공동체 형성과 연결되도록 다양한 방법을 마련하고 있다. 핵심 교육 프로그램의 교과운영 방식은 다양한 학습방법론을 활용하고 있다. 기본적으로 전문가 중심의 강의법으로 마을공동체에 대한 기본적인 이해를 도모하는 한편 집단중심의 교육방법이 동원되기도 한다.

강의방식의 교육은 일종의 자기주도학습을 계약방식으로 운영하는 것을 의미한다. 교수자와 마을교육 학습자가 마을공동체 중간지원기구를 통하여 학습계약에 의해 마을교육 강좌를 운영·유지하는 방식을 일반적으로 취하고 있다. 그러나 이 교육방법은 마을교육에 참여한 교육자 스스로 주어진 미션을 수행해야 하는 책임감이 있으므로 교수자 중심의 강의법은 분명한 한계를 지닌다. 이를 보완하기 위한 방법으로 마을공동체 중간지원기구는 집단중심의 교육방법을 전략적으로 택하고 있다.

집단중심의 교육방법은 소집단 형식의 전문가가 참여하는 워크숍과 전문가 지도에 의한 집단 토론과 토의 등을 적용하고 있다. 전문가 지도에 의한 집단토의는 훈련된 전문지도자의 지도하에 마을교육에 참여한 사람들이 마을에 대한 공동의 관심에 대하여 대화를 나누면서 다양한 생각과 경험을 공유할 수 있는 기회를 최대화시키는 교육방법론을 운영하고 있다. 중간지원기구에서 핵심 프로그램으로 운영하는 집단토론은 마을교육 참여자가 마을에 대한 문제의식을 가지도록 도모하고, 그 과정에서 교육 참여자의 학습동기를 유발하며, 마을의 공동 관심사에 대하여 학습환경을 이끌어 내는 특징을 마을교육에 적용한 것이다. 따라서 마을의 공동관심사 도출, 마을인재 양성, 마을의제 등을 발굴하는 수단으로 적용할 수 있는 교육기법을 마을교육에 적용시킨 것이라고 할 수 있다.

마을공동체 중간지원기구는 체험적 교육방법의 일환으로 선진지 답사, 즉 견학과 실습체험을 교과방법으로 운영하고 있다. 마을공동체에 대한 이해를 돕기 위하여 일정한 장소를 방문하여 새로운 학습분위기와 학습대상에 대한 관찰을 통하여 보고, 느끼고, 듣는 경험을 터득시키는 선진지(先進地) 답사, 즉 견학에 의한 마을교육 학습방법을 운영하고 있다. 그 외에도 마을교육 학습자가 마을의제를 생산적이고 보다 체계적으로 도출할 수 있도록 하기 위해 반복적인 학습방법인 실습체험도 운영하고 있다. 강의법이라는 언어적 설명에서 마을의제에 대한 구체적인 사안을 직접 제시하거나 경험을 통하여 마을교육의 질을 높이고자 하는 방법으로 실습체험 교과과정을 선택하고 있다고 볼 수 있다.

핵심 마을교육 프로그램 세부현황(2014)

구분		주요 핵심 교육 프로그램	진행방식	세부목표	마을교육이 필요한 이유
광역시	서울	우리마을 촉진교육	• 마을사업지기 대상교육 • 주민모임 방법 • 자치구 중점 지원주의	• 주민모임 촉진 • 마을공동체 이해	• 주민모임 진행방법 증진 • 경험의 공유 • 마을활동가 성장
	부산	마을활동가 양성교육	• 모집형 교육 • 기초심화단계 교육인증시스템 적용	• 신진 마을활동가 양성 및 기존 마을활동가 • 전문지식 보완 • 인증시스템을 통한 마을활동가 체계적 관리	• 마을활동가의 체계적 관리 • 활동가가 가져야 할 최소한의 기본지식 함양 • 마을만들기 사업 홍보

광역시	인천	주민자치 인문대학	• 강의, 질의응답, 현장답사, 워크숍 혼용	• 주민자치·자치 역량에 의한 마을만들기 • 마을공동체 만들기 활성화를 위한 주민주체 발굴 육성	• 주민자치와 인문학을 토대로 마을공동체의 가치와 철학을 학습 • 주민모임 형성과 마을공동체 이해에 필요 • 주민의식 변화가 곧 마을의 변화로 이어짐
	대전	소셜어벤저스(분야별 전문교육 프로그램)	• 워크숍 방식의 참여형 교육 • 강의 • 실습·체험교육	• 공동체 활성화 • 성숙한 시민의식 고취	• 문제해결 능력 배양
광역 자치 단체	전라 북도	추진주체 역량강화	• 전문가 초청 이론교육 • 전문가 자문 간담회 • 이론 및 작성 실습	• 추진주체의 역할과 책임성 강조 • 사업장 실무역량 강화 • 추진주체 역할 분담 • 주민참여 확대	• 추진주체의 책임성 및 실무능력 부족
기초 자치 단체 (시)	경기 수원시	마을전문가 양성교육	• 이론강의 및 토론, 실습	• 전문성 강화 • 교육생 간 지속적 교류 • 상호 성장	• 주민 네트워크 고민 • 교육수료에서 향후 공동활동 가능성 모색
	경기 안산시	주민대학 기본과정	• 마을별 맞춤형 설계	• 마을구성원 도움 증진	• 선이수교육을 통하여 마을에 대한 이해 증진
	강원 강릉시	찾아가는 마을교육 - 동기화 과정	• 강론, 토론 • 워크숍 • 마을리더와 상의 후 교육 설계	• 공감대 확산 • 소통과 토론의 활성화	• 공감대 확산 • 소통과 토론의 활성화

		• 문제해결형 교육		• 자원분석, 문제점, 주민이 생각하는 발전대안 스스로 기획
	전북 정읍시 고창군	지역 코디네이터	• 지역 코디네이터 협의회 구축을 통해 과정별 추진 • 각각의 과정이 서로 상관관계를 이루어 순차적으로 진행	• 연계교육과 실행을 통해 참여자가 주체가 되도록 노력 • 4차 교육(퍼실리테이터 양성교육, 코디네이터 워크숍, 코디네이터 하계연수회, 코디네이터 활동 간담회)	• 거주자 중심의 코디네이터 필요 • 호혜적 공동체 형성 • 협의회로서의 자립적 지역 마련
기초 자치 단체 (군)	전북 완주군	마을CB 통합교육	• 필수교육 • 운영실무교육 • 선진지 답사	• 완주군 정책 및 공동체 사업에 대한 이해 • 건축, 회계, 홍보 • 선진지 답사	• 자기사업의 준비 및 창업공동체 사업의 이해와 교류 증진
	전북 진안군	으뜸마을 가꾸기	• 마을에 찾아가는 교육 컨설팅 • 마을특성별 차별 교육 컨설팅 • 마을주민 토론 중심 교육	• 마을만들기와 공동체사업 발전방향 수립 • 마을자원 조사 및 분석 • 사업추진 컨설팅 • 주민교육 및 리더통합교육	• 사업추진 역량 함양으로 공동사업 운영 준비 • 마을만들기 실천 및 향후방향의 전개 • 역량강화 마을의 공동체성 함양과 지속가능한 마을만들기
	서울 도봉구	마을일꾼 리더과정	• 4강의 교과과정 • 마을이해 사례 • 마을현장 방문 • 관계망 형성	• 사업선정 주민을 대상으로 한 맞춤형 교육기회 제공	• 심층적 이해 및 공감대 형성 • 주민주도력 향상 • 마을활동가 발굴

함께 만드는 마을, 함께 누리는 삶

기초 자치 단체 (구)			• 회계 정산	• 유경험자: 소통 기술, 자원찾기, 분야별 사례 • 유경험자: 이해 사례, 관계형성, 마을현장 탐방, 회계교육	• 지속가능한 마 을리더 양성
	서울 성북구	찾아가는 마을학교	• 토론식 강의 • 집단토의 • 자기주도학습	• 주민 스스로 해 결과정 필요 • 마을공동체 활 동에 대한 이해 증진 및 확산을 위한 교육 필요	• 재개발에 대응 한 물리적·사 회적 경제의 환 경 조성 필요 • 마을만들기 활동 의 연결을 위해 주민주체 형성
	광주 광산구	광산마을 학교	• 이론강의 • 워크숍 • 현장탐방 • 사업계획 발 표 및 컨설팅	• 공모사업 중심 이어서 마을교 육으로 이해도 증진	• 마을만들기 이 해 증진

성장 프로세스를 발굴하다

서울시의 경우 마을교육을 하는 목적은 마을공동체 지원사업을 통해서 접수된 주민의 성장을 지원하고, 주민을 현장에서 지원하는 자치구 마을지원활동가 역량을 강화시키며, 광역지원센터와 자치구지원센터 역할 및 지원체계를 구축하는 것을 교육목적으로 하고 있다. 이를 위해 서울시는 마을사업지기 성장교육과 마을지원활동가 역량강화 교육에 집중하고 있다. 서울시는 일반주민을 대상으로 한 입문과정, 마을사업지기를 대상으로 한 기초과정, 마을사업지기 및 자생단 실무자를 대상으로 한 발전과정, 그리고 마을상담원, 마을강사 육성, 마을연구자를 대상으로 한 심화과정으로 세분화하여 마을교육을 진행하고 있다. 이렇게 세분화된 과정을 통하여 마을활동가 인력풀 구축, 교육정보 제공, 마을만들기 활동가 양성, 교육 콘텐츠 개발·보급 및 교육 네트워크를 형성하면서 마을공동체교육 생태계를 구축해 나가고 있다.

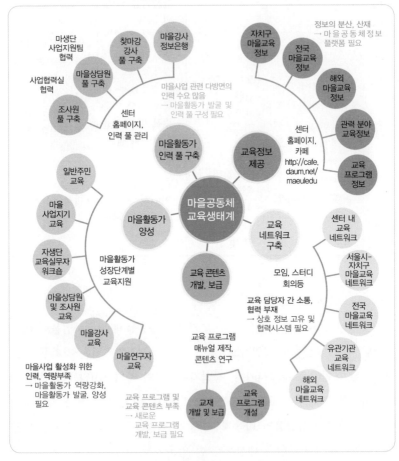

서울시 마을공동체교육생태계 구축 구상도

마을활동가 성장 프로세스

서울시 마을교육 연도별 사업방향

구분	2012		2013		2014		2015		추진 주체
세부교육	주민	찾아가는 마을공동체 강좌	주민	찾아가는 마을공동체 강좌	주민	찾아가는 마을공동체 강좌	주민	찾아가는 마을공동체 강좌	자치구
	사업지기	퍼실리테이터교육	사업지기	촉진교육	사업지기	촉진교육	사업지기	촉진교육	자치구
		자라남학교		자라남학교		주제별 교육		주제별 교육	센터
				강사교육		강사교육		강사교육	
				연구자 글쓰기 교육		연구자 글쓰기 교육		연구자 글쓰기 교육	

		지원활동가	마을지원활동가 역량강화 교육	지원활동가	마을지원활동가 역량강화 교육	센터
					지원활동가 국내외 사례탐방	
					교육기획 워크숍	
유관기관	복지일꾼 교육					

서울시 마을사업지기 촉진교육

일자	시간	세부 프로그램	비고/논의내용
첫째 날	30분	• 등록 • 오리엔테이션 – 프로그램 및 스태프 소개 – 환영인사	
	2시간	• 아이스브레이킹	자기소개, 인사, 팀플레이, 놀기 등
	1시간	점심식사	
	2시간	• 이그나이트 발표 – 마을, 그리고 나	5명 10~15분 발표, 40~50분 열린 질의응답
	1시간	• 스킬 워크숍 – 의사소통, 의사결정 기술	블록, 픽셔너리(자기 묘사글 보고 상호 얼굴 그림 그리기) 등
	1시간	• 소셜픽션	아파트 공동체 사례를 중심으로
	1시간	저녁식사	
	2시간	• 리빙 라이브러리	참가자들의 리빙 라이브러리, 자신의 책 목차 짜고 이야기하기

함께 만드는 마을, 함께 누리는 삶

	1시간		아침식사			
둘째 날	1시간		• 월드카페			
	2시간		• 아침 산책, 돌아가며 시 짓고 낭송하기			
	30분		• 소감 나눔(평가) 및 수료식			
	1시간		점심식사			

서울시 마을강사교육(기초)

구분	일정	시간	주제	세부 내용	방법	비고
마을 공동체의 이해	9.30	10:00 ~ 12:30	1. 역사적 배경	• 시민운동과 마을 활동의 배경	강의, 분임 토의	〈토의〉 마을공동체 개념과 방향
		13:30 ~ 16:00	2. 주민주도 마을만들기란 무엇이며, 어떻게 다른가?	• 주민주도형 마을 만들기와 타 마을 사업과의 비교 • 거버넌스 • 활동가 주민되기	강의, 분임 토의	〈토의〉 마을공동체 사업의 차이점과 지향점
		16:00 ~ 18:00	3. 기본계획과 전략 4. 공모사업의 이해	• 센터 기본계획 • 2014년 센터 방향 • 공모사업 개괄 (특징, 핵심사항)	강의, 질의 응답 및 토론	
			과제: 나의 언어로 마을공동체의 의미와 개념 정리하기			
교수법, 사례발굴		10:00 ~ 13:00	교수법	• 강의기획 • 강의계획서 작성 • 강의 기법	강의, 토론	
		14:00~ 15:50	교수법 활용	• 자기소개하기 – 이그나이트 발표	발표	
		16:00~ 17:00	사례 학습	• 마을사례 강의	강의	

				대상별, 주제별 4~5개 사례 발굴(공모 사업 선정지 및 자생적 마을 대상)	토론	
	10.8 ~ 17	-	조별 사례탐방	• 사례탐방 • 조별 토론 • 사례 스터디	공동 작업 (인터뷰, 사례 탐방), 발표	
교안 개발	10.18 ~ 19	1박2일	공통교안 만들기	• 사례조사 발표	공동 작업	
				• 공통교안 조별 스터디(자료 모으기)		
				• 조별 공통교안 제작하기 시강 및 피드백하기		
				• 대상별 강의안 제작		
				• 조별, 개인별 강의안 스터디		
	10.24~ 25	13:00~ 18:00	분야별 교육 시강 및 상호 피드백 (대상: 교육생, 센터, 청년활동가)			
	10.28	13:00~ 16:00	강의 피드백	• 시강 후 피드백 내용 분임토의	토론	
		16:00~ 17:00	수료식			

서울시 마을강사교육(의제발굴)

구분	시간	프로그램	강사	비고
11.26	09:00~10:00	갈등관리와 해결 강의	○○○	
	10:00~13:00	갈등분석 워크숍		
	13:00~14:00	점심식사		
	14:00~15:00	의제발굴과 지역자원조사 소개	○○○	
	15:00~16:30	의제발굴 워크숍 실습		
	16:30~18:00	발굴된 의제 구체화하기 실습		
	18:00~19:00	• 적용하기 • 방법 정리하기	센터	
12.6	10:30~11:00	의제발굴 교육방식소개	센터	사전과제 1. 자신이 마을에서 진행해 본 의제발굴 방식 공유 2. 주민교육에 적절한 의제발굴 방식 1~2개 만들어 오기
	11:00~13:00	• 의제발굴 방식 공유하기 • 간단하게 실습해 보기 • 의제발굴 기법 정리하기		
	13:00~14:00	점심식사		
	14:00~16:00	서비스디자인의 이해	○○○	
	16:00~17:30	서비스디자인으로 마을의제 찾기		
	17:30~19:00	의제 구체화하기		
	19:00~20:00	저녁식사		
	20:00~22:00	• 의제발굴 내용 소감나누기 • 내가 진행한다면 어떻게 할 것인가? • 어떤 내용을 취할 것인가?	센터	

	09:00~11:00	마을계획 세워 보기(소셜픽션)	강사	
	11:00~13:00			
12.7	13:00~14:00	점심식사		
	14:00~16:00	• 배운 내용 소감 나누기 • 적용하기 • 내용 정리하기	센터	

서울시 마을공동체 주제별교육

주제	시간	세부내용
미디어 실무	10:00~ 12:00	8월 12일: 미디어와 마을공동체 8월 13일: 일상에서 실천가능한 미디어 활동 • 일상적인 마을활동에서 하고 있었고, 할 수 있는 미디어활동에 대한 이해와 마을공동체에서 마을미디어 활동이 가지는 의미를 이해하기 • 자신의 활동 혹은 함께하는 모임의 활동내용을 홍보하거나 활동 중에 있었던 에피소드를 영상으로 만들어 보기
공동 육아	10:00~ 13:00	8월 27일: 공동육아! 그것이 궁금하다 8월 28일: 1, 2년차 공동육아 사례 나눔 9월 3일: 3년차 공동육아 사례 나눔 9월 4일: 공동육아 지원사업 계획 세우기 • 공동육아에 관심이 있고, 계획하고 있는 마을사업지기들이 공동육아의 개념, 사례, 발전 방향 등을 함께 나누는 과정 • 이를 통해 공동육아의 가치를 인지하고, 실제 계획을 수립해 봄으로서 향후 방향과 계획을 구체적으로 정립하기
놀이	10:00~ 13:00	9월 16일: 아이와 놀이, 그리고 마을 9월 17일: 놀이모임 사례 나눔 9월 23일: 놀이모임 사례 나눔 9월 24일: 우리동네 안전한 놀이터 만들기 • 마을에서의 놀이에 관심 있거나 아이들과 '놀이'를 함께하고 있는 마을사업지기들이 대상

252

함께 만드는 마을, 함께 누리는 삶

		• 놀이의 의미와 마을활동에서 놀이의 역할, 놀이 사례 등을 함께 나누는 과정을 통해 '마을놀이'의 방향을 모색하기
골목 축제	10:00~ 13:00	10월 2일: 골목축제 기획하기 10월 9일: 축제지 탐방하기 10월 16일: 해 볼 수 있는 골목축제 계획하기
		• 마을 안에서 해 볼 수 있는 골목 단위의 축제에 대해 알아보고 골목축제가 가지는 의미와 마을공동체에서의 축제의 의미에 대해서 이해해 보기 • 축제지 탐방과 자기 마을에서 해 볼 수 있을 만한 축제에 대해 계획 짜 보기
커뮤 니티 공간	10:00~ 13:00	10월 21일: 커뮤니티 공간의 운영원리 및 지향점 10월 22일: 복합형 공간 탐방 10월 28일: 작은 도서관 공간 탐방 10월 29일: 카페형 공간 탐방
		• 마을활동을 하면서 필요를 느끼는 공간에 대해 공간을 운영하기 위한 운영원리 및 공간의 지향점에 대해서 이해하기 • 유형별 공간을 탐방하여 어떻게 운영이 되어지고 있는지 알아보고 자기의 마을에서 필요한 공간유형과 운영방법에 대해서 고민하고 토론해 보기
마을 경제	10:00~ 13:00	11월 4일: 마을경제 속의 마을기업과 협동조합 11월 5일: 마을기업 탐방 11월 11일: 마을기업 탐방 11월 12일: 마을소비자 교육
		• 마을경제가 무엇인지 알아보고 이해하며, 마을공동체 사업의 발전방향과 비전을 마을기업과 협동조합의 사례에서 찾아보기 • 마을기업과 협동조합으로의 설립 및 운영방향에 대해 사례지 탐방과 마을경제의 주체인 마을소비자에 대해 알아보고 이해하기

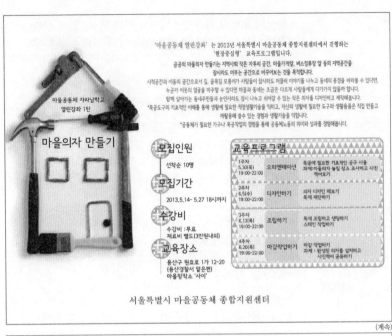

(계속)

함께 만드는 마을, 함께 누리는 삶

서울시 마을공동체 열린강좌 자료 모음

3. 마을교육에서 마을학습으로

마을교육 패러다임의 전환

마을공동체 중간지원기구는 '마을교육'을 일상적인 단어로 사용한다. 그 이면에는 교수자 중심의 교육방법론을 지향하고 있다는 것을 의미한다. 교육은 제한된 공간에서 교수자 중심의 강의의 한계를 넘지 못한다. 그러나 최근에 마을공동체 또는 마을만들기는 지역사회에서 자원을 발굴하고 스스로 관리·운영하는 내생적 발전양식에 기초하고 있다는 점을 감안할 때 마을을 중심으로 한 마을구성원의 전 생애를 통한 학습과 제한된 공간을 벗어난 교육 패러다임의 전환이 요구된다. 전 생애에 걸쳐 진행되어야 할 마을교육은 전문가에 초점을 둔 교수개념에서 학습의 주체로 등장한 학습자, 즉 주민에게 초점을 둔 학습체계를 의미한다. 따라서 학습을 주체적으로 선택하고 생애 전반에 걸친 학습과정을 위한 전환이 필요하다. 전 생애와 전 사회의 교육활동을 통합하고 재구성하는 새로운 네트워크를 마을이라는 교육망으로 통합·운영하는 것이 필요하다. 즉 마을을 매개로 학습사회를 모색하는 것이다. 마을을 중심으로 한 학습사회는 더불어 사는 삶의 터인 마을에서 전 사회적·전 생애적 삶을 마을에서 실현하고 구현하는 학습체계를 구성하고 설계하는 것을 의미한다. 따라서 교수자와 학습자의 형식적인 만남도 중요하지만 학습환경과 학습자가 만나면서 현장감이 돋보이는 무형식 학습체계도 중요하게 인식해야 한다. 결국 마을교육은 교육의 중심축을 고정된 교육자 중심에서 다면성을 가진 학습자의 생활세계로 연결시키고, 그로부터 일상생활에서 일어나는 사회적 실천이 살아 움직일 수 있도록 학습모형이 발굴되어야 한다.

마을학습 패러다임의 변화

| 제한된 공간 중심의 교육
한정된 교육대상자 중심
교수자 중심 | → | 마을 중심으로 확장
전 생애·전 사회 중심
학습자 중심 |

교육과 학습의 차이

교육	구분	학습
학습의 과정을 효과적으로 진행되도록 관리, 지원, 촉진하는 일	학습과정	학습은 주체적으로 이루어지는 선택과정
경험과 성장을 목적으로 학습체계에 체계적으로 개입	학습변화	지각과 인지에 기초하여 행동, 생각, 감정, 경험 등을 변화시켜 가는 과정

제한된 공간으로 한정	학습범위	제한된 공간을 넘어 생애 전반에 걸친 학습
현재의 사회구조에 기반을 둠	가치지향	미래지향적 가치에 중심을 둠

공간에 대한 이해의 확장

현재 한국의 커뮤니티 곳곳에서 진행되고 있는 마을공동체는 기존의 토건 중심의 개발 패러다임을 지양하고 '사람, 삶, 터'의 관계를 사람 중심으로 회복시키는 발전양식이다. 그리고 물리적 환경개선 사업이 아니라 사람 중심, 마을 중심의 사업으로 다양한 자원의 활용, 관계망의 새로운 구축 등 자원발굴형 내생적 발전양식이기도 하다. 즉 마을공동체는 새로운 사회발전과 사회관계를 보여 주고 있는 것으로 보다 자율적이고 공동체적

공간에 대한 다양한 관점

구분	물리적 공간으로서의 지역	경제적 공간으로서의 지역	삶의 공간으로서의 지역	생태적 공간으로서의 지역
기본 입장	개발주의	시장주의	자치주의	생태주의
접근 방식	부동산 및 택지개발의 대상	효율과 경쟁적 우위 강조	생활세계와 삶의 터	생명 · 순환의 가치 강조
공간에 대한 이해	경제발전의 공간적 전략지	생산지적 이점이 강조된 경제거점 전략지	자율 · 자치 · 소통 · 나눔 · 호혜의 자치공동체	생태적 삶의 터
핵심 주체	제도권, 관료, 전문가	기업 (초국적기업)	거주민 (커뮤니티 구성원)	거주민, 자연환경
발전 수단	토건 중심의 대규모 국가계획과 개발	기업이익 창출 극대화, 요소투입형 외생적 발전전략	지역자원의 가치 발굴형 내생적 발전전략	자연과 땅의 주민으로서의 발전전략

출처: 김성균(2015).

관계를 도모한다는 점에서 사회적으로 큰 의미를 지닌다.

지역은 더 이상 토목과 토건을 매개로 한 개발의 대상이 아닌 것이 분명해졌다. 지역은 장소적 의미로, 장소는 물리적 대상물인 토지가 아니라 토지를 매개로 존재하는 '사람, 삶 그리고 터'로서의 가치가 더 중요하다. 이러한 관점은 개발주의, 시장주의, 국가주의에 의하여 작동되는 지역주의가 아닌 생태주의의 원리가 강조된다. 지역이 택지개발이나 초국적기업의 경제적 거점지 또는 생산지적 이점만 강조된 장소로 그 가치가 인정되어서는 안 된다. 특히 온난화와 석유정점(oil peak)이라는 지구적으로 처해 있는 현실 앞에 지역은 강화된 국가주의가 아닌 생태적인 지역주의 관점에서의 의미가 매우 중요하다.

생태적 지역주의 관점은 규모의 문제로부터 새로운 전환을 요구하며, 거대화 · 집중화 · 계층화 · 획일화가 아닌 소형화 · 분권화 · 분산화 · 다양화를 원한다. 그리고 관계형성에 있어서는 명령, 규율, 질서가 강조된 통치적 관계가 아닌 대면, 호혜, 자율, 자치가 강조된 협치적 관계를 지향한

공간에 대한 이해 정도와 접근방식

물리적 공간으로서의 지역	경제적 공간으로서의 지역	삶의 공간으로서의 지역	생태적 공간으로서의 지역

국가주의 및 시장주의	기본입장	지역주의 및 생태주의
거대화, 집중화, 계층화, 획일화	규모	소형화, 분권화, 분산화, 다양화
거버먼트(government) 통치적 관계	관계	거버넌스(governance) 협치적 관계
하향식 의사전달체계	의사소통	상향식 의사전달체계
요소투입형 외생적 지역발전 전략	지역전략	가치발굴형 내생적 지역발전 전략

출처: 김성균(2015).

함께 만드는 마을, 함께 누리는 삶

다. 그 과정에서 의사전달체계는 하향식 의사전달체계가 아닌 상향식 의사전달체계가 작동되어야 한다. 규모, 관계, 의사소통의 외형으로 나타난 문제가 발전전략이라면, 그 발전전략은 요소투입형 외생적 지역발전 전략이 아닌 가치발굴형 내생적 지역발전 전략으로 전환되어야 한다. 지역은 기존에 보편적으로 인식하고 있는 물리적 대상지, 경제적 대상지에서 나아가 삶의 가치와 생태적 가치의 구현이 가능하기 때문에 지역에 대한 재해석과 이해는 매우 중요하다.

자기주도성과 마을학습

우리나라의 마을공동체와 관련된 역사적 전개과정을 보면 권위주의 시대 정부주도형 풀뿌리 조직, 1987년 민주화 운동 이후 지방자치와 지역자치 활성화, 2000년 이후 마을운동 주체의 구조화 과정으로 설명할 수 있다 (김성균, 2014d).

권위주의 시대 정부주도형 풀뿌리 조직과정에서는 풀뿌리 보수세력 대 풀뿌리 민주세력, 국민재건운동과 새마을운동에 의한 정부주도형 관변단체의 제도화가 핵심 어젠다였으며, 1987년 민주화 운동 이후 지방자치와 지역자치 활성화 과정에서는 이래로부터의 지방자치, 생활자치, 살기 좋은 지역만들기, 지방의제, 참여예산제 등이 핵심 어젠다였다. 그리고 2000년 이후 마을운동과 새로운 마을운동 주체의 구조화 과정에서는 마을만들기, 지역공동체, 생활정치형 풀뿌리 자치세력 등이 핵심 어젠다였다. 마을공동체 운동은 최근에 풀뿌리 자치세력과 마을운동에 큰 의미를 두고 마을공동체 운동이 전개되고 있음을 알 수 있다. 앞서 논의한 바와 같이 마을공동체 운동은 안드라고지(andragogy) 지향적 학습자 중심의 학습체계를 구축하는 것이 중요하다는 것을 알 수 있다.

마을공동체 중간지원조직에서 활동하고 있는 실무자들이 모여 지난 2014년 5월에 '전국 마을만들기 네트워크 파티'에서 도출된 마을교육에 대한 논의결과는 현장경험 없이 단순하게 전달하는 전문가 교육보다는 다양한 마을의 상황을 이해하고 실행가능한 사업을 중심으로 이루어지는 전문가 교육의 필요성을 제기하였으며, 교육과정에서의 소통과 관계형성의 중요성 등이 제시된 바 있다. 이러한 문제 제기는 기존의 전문가 중심의 학습체계를 지양하고 학습자 중심의 자기주도성을 발휘하는 학습과정을 도출하는 것이 중요하다는 사실을 의미한다.

마을만들기 지원센터 실무자의 마을교육에 대한 주요 과제 및 대안

주요 과제	대안모색
• 여전히 계속되는 하향식 · 강의식 교육 • 도시와 농촌의 교육 분리 • 말하는 태도, 의제를 뽑는 기술 등 교육 스킬과 인력 부족 • 주체적인 참여주민의 부족 • 교육예산 부족과 집행체계의 불합리성 등	• 다른 지역의 교육방식 수집 · 공유 • 주민들이 원하는 교육을 사전조사하고 맞춤형 교육 진행 • 지역단체와의 연대 · 협력을 통한 지역특화교육 실행 • 역량을 가진 사람들에게는 차별화된 교육 실시 • 일련의 참여과정 역시 교육의 과정으로 치환 • 단계별로 통일된 교육 커리큘럼 마련 등

출처: 2014 마을실무자 네트워크 파티 내부자료집(2014. 5).

인간은 자신의 학습을 선택하고 조절하고 관리하는 능력을 지니고 있다. 그 능력을 향상시키기 위해서는 교육이 필요하다. 마을공동체 교육은 기본적으로 이러한 관점에서 접근해 볼 수 있다. 마을공동체 학습은 삶의 질 향상을 위해 마을공동체 구성원 간에 수평적 통합을 통한 학습사회를 건설함으로써 최대한의 자아실현과 커뮤니티 발전능력의 함양을 목적으로 하는 것이라고 할 수 있다.

결국 마을공동체 학습은 삶 속에서 자기주도적인 성장을 유발하는 의도적이고 체계적인 활동을 하는 가운데 마을공동체의 성립 조건을 만족시키는 실천과 제도에 관한 조직원리를 습득하는 것이라고 할 수 있다. 따라서 마을공동체 구성원들이 커뮤니티를 구성하는 학습사회를 지향을 하는 동시에, 개인의 학습권을 최대한 존중하고 그 개인이 모여 사회적 총량을 증가시키는 학습사회를 지향하고 있다.

학습사회를 위해서는 학습의 자기주도성이 중요하다. 자기주도성은 배움의 필요성을 느끼는 구성원이 주어진 환경에 접촉하면서 생존의 의미를 지속시켜 나가기 위한 학습행위라고 할 수 있다. 즉 구성원 서로 간의 관계 및 각자의 의식을 성장시켜 가면서 최상의 의사소통 방식을 창조해 가는 학습환경을 자기주도적으로 만들어 가는 학습행위이다.

자기주도적 학습과정을 통하여 마을공동체라는 환경을 경험 안에 내면화함으로써 우선적으로는 나와 관계 맺는 과정을 거치게 되며, 그다음에는 내가 선택한 마을공동체라는 환경에 관계를 맺게 되면서 보다 적극적으로 학습의 과정을 거치게 된다. 이러한 일련의 과정을 통해 마을공동체의 한 구성원으로서 자리매김을 하기 위한 사회화 과정에 적응하게 된다.

페다고지와 안드라고지의 비교

페다고지(pedagogy)	구분	안드라고지(andragogy)
교사주도학습	학습유형	자기주도학습
학습자를 의존적인 존재로 파악	학습자 성향	자기주도적이고자 하는 욕구
교사의 경험이 학습자의 경험보다 더 가치 있다고 가정	학습경험	학습자의 경험은 다른 전문가와 더불어 풍부한 자원이라고 가정
성숙수준이 동일한 학습자는 동일한 내용을 할 준비가 되어 있다고 가정	학습준비	각 개인은 다른 사람과 다소 다른 학습유형을 가지고 있다고 가정

	학습조직	
교과 중심적 성향, 학습경험은 내용의 단위에 따라 조직한다는 가정	학습조직	과업 중심적 또는 문제 중심적이므로 과업수행 또는 문제해결로 조직한다는 가정
외적인 보상과 처벌에 대한 두려움	학습동기	자기 스스로의 성취에 대한 갈망, 성장 같은 내적인 자극 지향

공간적 이해 정도에 따른 마을공동체 학습의 접근 정도

물리적 공간으로서의 지역	경제적 공간으로서의 지역	삶의 공간으로서의 지역	생태적 공간으로서의 지역

←──────────────────────────────────→

	입장	
일방주의/페다고지	입장	상호 호혜주의/안드라고지
교수자 중심의 교육	규모	주민 · 거주자 중심의 교육
교과과정 지향적	교과과정	과제 및 문제해결 지향적
하향식 교육	교과전달	상호 호혜적 학습
요소투입형 외생적 지역발전 전략	교과가치	가치발굴형 내생적 지역발전 전략

정리하면, 자기주도적으로 자신의 경험을 계속해서 성장시킬 수 있도록 마을공동체 구성원의 학습자 능력을 배양시키는 것이 자기주도적 마을공동체 학습이다. 교육보다는 학습이 더 강조되는 것이다. 자기주도적 학습은 교수자 중심의 페다고지가 아닌 학습자 중심의 학습인 안드라고지의 관점에서 이루어져야 한다. 학습자가 학습욕구를 진단하고, 목표를 설정하고, 학습자원을 찾아 선택하고, 학습전략을 세우고 결과를 평가하고, 학습 주도권은 마을공동체 구성원으로부터 시작된다는 것이 전제되어야 한다. 학습환경은 혁신형 학습환경 조성이 필요하다. 혁신형 학습환경은 의도되지 않았던 효과 또는 뜻밖의 효과에 대응하거나 대처할 수 있는 학습을 유도하고, 교육참여자의 학습권리와 통합적으로 연결된 참여의 권리가

보장되는 참여형 학습이 전제되어야 한다.

마을교육은 마을주민이 자기주도성을 가지고 표상화한 것을 구체화시키는 학습전략으로 학습자 스스로가 학습욕구를 진단하고 그다음에 목표를 설정한 후 학습자원을 찾아 필요한 것을 선택하는 체계가 필요하다. 결과에 대한 평가도 자기주도성을 가지고 평가가 진행되어야 한다.

마을학습과 교육의 실현

영국 토트네스는 트랜지션 타운으로 잘 알려진 곳이다. 이곳은 석유정점과 지구온난화에 대비하여 미래세대에 대한 배려 그리고 지속가능성을 정치·경제·사회·문화 등 일상생활 전 영역에서 진행하고 있다. 그 과정에서 학습이 매우 중요한 역할을 하게 된다고 보고 있으며 이들이 마련한 주민학습 교과과정은 기후변화와 석유정점에 대한 문제의식을 시작으로 하여 이를 해결하기 위한 철학적 접근방법론 그리고 각 영역별로 에너지, 건설, 쓰레기, 경제, 산림 영역에서 모색해야 할 가치와 방법론을 제안한다. 이 영역이 지향하는 가치는 순환과 호혜의 순환경제이다. 마지막으로는 나 자신의 변화로부터 시작하여 공동체가 함께 같이해야 함을 강조하고 있다.

이들의 마을공동체 교과과정은 자신이 정한 미션이 분명하다는 점, 미션을 실행하기 위해 생활영역에서 모색해야 할 실천방안을 구체화시켰다는 점, 그리고 공동체에 가치를 두고 함께 문제를 해결해 간다는 점에서 의미가 있다. 이들은 결국 이러한 방식을 통하여 '에너지 감축행동계획 2030'을 주민 스스로 도출해 냈다. 영국의 토트네스가 마을의 어젠다를 설정하고 구체적인 실행 프로그램을 구축하는 과정에서 안드라고지 지향적 관점을 가지고 적절하게 전문가를 활용하면서 마을공동체 학습과정을 이끌어 왔다는 사실은 향후 한국에서도 마을공동체 교육에 있어서 고려해야 할 사항이라고 본다.

- 1주_ 기후변화와 석유정점
- 2주_ 퍼머컬처의 원리: 트랜지션 접근을 위한 퍼머컬처의 원리 이해
- 3주_ 음식: 석유 의존적 식량공급 정책
- 4주_ 에너지: 에너지 효율 주택 및 정주체계
- 5주_ 건설: 그린(green)과 내추럴(natural)의 차이, 지역건설 재료의 잠재적 활용방안
- 6주_ 쓰레기, 물 그리고 화장실: 빗물, 오줌 수확, 물보호 등
- 7주_ 경제: 로컬머니, LETS, Timebanks, 토트네스 파운드
- 8주_ 나무와 산림지대: 산림나무, 도시 나무의 필요성, 산림공원 조성
- 9주_ 변화의 심리학: 우리는 왜 변화되어야 하는가? 변화는 어디에서 오는가?
- 10주_ 함께 끌어당기기: 학습과정에서의 트랜지션 타운 이행에 대한 논의

마을학습 교육방법론을 다양하게

마을교육에 적용할 수 있는 학습방법은 다양하다. 최근 우리나라는 다수의 의견을 모으기 위한 수단으로 원탁회의를 활용하는 경향이 강하다. 이렇듯 마을교육방법론은 강의 중심의 교수법 외에 집단과 대상, 상황에 따라 다양하게 적용할 수 있다. 마을교육 주최자가 교육방법을 선택하는 것은 효과적인 학습효과를 위해 매우 중요한 일이다. 일반적으로 교수자는 현장에서 교육을 실시하면서 자신에게 익숙한 방법을 선호하는 경향이 일반적이다. 따라서 교육방법은 교육의 목적과 목표, 과목이나 주제, 시설이나 장비의 사용가능성, 학습자의 특성과 학습유형 그리고 교수자의 경험과 교수법 등을 고려하여야 한다.

마을교육은 교육의 목적과 목표에 따라 교육방법이 다르게 나타난다. '마을에 대한 기본적 이해'를 인식시키는 것이 교육목표일 경우 교육방법은 교수법 중심의 강의가 효과적이다. 반면, 마을공동체를 이루기 위해 주

민 간의 공동체성을 회복하기 위한 것이 교육목표라면 소집단으로 구성된 토의방법이나 마을공동체 관련 내용을 다룬 다큐멘터리, 영화 등을 관람하면서 주민공동체를 위한 역할이 무엇이며 스스로 가져야 할 태도가 무엇인지를 다루는 것이 효과적이다. 이처럼 교육방법은 교육 목표나 목적에 따라 교육방법을 다르게 적용할 수 있으며, 같은 교육방법이라고 할지라도 교육과정이나 주제에 따라 그 효과가 다르게 나타난다.

마을교육은 교육과목이나 주제에 따라서도 달라진다. 즉 교육방법이 실제 교육에서 얻는 효과는 교육주제에 따라 다르게 나타난다. 실습을 통하여 학습효과를 얻는 교육이 있고, 학습자 간에 자유로운 의견개진과 교류를 통하여 학습효과가 나타나는 경우도 있다. 마을교육 가운데 하나인 보조금 사업의 회계정산에 대한 경우, 회계 혹은 재무관리 기법 등은 강의, 포럼 또는 세미나 등의 교육방법을 사용할 수 있다.

마을교육은 교육을 진행하는 과정에서 사용하는 시설이나 장비의 활용 여부에 따라 교육의 질이 달라진다. 가령 교수자는 간접적으로 체험할 수 있는 영상을 활용할 경우 관련 설비의 운영이 가능한지 확인하고 그렇지 않은 경우 다른 교육방법을 찾아야 한다. 동일 주제에 대해 교육방법을 소집단 토의로 전환할 경우 집단토의나 좌석배열이 가능한 공간을 사전에 확보해 놓는 지혜도 필요하다.

교수자 입장에서 마을교육을 진행하는 데 가장 난감한 것은 학습자의 연령, 교육 정도, 신체여건, 편중된 성비율 등이다. 연령대에 따라 학습자와 관련된 경험이 있을 것으로 판단되는 소재를 활용하여 경험을 활용한 협력학습이나 그룹토의 등을 진행하면 효과적이다. 학습자가 다른 사람과 관계형성이 원활할 경우에는 집단학습이나 소집단을 통한 학습방법론을 모색할 수 있으며, 학습자 간에 불편함이 있을 경우에는 청취 또는 교수자 중심의 강의법을 활용할 수 있다.

학습자의 학습 스타일이 마을교육에 중요한 변수가 되는 경우가 있다.

학습 스타일이 의존형인지 협력형인지 아니면 독립형인지를 판단하여 교육방법을 선택하여야 한다. 의존형 학습자는 교수자의 책임이 크다. 학습자가 수동적으로 교육에 참여하므로 참여관찰, 강의, 포럼, 패널토의 등이 효과적이다. 협력형은 교수자와 학습자 양자가 상호 책임성을 가지고 교육에 참여하는 특징을 지닌다. 교수자와 학습자의 상호 협력적 학습효과를 위해 세미나, 심포지엄, 논쟁 등의 교육방법을 적용할 수 있다. 독립형은 학습자가 학습목표를 스스로 달성하려고 하는 능동적 자세를 가지고 교육에 참여한다. 이러한 경우 학습자의 자기결정권이 매우 중요하므로 브레인스토밍, 문답법, 워크숍, 소집단 토의방법 등을 적용하면 효과적이다.

마을교육에 적용가능한 학습방법론

교수자 중심 마을교육 방법	강의법	
	시범(시연학습 방법)	
집단 중심 마을교육 방법	전체 집단 참여	브레인스토밍
		문답법
경험 중심 마을교육 방법	소집단 참여	버즈집단토의
		허들집단
		눈덩이토의
		콜로키움(colloquium)
		공동의장제 집단토의
	소집단 형식 전문가 참여	전문가 지도자에 의한 집단토의
		워크숍
		세미나
		면담
		패널토의 (배심토의)

		패널포럼 (패널 공개토론)
	소집단 형식 전문가 참여	심포지엄
		포럼
		논쟁
	역할극	
		모의실험 (시뮬레이션, 학습게임)
	체험적 교육방법	사례연구
경험 중심 마을교육 방법		실습
		게임
		현장견학
		청취와 관람
	개별체험적 교육방법	OJT(On-The-Job-Training)
		코칭
	개인학습 방법: 자기주도학습	독서법
		도제식 학습
		계약학습
		프로그램 학습법

교수자가 곧 교육의 질을 결정한다

마을교육에서 가장 보편적이고 일반적으로 적용하고 있는 교수자 중심의 강의법은 교수자의 다양한 경험과 이해가 매우 중요한 변수가 된다. 교수자가 집단학습이나 소집단 토의 등의 교육방법을 익숙하게 활용할 줄 아는 것은 매우 중요하다. 따라서 교수자의 유형은 마을교육의 선정에 지대한 영향을 미친다.

권위형 교수자가 마을교육을 하는 학습상황에서는 학습자의 자율성과 참여가 저하될 경우가 많다. 개방적 교수자는 마을교육 학습자의 참여를 극대화하고 학습자의 경험과 의견을 끌어내는 데 효과적일 수 있다.

따라서 마을교육이 이론과 실제로 구분된다면 권위형 교수자와 개방형 교수자를 적절하게 배치할 필요가 있다. 이론과 원리, 개념 등 개론적 수준의 논의를 담당할 교수자로는 권위형 교수자를 배치해도 무방하며, 학습과정에 욕구를 부여하거나 마을공동체 형성 등 학습기술을 적용할 경우는 촉진격려형 교수자를 배치하면 된다. 개인의 성장을 보여주거나 프로그램에서 시연을 해야 하는 교육에는 시범형 교수자를 배치하면 된다. 마을교육을 주관하는 곳은 교수자의 성향과 유형을 파악하여 적절한 교수방법론을 적용함으로써 마을교육에 효과적으로 대처하여야 한다.

반면 교수자는 학습자가 반드시 교육에 긍정적이거나 생산적으로 판단하지 않는다는 것을 명심할 필요가 있다. 교수자는 학습자에게 문제해결 과정에 목적을 둔 교육인지 아니면 내용이해가 목적인지 등을 알려 주고 교육을 진행해야 한다.

그 외에도 마을교육에서 집단참여 교육방법이 종종 활용된다. 이때는 교수자가 학습자의 참여를 촉진시키는 과정을 거치게 된다. 최근에 많이 활용하고 있는 원탁회의 같은 것이다. 이는 소집단 중심의 집단 중심 마을교육 방법으로 버즈토의, 눈덩이토의 등이 활용된다.

교수자는 진행과정 중에 긍정적인 행동과 말투로 격려를 하여야 한다. 그리고 학습자의 실수는 항상 있을 수 있는 일이므로 이해해야 한다. 교수자가 학습자의 실수를 이해하는 것 그 자체가 긍정적인 효과의 시작이다. 실수를 인정하고 자연스럽게 이야기하고 접촉하면서 상호 신뢰를 높이는 가운데 교수자의 리더십이 발휘되어야 한다.

4. 마을공동체 학습교과과정을 위한 몇 가지 제언

마을에 대한 통합적 이해와 접근 필요

마을공동체 학습교과과정은 마을에 대한 심도 있는 이해로부터 출발한다. 우리가 처해 있는 마을의 형식, 앞으로 모색해야 할 우리동네의 방향 등을 보다 체계적이고 통합적 관점에서 이해해야 한다. 마을을 이해하기 위한 접근방법론, 마을미션 수행을 위한 전략도출, 마을의 현안문제 및 마을공동체 학습의 수행방법론이 통합적으로 운영되어야 한다.

첫째로 마을을 이해하기 위해서는 마을에 대한 통합적 이해와 체계적·과학적 분석방법론이 학습과정에 도입되어야 한다. 총론적으로 한국의 근현대사 과정을 거치면서 나타난 '넓은 도로, 꽉 찬 자동차, 높은 빌딩'의 공간 이미지가 지역경제와 우리의 일상생활에 미친 영향을 심도 있게 이해시킴으로써 마을이 현재 처해 있는 상황을 숙지시킬 필요가 있다.

두 번째로는 마을의 현안문제에 대한 진단이다. 현안문제 진단은 두 가지 방식으로 진행한다. 전문가가 기초적인 사안을 정리하고 마을주민이 일상생활에서 본 사안을 논의함으로써 전문가와 마을주민이 공동으로 마을의 현안의제를 도출하는 방식이다.

전문가는 사전에 심도 있는 인구·사회·경제·문화 등의 현황분석을 주민들에게 설명한 후 이를 바탕으로 마을주민의 의견을 결합한다. 이 과정에서 주민이 법적인 공간구조 문제에 대하여 정보가 없으므로 도시기본계획에 대한 설명과 각 생활권별 특성을 분석하여 정보를 공유하는 과정을 반드시 거쳐야 한다.

- 도로 및 교통
- 주택유형
- 관련 계획
- 주요 시설(공공시설, 체육시설, 교육시설, 복지시설, 공원 및 녹지)
- 지역경제(골목경제 현황)
- 인구구성 및 취약계층
- 프로그램 및 마을행사
- 사회적 경제 자원
- 마을만들기 공모사업
- 마을 자랑거리
- 마을사업 제안

전략도출 방법론 모색

마을미션 수행을 위해서는 마을자원조사, SWOT 분석, 미션 도출의 순으로 진행되어야 한다. 마을자원조사는 구체적인 현지조사를 통하여 보다 체계적 · 실증적으로 마을을 이해할 수 있어야 하며, 개발에 필요한 자원이나 동력을 외부에 의존하는 것이 아니라 최대한 마을 내부의 활동을 통하여 마을 현안과제를 도출해야 한다는 점에서 마을자원조사는 매우 중요한 활동 중의 하나이다. 이 과정에서 필요한 학습교과는 마을조사방법론, 마을자원분석론 등이다.

지역자원 분류표

조사분류	분류체계
인적자원	개인활동가, 예술가, 상인, 노점상, 명인, 주민, 토박이, 출향민, 입향민, 거주 외국인
	주민조직, 집성촌, 상인회, 마을만들기 추진위원회, 지역 내 자생조직 및 활동단체, 행정전문가

생활문화자원	박물관, 전수관 혹은 사무실, 국악원, 미술관, (야외)공연장, 분수대, (역사)체험장 및 체험관, 교통 및 정류장 관련 시설, 공용시설, 공공기관, 복지관 및 복지관련센터, 군부대, 인근공단, 골목길, 담, 특색 있는 건물, 사원, 기와, 돌다리, 광장, 아케이드
경제자원	지역특산물, 향토기업, 전통시장, 마을장인, 소상공인, 마을기업, 사회적기업, 자활기업
활동자원	학습 프로그램, 답사, 주민참여 프로그램, 동아리, 마을축제, 민속행사, 공연, 민박, 홈스테이, 체험행사, 교육 프로그램, 어린이 행사
경관자원	기억나는 장소, 혼자 있기 적당한 곳, 함께 있기 좋은 곳, 놀기 좋은 곳, 사적인 장소, 공공장소, 보기 흉한 건물, 아름다운 건물, 위협적 요소, 걷기 좋은 곳. 보전하면 좋을 곳
역사자원	한옥건물, 종가, 집성촌, 향교, 서원, 역사 흔적, 터, 정자, 옛 우물터, 역사적 장소, 근대 건축물, 생가, 생가 이야기 및 사건, 소설이나 드라마의 무대, 전설
사회문화자원	마을 내 커뮤니티 장소, 마을공방, 마을카페, 주민문화공간, 유명한 술집 등
자연 및 생태환경 자원	농경지, 화훼단지, 도시텃밭, 마을개천, 실개천, 뒷산, 산책로, 등산로, 약수터, 고목, 꽃길

자원조사 단계별 현황표

구분			주요 핵심자원	특성
1단계 자원조사	자연 자원	자연경관자원		
		시설자원		
		생태자원		
	문화 자원	문화관광자원		
		문화경관자원		
		문화축제자원		

		과거인적자원		
	역사 자원	현재인적자원		
		향토설화자원		
2단계 SWOT & Cross-SWOT 분석	내부 요인	강점(S)		
		약점(W)		
	외부 요인	기회(O)		
		취약(T)		
	전략		• SO 전략: • ST 전략: • WO 전략: • WT 전략:	
3단계 미션 도출	핵심자원		•	
	핵심 콘텐츠		•	
	핵심 키워드		•	
	미션		•	

사례 중심의 학습과정 체계화

마을의 현실을 진단하고 마을공동체를 위한 방법을 다양한 측면에서 모색할 수 있는 사례 중심의 학습과정을 체계화할 필요가 있다. 가령 정당정치의 한계를 넘어서기 위한 생활정치의 민주화, 외생적 지역경제에 대응한 동네경제의 현실진단 등이 대표적이라고 할 수 있다.

생활정치는 마을 일상생활에서의 정치적 역량을 통하여 마을공동체의 가치가 구현된다고 볼 때 매우 중요한 의제이다. 그리고 앞서 언급한 개발국가, 토건국가, 성장형 국가의 현실이 '넓은 도로, 꽉 찬 자동차, 높은 빌딩'의 공간화로 나타나면서 마을공동체의 와해와 붕괴를 불러오는 현실을 동네경제의 관점에서 재조명할 필요가 있다. 이 과정에서는 커뮤니티 단위의 선출직 정치인의 활동을 평가하고 마을공동체 단위에서 함께할 수 있는 방법론을 마을공동체 교과과정에 접목시킬 필요가 있다. 생활정치와 마을공동체, 동네경제와 사회적 경제의 영역을 대별한 후, 사회적기업, 마을기업, 로컬머니, 로컬푸드, 생활협동조합 등과 마을공동체와의 연계성과 이들의 필요성을 학습과정으로 마련할 필요가 있다. 그 외에도 공간재생의 관점에서 도시재생, 마을만들기, 주거재생 등도 참고할 수 있으며, 다양한 계층별 학습과정도 커뮤니티 기관과 연계하여 운영할 필요가 있다.

마지막으로 앞서 논의한 것이 마을발전을 위한 기술적 전략과 문제의식에 대한 내용을 담고 있었다면, 영국의 토트네스 주민학습 교과과정처럼 마을공동체를 위해 개인이 변화되어야 하는 필요성과 개인을 넘어 함께 공동체성을 도모할 수 있는 방법들이 마을공동체 학습과정으로 체계화될 필요가 있다.

마을공동체 학습교과과정(안)

구분		주제(안)	주요 내용	비고
마을이해를 위한 접근방법론	총론	마을, 인문학적 이해: 우리 삶의 터를 말하다	'넓은 도로, 꽉 찬 자동차, 높은 빌딩'의 공간이 커뮤니티에 미친 영향	참여형 강연, 화려한 PT
	현황 분석	우리마을에 이런 게 있네요: 마을현황분석	전문가: 커뮤니티 인구·사회·경제·문화 등에 대한 기초현황 분석 주민: 일상생활에서 느낀 마을현안 행정: 도시기본계획의 생활권별 설명	전문가, 주민, 행정의 협력적 거버넌스 필요
마을미션 수행을 위한 전략도출	마을 자원 조사	마을조사 어떻게 해요: 마을자원조사 방법론	마을조사, 마을자원조사 방법론	사례와 실습 중심의 학습

마을미션 수행을 위한 전략도출	자원분석	자원분석 어떻게 해요: 자원분석과 전략도출	자원분석, 자원의 종류	사례와 실습 중심의 학습
	미션도출	미션분석 어떻게 해요: 미션도출	SWOT & Cross-SWOT 분석 도시기본계획의 미션, 목표, 생활권 계획의 전략 등 해석 후 연결	
마을공동체 중심의 현안의제	생활정치	우리동네 우리가 지켜요	정당정치의 평가 · 현실진단 및 생활정치 영역 이해, 지역 정치의 주체로서의 역할 강조	사례, 직접 평가수행 및 자기진단을 통한 학습
	동네경제	동네경제, 골목경제, 힘내세요: 사회적 경제	'넓은 도로, 꽉 찬 자동차, 높은 빌딩'이 미친 우리 동네 경제현실 진단, 로컬머니, 로컬푸드, 생활협동조합, 마을기업의 성공 · 실패 사례	
	공간재생	함께 살자구요	뉴타운 개발의 현실진단, 주거재생, 사회적 재생, 경제적 재생	
변화의 심리학	나부터 전환	왜, 변화되어야 하는가?	생태위기, 자구온난화, 석유정점 등 시대적 의제 제기, 변화해야 하는 이유	집중문제 발굴: 전문가 강연과 심층 토론
	함께 전환	함께 모두 더불어	개인적 웰빙에서 사회적 힐링으로, 다양한 생태공동체 힐링 치유과정 공유	

　마을 그 자체가 공동체이다. 그런데 마을공동체가 새로운 의제로 등장했다. 그 속내는 내생적 가치를 발굴하고 최대한의 활용을 통하여 커뮤니티 발전전략을 모색하는 것이라고 할 수 있다. 지역발전 전략의 수단이 된 마을공동체를 이해하기 위한 학습과정은 매우 중요한 의미를 지닌다. 물리적 환경개선 중심의 발전전략을 모색할 것인가, 아니면 사람중심의 더불어 사는 공간을 창출할 것인가 하는 선택에 따라 학습교과 내용과 학습

방법은 다르게 나타날 수 있다. 마을공동체라는 단어가 가지고 있는 그 가치만을 놓고 보더라도 마을이 갖는 의미는 공동체적 관점에서 접근하여야 하며 학습과정도 공동체적으로 진행되어야 하는 당위성을 지닌다.

우리나라의 마을공동체 전개과정을 살펴보더라도 생활정치, 지역자치가 핵심 어젠다이다. 마을의 자치적 활성화를 위한 학습과정은 마을공동체 구성원이 자기주도성을 가지고 학습할 수 있는, 교육환경에 맞는 학습교과과정을 구현하는 것이 매우 중요하다. 마을을 근본적 가치로 한 핵심적 어젠다 발굴과 함께 마을공동체 교육에 있어 안드라고지 지향적 학습자 중심의 학습과정이 중요하다고 할 수 있다.

8장

풍성한 수확을 위한
가지치기

1. 마을만들기 기본방향

마을만들기는 단순하게 중간지원조직을 구상하고 운영한다고 해서 되는 것이 아니다. 즉 중장기적 관점에서 마을만들기 플랜을 구상하고 운영계획이 마련되어야 한다. 여기서 제도정치라는 정당적 이해관계를 넘어 지역사회 주민이 일상적인 참여가 가능하도록 여건을 만들어 주어야 한다. 선출직 공무원, 즉 자치단체장은 선거에서 지역사회에 대한 중장기적 관점을 가지고 공약을 제안해야 하며, 그 지역에 적용될 각종 계획과 제도와의 연계성이 검토되어야 한다. 그 과정에서 마을만들기가 지속가능하게 운영될 수 있는 원칙이 마련되어야 한다.

공공영역의 재정지원으로부터 시작된 마을만들기는 과도한 공공의 개입과 이해관계에 의해 마을공동체를 와해시킬 가능성이 매우 높다는 것을 인식하고 세밀한 접근이 필요하다. 그리고 지속가능한 공동체를 위하여 공동체 모임을 발굴하고 지원하는 데 중점을 두어야 한다. 즉 마을만들기의 기본방향 중의 하나는 공공의 개입보다는 주민우선, 주민주도의 방식을 선택해야 한다는 것이다.

지역에는 다양한 시민사회단체 및 주민조직이 있다. 시민사회단체의 경우 회원조직과 규모에 따라 그 역량과 활동영역이 상이하게 나타나고 있다. 그리고 지역사회권력 구조도 시민사회 세력과 오랜 세월을 두고 형성된 지역세력으로 양분되어 있다. 그러므로 경우에 따라서는 의제나 정치적 상황에 따라 특정 단체가 일방적으로 주도권을 행사하려는 경향이 나타나기도 한다. 그래서 마을만들기의 기본방향은 지속가능한 공동체 형성과 함께 발전을 위해 다양한 주체의 네트워크 형성과 참여를 통하여 민관협력 거버넌스가 구축되도록 노력해야 한다. 또한 마을공동체의 활성화 정도에 따라 인센티브를 부여하고 마을주민은 행정기관에 상시적으로 의제를 발의할 수 있는 상향적 의사접근 제도를 활성화시키는 것을 마을만들기의 기본방향으로 삼아야 한다.

다양한 주체의 네트워크, 민관협력 거버넌스 그리고 마을공동체 활성화를 기본방향으로 설정한 후 이를 원활하게 수행할 수 있는 마을만들기 지원센터인 중간지원조직 운영방안과 마을만들기의 중장기적 플랜을 실행할 수 있는 제도 및 행정적 기반을 조성하여야 한다.

마을만들기를 위한 기본방향을 정리하면 다음과 같다.

첫째, 공공의 개입을 넘어 주민우선, 주민주도 방식으로 마을만들기를 실현해야 한다.

둘째, 지속가능한 공동체를 위해 민간 중심의 협력적 마을 거버넌스를 구축해야 한다.

셋째, 마을공동체의 활성화를 위한 맞춤형 지원체계를 마련해야 한다.

넷째, 마을만들기 지원센터의 기능정립 등의 사항이 마을만들기 기본방향으로 정립되어야 한다.

이러한 마을만들기는 지역사회의 물적 · 자연 · 인적자원을 최대한 스스로 발굴하는 내생적 발전양식으로, 그 과정에서 물리적 환경에 집중한 성과지향적 시정운영보다는 관계와 관계의 환경조성에 집중한 인간지향적 시정운영 방침에 의미를 두어야 한다. 마을만들기는 지역사회를 새롭게 디자인하는 과정에서 다양한 인적자원을 활용하고 연계하는 사회적 자본을 구축하고, 지역사회 자원을 최대한 활용하는 과정에서 마을경제가 되살아나며, 커뮤니티 비즈니스 및 사회적기업이 활성화되고, 아울러 협동의 가치를 근간으로 먹거리를 공유하는 과정에서 퍼머컬처, 로컬푸드, 로컬머니 등이 지역사회의 새로운 시너지로 등장하면서 결국에는 지역의 내생적 발전의 기초가 된다.

단, 이러한 일련의 과정을 위해서는 첫째, 지방자치단체의 정치철학과 의지가 분명해야 하고, 둘째, 지역 특색에 맞는 발전양식을 모색해야 하며, 셋째, 위의 사항을 근간으로 실행할 수 있는 중간지원조직과 운영 로드맵을 구축하여야 한다.

2. 행정의 역할

행정은 슈퍼갑(?)

대한민국 「헌법」 제1조에서 명확하게 정하고 있는 바와 같이 "대한민국은 민주공화국"이며, "대한민국의 주권은 국민에게 있고, 모든 권력은 국민으로부터 나온다"라는 의미는 시민에 의해 통치되는 시민사회를 지향하는 국가체제를 분명하게 밝히고 있다. 또한 헌법 제2장은 '국민의 권리와 의무'를 정하고 있는데 공무원은 국민의 권리와 의미가 원활하게 이행될 수 있도록 하는 국민의 공복으로서의 역할론을 강조하고 있다.

우리나라에서 공무원은 헌법 제7조와 「국가공무원법」 제1조(목적)에서 국민의 공복으로 정하고 있다. 헌법 제7조 제1항에서는 "공무원은 국민 전체에 대한 봉사자이며, 국민에 대하여 책임을 진다"로 정하고 있으며, 국가공무원법 제1조에서는 "모든 국가공무원에게 적용할 인사행정의 근본기준을 확립하여 그 공정을 기함과 아울러 국가공무원에게 국민 전체의 봉사자로서 행정의 민주적이며 능률적인 운영을 기하게 하는 것을 목적으로 한다"라고 정하고 있다. 공무원은 주권을 가진 국민의 수임자로서 언제든지 국민에 대하여 책임을 지며, 공익을 추구하고 맡은 바 임무를 성실히 수행할 의무를 강제하고 있는 것이다.

과거의 가산국가(家産國家)·절대군주국가에서 보여 주었던 공무원은 국가 그 자체를 상징한 군주의 가산 또는 신복(臣僕)으로 취급되기도 하였다. 민주국가에서의 공무원은 정치적으로는 주권자인 국민의 대표자·수임자로서 국민 전체에 봉사하고 국민에게 책임을 지는 자로, 법적으로는 국민의 법적 조직체인 국가기관의 구성원인 동시에 국가조직의 인적 요소·법적 단위로서 특별한 법적 지위를 보장받고 있다. 현대 민주주의국가에서 공무원은 행정수반에 대하여 충성관계로 얽힌 신복적 관리가 아니다. 대한민국의 관련 법 조항도 권력의 신복이 아니라 국민의 신복임을 분명하게 강조하고 있다.

따라서 행정은 국민이 신복으로서의 역할을 하는 것으로서 필연적인 것이다. 행정이 민간과의 접촉에 있어서 우월적 관계를 이용하여 통제·관리 등의 갑으로 행세하는 모습은 지양해야 한다. 마을만들기 최대의 적은 행정이 될 수 있다는 것을 반드시 염두에 두어야 한다. 시민의 세금으로 운영되는 정부의 예산을 잘 써야 하는 것은 당연한 일이다. 그러나 예산지원이 명분이 되어 원칙과 결과에 치우치게 되면 마을만들기는 행정의 전유물로 전락할 수밖에 없다.

행정 내부의 소통은 필수조건

마을만들기는 주민과의 관계 속에서 다양한 이해관계가 형성된다. 이러한 상황에 대응하기 위해 운영되고 있는 마을만들기 전담부서가 이들을 모두 감당하기에는 적잖은 어려움이 발생한다. 행정의 전 부서가 주민을 위해 존재하듯이 마을만들기도 주민이 하는 일임을 생각하고 전 부서가 대응하여야 한다는 마음으로 행정 내부의 소통체계를 만드는 것이 매우 중요하다.

행정영역은 공간계획을 담당하거나 주민자치 업무를 담당하는 부서에 국한하여 행정업무를 분장하는 것이 아니라, 모든 행정영역이 지역사회를 지원한다고 생각하고 조직을 구성할 필요가 있다. 따라서 TF팀이나 행정 업무를 조정·지원할 수 있는 협조회의 수준의 사무국 운영이 필요하며, 업무를 원활하게 하기 위하여 마을만들기 행정협조회의를 정례화시킬 필 요가 있다. 그리고 민간영역은 행정과 주민의 중간자적 조정을 할 수 있는 중간지원조직인 마을만들기 지원센터를 중심으로 각종 조직이나 기구 등 을 지원하고 연계시킬 필요가 있다.

행정영역과 민간영역의 구상은 지역사회의 마을만들기라는 핵심을 관

마을만들기 행정협의회 체계

행정영역	
마을만들기 전담팀 (협조회의 사무국)	
자치행정	총무·평생학습
기획예산	예산편성
행정지원	정보통신
도시계획	도시재생
도시정비	도시재생
친환경농업	로컬푸드·도시농업
환경정책	환경
여성	성인지(gender-sensitive)정책
사회복지	지역복지
마을만들기 행정협조회의	

장하는 기능을 하는 반면, 실질적으로는 현장에서의 실행기능을 조직화는 것이 더욱 중요하다. 따라서 지역의 인구학적 · 자연환경적 특성 등을 고려하여 마을만들기 사업 단위의 지구를 지정하고, 그 이후 마을만들기 지구협의회를 운영하여야 한다. 그리고 동 단위 수준 혹은 마을 수준의 마을 추진위원회 구성을 통하여 마을만들기 실행기능을 담당해야 한다.

마을 지원행정은 하향식 의사전달체계를 적극 활용

마을공동체 지원행정은 마을기반형 행정시스템의 정착이 매우 필요한 상황이다. 서울시는 자치구 단위로 마을 관련 행정을 확산시켜 주민 밀착 지원을 시도한 바 있다. 자치구로 전달된 마을 관련 행정은 자치구 담당공무원의 역할이 매우 중요하다.

서울시는 하향식으로 전달된 자치구 담당공무원의 마을지원사업에 대한 이해를 돕기 위해 교육을 지원하기도 하였으나 주민과 자치구 담당공무원과의 공감대 형성이 미흡한 부분도 적잖게 나타났다. 그리고 서울시 보조금은 대부분 자치단체 경상보조금으로 지원하는데, 자치구로 교부된 보조금에 서울시는 자치구보다 더 큰 권한을 행사하고 있어 자치구와 주민을 관리하는 듯한 느낌을 주는 경향도 나타났다.

충분한 권한을 갖지 못한 자치구는 결국 주민과의 소통에서 한계가 나타나기 마련이다. 마을현장을 지원하는 자치구는 실국이 요구하는 행정절차나 보조금 집행기준으로는 마을사업을 실행할 수 없는 경우도 발생하고 있어 정책을 결정하는 과정에서 자치구 담당공무원의 참여방안을 검토하는 것도 필요하다. 이러한 사례는 각 자치단체 소통이 얼마나 중요한지를 보여 주는 사례이다.

마을공동체 지원절차에 따른 담당 행정주체

절차	담당
1. 사업계획 수립	시 사업부서
2. 마을상담	마을지원센터
3. 사업제안서 접수	마을지원센터
4. 현장조사	마을지원센터 자치구사업부서
5. 심사/선정	시 사업부서 마을공동체담당관 마을지원센터 자치구사업부서
6. 보조사업자 교육	시 사업부서 마을공동체담당관
7. 실행계획 수립 공고	자치구사업부서
8. 협약체결 및 사업비 교부	자치구사업부서
9. 사업집행 컨설팅	시 사업부서 마을지원센터
10. 사업평가	마을공동체담당관

출처: 서울시 마을공동체 종합지원센터(2013), 내부자료.

3. 중간지원기구의 역할

중간지원기구는 단체장의 전유물이 아니다

최근에 마을만들기가 시정의 주요 핵심과제로 등장하면서 광역과 기초의 자치단체에서는 마을만들기 사업과 이를 운영하기 위한 중간지원조직에 대한 관심이 높아지고 있다. 단체장 입장에서는 지역사회의 새로운 정치권력을 등장시키는 기회로 볼 수도 있다. 그 과정에서 여전히 엽관주의가 발동하여 단체장의 전유물처럼 좌지우지되는 경우가 발생할 가능성이 매우 높다. 이것은 반드시 지양해야 할 부분이다. 개인의 전유물로 전락한 사업은 정권교체 이후 사업의 진정성 여부에 상관없이 사업이 사라지거나 축소되거나 하는 경우가 빈번하기 때문이다.

왕서방 노릇은 그만

일은 주민이, 생색은 중간지원조직이 낸다는 현장의 소리를 듣는 경우가 있다. 행정과 주민을 연결하여야 할 중간지원기구가 행정에 너무 눈치를 볼 경우 주민에게 갑의 영향력을 행사할 가능성이 매우 높다. 왜냐하면 중간지원조직도 행정과의 업무적 연계에 매몰될 경우 행정이 범하는 우를 답습할 수도 있기 때문이다. 따라서 주민의 판단을 지원하고 관리하면서 주민참여의 능력을 배양시키는 데 집중해야 한다.

민관협력의 오케스트라, 중간지원조직의 유형을 선택하라

중간지원조직은 지역사회의 자립, 공생, 협력을 목표로 행정과 민간 사이의 중재와 민간과 민간 사이의 협력과 조정의 역할을 도모하고, 부족한 민간의 역량을 보완하면서 지원하는 민관협력 거버넌스 조직이라고 할 수 있다. 즉 중간지원조직은 지역사회의 자립과 공생 그리고 협력의 연계고리를 만들어 내는 거버넌스 조직이다. 과거에는 전문 컨설팅 업체가 마을공동체 사업을 진행하면서 주민접촉의 지속성 여부에 대한 논란, 성과에 대한 관점, 지역과의 네트워크 등의 문제가 나타났다. 그러나 중간지원조직을 활용한 마을공동체 사업이 행정과 전문 컨설팅의 한계를 극복하기 위한 대안으로 등장하면서 지역사회의 인적·물적·사회적 자원을 활용한 내생적 발전기반을 구축하는 매개역할을 하는 기능을 수행한다고 볼 수 있다.

마을공동체 관련 중간지원조직은 관주도형, 민관협력형, 민간주도형으로 구분된다. 이 세 가지 유형의 중간지원조직은 설립주체, 운영주체, 재원조달 방식, 업무의 자율성 정도 등에 따라 그 성격과 활동영역의 차이가 나타난다. 관주도형은 설립주체, 운영주체, 사업재원 등의 모든 영역을 행정이 전담하는 유형이며, 민관협력형은 설립주체는 행정이나 운영은 입찰이나 수의계약 등에 의해 민간단체가 운영하는 형태이다. 따라서 사업재원은 행정재원과 독립재원 조달이 가능한 특징을 지닌다. 그리고 민관협력형은 행정과의 파트너십이 매우 중요하므로 행정과의 조율이 필수적이다. 반면 민간주도형은 설립주체, 운영주체, 재원조달 등 모두 민간이 스스로 자율적으로 운영·관리하는 것으로 창의적 활동이 가능한 장점을 지닌다. 그러나 재정사업이 원활하지 않을 경우에는 재정운영이 불안에 봉착하게 되며, 이는 조직의 존폐 여부와도 직접적으로 연결된다고 할 수 있다. 서울시의 경우는 민관협력형 중간지원조직으로 행정과 민간이 상호 협력적 관계를 유지할 경우 나타날 수 있는 장점을 지닌 유형으로 장기적으로 지속적인 시스템을 지니고 있다고 볼 수 있다.

커뮤니티 공간 조성을 위한 주민과의 소통과 운영을 위한 지원, 관내 사회적 자원과 상호 긴밀한 협력관계를 구축하고 이를 기반으로 마을공동체를 위한 지원체계를 구축하거나 주민 혹은 삼삼오오 그룹으로 형성된 지역사회조직을 기반으로 마을공동체를 활성화할 수 있는 방안을 모색하는 등의 활동은 중간지원조직이 거버넌스 중간지대로서의 코디네이터 역할을 수행해야 한다.

마을만들기 중간지원조직 유형

구분	관주도형	민관협력형	민간주도형
설립유형	공설공영	공설민영	민설민영
설립주체	행정	행정	민간
운영주체	행정	민간단체(입찰, 수의계약)	민간단체

상근자	공무원	민간인	민간인
사업재원	행정재원	행정재원, 독립재원	독립재원
업무 자율성	• 각종 규제 • 업무분장에 의한 행정	• 교섭능력 중요 • 행정과의 교섭력 강화	• 자율 • 창의적 활동 가능
재정조달	안정	불안정	불안정
강점	재정안정성에 의한 운영의 지속성 가능	행정과 민간 운영의 장점 모두 보유	시민의 주체성 강화
단점	• 행정주도형으로 전락할 가능성 높음 • 업무분장에 의한 행정지원으로 업무의 전문성 및 책임감 결여 가능성 높음	위탁사업에 의존할 가능성 높음	경영능력 상실에 의한 경영부실 초래 가능성 높음
특징	• 사회적 신용도 높음 • 안정적 재정운영	• 회비, 기금, 자체사업 등의 활동에 의한 재정안정성 확보 • 시민주도형 운영으로 전환 도모 필요	• 가장 이상적인 민간 자립형 운영시스템 • 높은 경영능력 동시에 필요

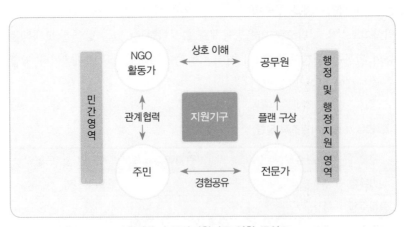

마을만들기 중간지원기구 역할 구상도

중간지원기구의 주체별 역할

마을만들기 지원기구는 민간협력, 마을 거버넌스의 중간지대로 권위나 법에 의한 행정을 수행하는 것이 아니라 주민, 행정 그리고 전문가가 상호 이해하는 공유된 행정을 지향하고 있는 것이 매우 큰 특징이라고 할 수 있다. 주민은 마을만들기의 주체로서 마을의 현황 및 문제점을 파악하고, 행정은 마을만들기 추진단을 중심으로 추진체계 간 매개역할을 도모하고 행정 및 재정이 지원될 수 있는 역할을 수행해야 한다. 전문가는 공공적 입장에서 전문성을 바탕으로 대안을 제시하고 경우에 따라서는 분쟁 및 갈등을 치유하는 코디네이터 역할도 하여야 한다.

중간지원기구의 주체별 역할

구분	내용
주민	• 마을만들기 주체 • 세밀한 현황 및 문제점 파악 • 불평, 불만 요소 및 문제점 파악
행정	• 마을만들기 추진단 • 추진체계 간 매개역할 • 행정 및 재정 지원
전문가	• 공공성과 전문적 대안 제시 • 분쟁 및 갈등 요소 해소

마을만들기 중간지원기구의 활동영역

마을거버넌스는 '교육 → 자원조사 → 일자리 창출 → 조직활성화' 과정을 단계별로 구축할 필요가 있다. 교육은 마을공동체의 개념을 공유할 수 있는 내용으로 진행하며, 자원조사는 마을에 오랜 시간 존재하고 있는 자원을 통하여 마을의 정체성을 재확인하고 향후에는 이를 바탕으로 마을계획을 도모하기 위해 필요하다. 그다음에는 마을의 자원을 최대한 활용하여 내생적 지역사회 공동체 경제의 근간을 형성함으로써 자연적으로 지역 공동체가 형성되도록 한다. 이 과정에서 지역사회의 다양한 지역사회조직, 특히 협동조합 등의 생활공동체 등을 적극적으로 참여시킬 필요가 있다. 이러한 일련의 과정을 거쳐 지역사회의 다양한 조직을 활용하여 마을 조직을 활성화시켜야 한다.

마을만들기 민간영역 체계

민간영역
마을만들기 전담팀
마을조사단
풀뿌리협회(마을조직)
지역교류센터
마을간사협의회
직거래사업단/마을기업지원단
마을축제조직위원회

마을만들기 중간지원기구 활동영역

구분	주요 활동영역
마을만들기 사업 연구 · 분석 · 평가	• 마을자원 조사 및 분석 • 민관협력 공동학습 및 협력체계 구축 • 마을만들기 모델 공유 및 지원
시민교육 및 활동가 양성	• 주민조직 발굴 및 조직화 지원 • 주민리더 및 주민역량 강화 교육 • 마을만들기 동네 기금 조성

마을만들기 기본구상 및 집행지원	• 공모사업 및 시범사업 지원 • 마을만들기 모델 개발 및 주민활동 지원 • 마을기업, 사회적기업, 커뮤니티 비즈니스 등 아이템 발굴
마을만들기 사업 연계강화 및 홍보	• 민관 파트너십 구축 • 청년기업 및 소상공인 연계 • 마을축제 지원

마을 거버넌스 구축방안

구분		주요 활동영역	결과
1단계	교육	• GO(공무원)과 NGO가 함께 참여하는 마을교육 • 기초단계, 리더단계, 심화단계로 교육 과정 구성	상호 이해 도모
2단계	자원 조사	• 마을자원의 가치 발굴 • 마을공동체의 욕구 증진	수요자(주민) 중심의 의제 발굴
3단계	일자리 창출	• 마을을 기반으로 한 사회적 경제 구축 • 사회적기업, 커뮤니티 비즈니스, 생활협동 조합, 로컬푸드, 로컬머니 등의 기반 조성	내생적 발전 양식 도모
4단계	조직활 성화	• 자발적 마을 코디네이터 양산 • 조직과 개인 중심에서 네트워크 중심의 마을조직 활성화	상호 상생의 동반성장 동력기반 조성

협력조력자, 마을 코디네이터의 확보 및 활용

행정은 마을공동체 지원사업을 추진하는 과정에서 사전상담·교육 모니터링·컨설팅·네트워크 등을 지원한다. 그러나 주민은 마을공동체 지원사업을 운영하는 과정에서 보다 더 유익한 지원을 요구하기도 한다. 현재 진행되는 마을공동체 사업에 대한 지원은 시작단계에 머무르고 있어 사업이 진행되는 과정에서 적절한 지원이 요구되고 있다. 반면 사업에 공모선정을 받지 못한 대상에 대한 관리가 소홀한 상황이다. 따라서 미선정된 마을공동체 지원사업에 대한 미선정 사유, 향후 개선사항 등을 지원함으로써 마을에 대한 관심도를 증진시킬 필요가 있다.

서울시 마을공동체 사업은 2012년에 시작하여 2015년에는 4년차를 맞았다. 따라서 각 연차 이후 마감되는 사업에 대해서는 지속적으로 마을주민들이 스스로 관리·운영할 수 있는 간접지원체계에 대한 보강이 필요하다. 그리고 이와 같은 간접지원체계의 활성화를 위해서는 마을 코디네이터의 기능을 보다 더 활성화시킬 필요가 있다.

4. 마을만들기 지원의 원칙

담당부서는 주민에게 혼란을 주어서는 안 된다

주민은 행정부의 다양한 업무와 업무분장에 대하여 깊은 이해가 없다. 따라서 행정은 부서별로 주민을 잘 대응한다고 하지만 주민 입장에서 보면 그냥 행정이며 시 당국이다. 서울시의 경우 2013년 14개 마을지원사업을 각 실국 및 마을지원센터, 자치구 마을공동체팀에 의해 진행하였다. 그러나 담당부서별로 사업담당부서, 지원절차가 상이하게 차이가 나고 있어 주민의 혼란을 야기할 뿐만 아니라 사업의 연속성과 지속성에 어려움이 나타났다. 특히 종합적 계획수립에 기초하여 사업의 일관성을 유지해야 함에도 불구하고 마을지원사업을 운영하는 실국 단위로 개별 부서 중심으로 계획을 수립하고 진행하는 과정에서 주민의 이해를 반영하는 데서 분명한 한계가 있는 것으로 나타났다. 따라서 실국 단위의 보다 체계적인 통합적 행정체계가 필요한 상황이다.

심사과정에서 주민참여를 최대한 확보하라

행정은 마을지원사업을 공모를 통해 주민의 사업제안서를 접수하고, 현장조사 진행 후 심사를 거쳐 최종 선정한다. 평가도 다양한 방식으로 진행한다. 그러나 대부분 서면심사가 전체 사업의 대부분을 차지하고 있어 주민참여심사에 비하여 주민의 참여기회가 부족한 실정이다.

심사위원에 의한 평가는 현장의 이해가 부족한 결과를 초래 하는 등 심사자의 주관이 주민의 이해와 상충되는 경우가 발생할 수 있다. 면접심사·현장심사·주민참여심사 등과 같이 주민이 심사에 대한 정보를 충분히 확보하고 직접 참여할 수 있는 다양한 심사방식에 대한 검토가 필요한 상황이다.

계획부터 마감까지 민관협력 기회를 만들어라

서울시 마을공동체 지원사업은 각 사업을 담당하는 실국에서 사업을 수립한 후 시민을 대상으로 사업을 공표하는 방식으로 진행하였다. 공무원의 선계획, 주민의 후조치 방식으로 마을공동체 사업을 진행한 셈이다. 문제는 소수 행정가의 관점에서 수립된 계획이 주민이 요구하는 사업의 정체성을 반영하기에는 분명히 한계가 있다는 것이다.

결국 행정에 의해 계획된 마을계획은 주민이 주체가 아닌 대상으로 한정되면서 주민 간의 소통에 의한 사업집행이 아니라 행정결정에 의해 주민이 평가되기 때문에 주민 간의 갈등과 긴장관계가 발생할 수밖에 없는 상황이 되고 만다.

따라서 마을공동체 사업이 진행되는 과정에서 주민이 지역의제를 발굴하고, 발굴된 의제가 실현가능한 사업체계를 마련할 필요가 있다. 서울시 사례는 마을만들기 지원사업이 주민에게 실질적으로 도움이 되는 민관협력형 맞춤형 지원사업일 때 효과적이었다는 사실을 염두에 둘 필요가 있다.

서울시 마을공동체 지원사업은 누구나 제안할 수 있는 지원사업 방식을 선호하고 있다. 그러나 사업에 참여하고자 하는 주민은 사업제안서를 작성하는 초기부터 적잖은 어려움에 직면한다. 특히 사업제안 과정에서 회계업무와 수시로 요청되는 각종 보고서 등은 주민들에게 적잖은 부담이다. 행정이 사업의 관리를 위해서는 불가피한 상황이지만 마을현장의 제반 상황과 동시에 요청하고자 하는 업무에 대한 정보가 충분히 제공될 필요가 있다. 결국 마을공동체 사업을 전개함에 있어서 행정이 우선되는 패러다임을 지양하고 마을공동체에 대한 이해를 향상시킬 필요가 있다.

행정이 마을공동체 사업에 대한 이해를 증진하려면 주민참여에 대한 인식전환이 우선되어야 하며, 이를 위해서는 보다 유연하고 적극적인 대처 방식이 고려되어야 한다.

9장

제도로
열매 맺기

1. 지역공동체 활성화 지원법(안)

마을공동체의 가치와 비전을 실현하는 과정에서 보았을 때, 제도화는 다수 구성원들이 이 가치와 비전을 쉽게 인식하고 생활과정을 반복함으로써 습관화되도록 법과 제도를 비롯하여 구성원들의 다양한 활동영역에서 되돌릴 수 없는 규범으로 만들어 가려는 실천활동이다. 여기서 마을공동체 활성화를 위한 제도화는 공식적인 법과 제도의 틀을 포함하여 사회 구성원의 인식을 고취하고 행동을 촉진하는 사회행동화의 영역을 포함한다 (이창언 외, 2014: 145). 마을공동체 운동의 제도화 요구는 끊임없이 이어져 왔다. 제도화를 지속적으로 요구한 이유는 ① 마을공동체 만들기 과정에서 마을만들기 추진주체가 담당해 나갈 책무와 역할을 제대로 수행하기 위한 권한과 책임을 확보하고, ② 민선 단체장이나 부서담당자 교체, 지역사회의 여론 등에 따른 영향을 최소화하여 계획적이며 안정적인 활동을 추진하기 위해서였다(이창언 외, 2014: 165).

마을공동체와 관련된 중앙정부의 상위법은 행정자치부에서 추진하고 있는 지역공동체 활성화 지원법이 있다. 이 법안은 성숙한 지방자치 실현과 주민복지 증진을 목적으로 한 법안이다. 이 법안은 마을기업 지원을 통하여 지역공동체 활성화를 도모하고자 하는 특징을 지니고 있다. 즉 마을기업 지원법의 성격에 더 가깝다고 할 수 있다. 이렇듯 지역공동체 논의가 사회적으로 중요한 이슈로 등장하자 정부 각 부처가 경쟁적으로 관련 법안을 쏟아 놓고 있다. 결국 마을만들기 법안은 지역공동체 활성화를 명분으로 마을기업 지원이라는 매우 제한적인 법안으로 전락할 가능성이 매우 높다.

다음은 지역공동체 활성화 지원법(안)(2013. 11. 28, 윤재옥 의원 대표발의)을 중심으로 마을만들기 관련 법안의 주요 내용과 특징을 알아본다.

지역공동체 활성화 지원법(안)의 주요 내용과 특징

구분	법(안)	의견	비고
제1조 (목적)	성숙한 지방자치 실현과 주민행복 증진에 이바지	지역공동체 활성화, 성숙한 지방자치의 실현과 주민의 행복 증진에 이바지함	지역공동체 활성화 지원법의 제목에 맞는 목적을 명확하게 명시
제2조 (정의)	1. 지역공동체의 정의 「지방분권 및 지방행정체제개편에 관한 특별법」제27조의 주민자치회, 「비영리민간단체 지원법」제2조에 따른 비영리민간단체 등에서만 적용가능한 주민조직	특히 자발적으로 구성된 주민조직을 지역공동체로 규정하고 있어 '자발적' 주민조직이 적용가능한 영역의 재검토 필요	'더불어 사는 삶과 그 터전'이라는 원론적 개념에 비추어 볼 때 개념적 정의에 대해 다차원적인 고민 필요
	2. 지역공동체 사업	지역공동체가 주도하는 것으로 규정, 위의 정의에 의하면 단체 중심의 사업으로 국한될 가능성 높음	지역공동체의 개념을 단체뿐만이 아니라 CBO와 같은 주민조직 영역도 검토 필요
	3. 마을기업	지역공동체 사업을 주도하는 영역이 마을기업뿐인지 의문	사회적기업, 생활협동조합, 지역화폐, 로컬푸드 등 지역공동체를

			기반으로 한 지역공동체 조직들이 다양하게 활동하고 있으므로 이에 대한 신중한 검토 필요
		안전행정부(현 행정자치부)장관으로부터 지정받은 사업체	인증받은 사업체가 지역공동체를 유지할 수 있는 것으로 해석 가능. 중앙정부 주무장관에서 보다 활성화를 위해서는 광역 단위로 위임하는 방안의 검토도 필요
	4. 지역진단지표	지역진단지표인지? 지역공동체 진단지표인지? 검토 필요	법안의 제목 및 목적과 일치시킬 필요 있음
제3조 (기본원칙)	지역공동체 사업으로 표현	지역공동체 사업인지? 지역공동체 활동인지?	법안의 핵심은 사업으로 정리되는 듯 한 느낌을 줌. 민간협력, 마을재생 그리고 중간지원 조직 등의 역할 반드시 첨부 필요
제4조 (주민의 권리와 책무)	지역공동체 사업	지역공동체 활동	제3조(기본원칙)에서 제시한 지역공동체 사업과의 내용적 일치 검토
제5조 (정치활동 금지의무)	지역공동체의 정치적 중립 유지 책무	지역공동체의 정치적 중립 유지 책무가 아니라 정치인과 정당의 정치적 중립 유지를 강조하는 것이 필요	오히려 정치적 이용을 하려는 정당과 정치인의 활동을 금지하는 것이 맞음
제7조 (규약의 제정)	주민이 공동으로 결정한 규약을 제정할 수 있다	제정하여야 한다	임의조항에서 강제조항으로 전환 필요

제9조 (지역공동체 활성화 기본 계획 수립)	5년 단위 수립 항목 5가지로 한정	2.지역공동체 기반 조 성: 풀뿌리 활동조 직 연계방안	주민거버넌스 협력방 안, 중간지원조직 운영 방안 등 명문화 필요
제12조 (지역공동체 사업의 반영)	항목 5가지로 한정	마을재생, 교육 및 학 습 등 보다 다양한 영 역 발굴 필요	
제13조 (지역진단 지표 개발 및 활용)	지역진단지표로 표기	지역공동체 활동지표 로 전환 필요	
제14조 (지역공동체 활성화기금)	임의조항인 '설치할 수 있다'고 규정	강제조항인 '설치한다' 로 전환	사업의 적극성을 위해 강제조항으로 전환
제15조 (지역공동체 위원회)	2.위원장이 위촉하 는 자	위촉에서 공모에 의한 선임으로 전환	정보의 제한 극복과 다 양한 인적자원의 활용
제16조 (지역공동체 실무위원회)	대통령령으로 정한다	실무위원회 역할의 향 후 검토 필요	
제17조 (관계기관에 대한 협조 요청)	협조요청할 수 있다.	협조요청은 매우 소극 적 행정으로 판단	보다 적극적인 행정을 위한 행정협의회 역할 관련 규정 언급 필요
제20조 (지역공동체 중앙지원 센터)	7항목으로 설치운영 안 규정	중앙정부 차원의 중간 지원조직의 역할론에 대한 언급이라고 할 수 있음	지역공동체는 마을 단 위의 활동이 강조되고 있는 것을 고려할 때 중앙정부 차원의 중간 지원조직은 연구개발, 지역공동체활동지표 등 광역과 기초자치단 체의 지원업무에 집중 할 필요가 있음

함께 만드는 마을, 함께 누리는 삶

제23조 (마을기업 육성)		본 법안의 제2조(정의) 3항목에 마을기업에 대하여 언급하고 있으나 보다 신중한 논의 필요	지역공동체를 기반으로 하고 있는 단위는 마을기업으로만 설명할 수 없음
제25조 (공공기관 우선구매)		현재 사회적 경제 관련 법안에서 진행되는 공동기관 우선구매와의 연관성 검토	
제26조 (지방세 감면)		마을지원 지원법으로 오인 가능	
제28조 (지역공동체 지도자 양성)		관련 학과와의 연계성 검토(예: 평생교육사, 지역사회개발 전문요원 등)	

　그러나 지방자치단체에서 상위법과 상관없이 마을만들기 또는 마을공동체라는 이름으로 자치입법체계를 가지고 있는 지방자치단체는 중앙정부에서 추진하고자 하는 입법체계와는 상이한 특징을 지닌다. 즉 지역공동체 활성화를 위해 행정 내부의 소통망은 어떻게 할 것인지, 행정과 주민의 관계는 어떻게 할 것인지, 마을공동체 활성화를 위해 지원은 어떻게 할 것인지, 주민이 상호 간에 상생적 공동체를 형성하기 위한 공모지원은 어떻게 할 것인지 등을 내용으로 한 입법체계에 대한 면밀한 검토가 필요하다.

2. 마을공동체 자치입법화

우리나라 지역공동체 운동은 오랜 역사적 과정을 지니고 있다. 이미 2장에서 소개했듯이 우리나라 마을만들기는 행정이 시작한 것은 아니었다. 그러나 마을만들기가 사회적 이슈로 등장하고 지방자치단체에서는 사람 중심의 정책과 연결되면서 행정은 마을만들기 사업에 깊은 관심을 보이고 있다. 우리나라에서 처음으로 마을만들기 조례를 처음 발의한 지방자치단체는 진안군이다. 마을만들기 조례제정을 통하여 기대할 수 있는 효과로는 지방정부의 마을만들기 지표 설정 및 기본계획 수립을 규정하고, 그 이행(실천)과 모니터링을 위해 마을만들기 공동기구 추진을 명시하여 마을만들기 운동의 제도적 위상을 강화하고 행정정책과의 연계성을 높일 수 있다. 기초자치단체 마을만들기 조례는 광주광역시 북구에서 처음 제정되어 운영된 이후 경기도 내에서는 안산시, 양주시, 시흥시 등에서 제정·운영되어 왔다. 이후 민선 5기 출범과 함께 수원시, 남양주시, 하남시에서 관련 조례를 제정·운영하고 있으며, 조례내용은 대부분 유사하여 마을만들기 활동에 대한 목적과 지원사업의 내용과 방식 등을 규정하고 있으나 기본이념의 명시 여부, 지원센터의 설치 여부 등은 지역에 따라 편차를 보이고 있다.

양주시, 시흥시, 광주 북구 마을만들기 기본이념

1. 마을만들기는 모든 주민의 인권과 존엄성에 기초한다.
2. 마을만들기는 주민과 마을, 행정의 상호 신뢰와 연대의식을 바탕으로 한다.
3. 마을만들기는 주민과 마을의 개성을 살리고, 문화의 다양성을 존중한다.
4. 마을만들기는 환경과의 조화와 차세대와의 공영을 지향한다.

함께 만드는 마을, 함께 누리는 삶

마을만들기 조례 중에서 가장 풍부하며 좋은 내용을 담고 있는 지자체는 전라북도 진안군이며, 기본이념에서 주민의 학습과 자발적 활동, 주민주도의 상향식 방식, 전통문화와 자연환경을 중시하며 주민들의 존엄성 존중을 분명하게 명시하고 있다. 또한 진안군의 특성을 살려 마을의 경제자립을 위한 활동을 명시함으로써 마을만들기가 주민들의 삶과 지향에 맞추어 추진될 수 있도록 하고 있으며 주민들이 이 사업에 참여하는 데 있어서 차별 금지, 책임과 의무, 확대 의무 등 주민들의 책임과 의무를 명확하게 규정하고 있는 등 수동적 참여가 아닌 책임 있는 주도적 참여를 강조하고 있다. 진안군에서 명시하고 있는 주민참가의 규정은 매우 중요한 의미를 갖고 있는 조항이며 반드시 필요한 내용임을 알 수 있다(이창언 외, 2014: 184~185).

마을만들기 기본이념 제시

마을만들기 자치입법의 기본이념은 주민자치, 주민학습을 통하여 지역사회에 대한 인식을 새롭게 하고 미래세대와 지속가능한 삶과 주거가 가능한 공간구현이 목적임을 제안하면 된다.

기본이념

마을만들기 주체는 이 조례의 목적을 달성하기 위해 다음 각 호의 기본이념을 토대로 하여 마을만들기를 추진해야 한다.
1. 평생학습에 기초하여 주민들의 자발적 학습과 토론, 합의를 통해 사업을 결정하고 추진한다.
2. 주민자치 정신을 바탕으로 주민주도 상향식의 방식으로 행정과 협력하면서 추진한다.
3. 상부상조 정신에 기초하여 마을의 전통문화와 자연환경을 살리고, 모든 주민들의 존엄성을 존중하면서 추진한다.
4. 마을의 경제자립을 위해 농특산물 상품개발과 유통구조 개선, 농촌관광 활성화 등을 통해 주민소득을 향상시키는 방향으로 추진한다.

주민과 마을과의 관계는 마을과 관련된 모든 인적자원이 참여할 수 있는 가능성을 고려하여야 한다. 주민등록상의 거주지 중심이 아닌 생활자 중심의 관점에서 주민과 마을의 관계를 정립해야 하며, 다양한 계층이 참여할 수 있는 가능성도 열어 놓아야 한다. 또한 주민의 책임과 의무를 명문화하고 주민참여를 독려하는 방안도 검토하여야 한다.

주민과 마을만들기의 관계

주민은 마을만들기의 주체로서 다음 각 호와 같은 이유로 차별을 받지 않는다.
1. 주민의 연령, 성별, 심신의 상황, 출생지, 사회 또는 경제적 환경의 차이 때문에 마을만들기 사업에 참가할 권리를 제한받지 않는다.
2. 마을만들기 활동은 마을주민의 자발성 및 자주성을 존중한다.

18세 미만 주민의 참가권리

18세 미만의 청소년 및 어린이는 연령에 맞게 마을만들기에 참가할 권리를 갖는다.

주민의 책임과 의무

주민은 마을만들기의 주체임을 인식하여 주인 입장으로 마을만들기 활동에 참가해야 하며 자신의 발언과 행동, 그리고 마을 및 결정사항에 대한 구성원으로서 책임과 의무를 가진다.

주민참여 확대의 의무

모든 주민이 마을만들기에 참여하는 것은 주민자치를 지키고 발전시키는 것임을 인식하고 주민참가를 확대시키기 위해 노력해야 한다.

지역발전계획과 마을만들기 계획 연계 · 조화

마을만들기 기본계획은 현행법상으로 법정계획이 아니다. 지방자치단체가 계획안을 마련할 때 상위법에 기초하여 계획안을 작성하는 현행제도를 고려해 볼 때 지방자치단체는 상위법을 고려하여 마을계획을 구상할

필요가 있다. 그중 법정계획인 도시기본계획, 도시관리계획과 도시·주거
환경 기본계획 그리고 생활권 기본계획 등과 연계하여 마을만들기 기본계
획을 구상하여야 한다. 특히 생활권 기본계획은 법정계획은 아니지만 지
방자치단체의 의지에 따라 계획할 수 있으므로 이 계획안을 적극 활용할
필요도 있다.

관련 계획과의 관계

① 지방자치단체장은 기본계획이 지역의 관련 발전계획들과 조화를 이루
   도록 해야 한다.
② 지방자치단체장은 매 연말에 기본계획의 추진상황과 관련 발전계획과의
   연계에 대해 점검하고 기록으로 남겨야 한다.

다양한 추진체계로 마을주민 중심 운영구조

마을만들기 추진위원회의 구성은 마을만들기 사업을 추진하고자 하는
사업지구를 자체적으로 수행하기 위해 필요한 조직이다. 추진위원회 위원
장은 직접민주주의의 선출방식인 주민회의를 통해 선출할 필요가 있다.
그리고 마을만들기를 위해 다양한 조직이 연계할 수 있는 추진체계의 구
성이 필요하며, 행정전담부서를 비롯하여 행정협조회의, 지구협의회, 정
책협의회 등을 구성할 필요가 있다.

마을추진위원회 구성

① 마을만들기 사업을 추진하고자 하는 사업지구는 자체적으로 마을만들기
   사업을 전담할 수 있는 마을추진위원회(이하 "추진위원회"라 한다)를 구
   성한다.
② 추진위원회는 주민회의를 통해 민주적으로 선출된 마을추진위원장(이하
   "추진위원장"이라 한다)을 둔다.
③ 추진위원회의 명칭이나 구성, 역할 등 세부사항은 사업지구별로 정한다.

마을만들기 행정전담부서 지정

지방자치단체장은 마을만들기 사업계획을 매년 수립하고 관련 사업을 조정하며 체계적으로 추진하기 위하여 마을만들기 분야를 총괄할 수 있는 전담부서를 지정할 수 있다.

마을만들기 행정협조회의 설치

지방자치단체장은 각종 마을만들기 사업을 담당하는 부서들이 잘 협조할 수 있도록 해야 하며 이를 위해 마을만들기 행정협조회의(이하 "행정협조회의"라 한다)를 설치하고 정기적으로 회의를 개최한다.

마을만들기 지구협의회에 대한 지원

① 마을만들기 사업지구가 모여 자발적으로 구성된 마을만들기 지구협의회(이하 "지구협의회"라 한다)의 대표성을 존중하고 사업지구 사이의 공동사업을 장려한다.

② 지방자치단체장은 지구협의회의 공동사업에 필요한 경비의 일부를 예산의 범위 내에서 지원할 수 있다.

마을만들기 정책협의회 구성과 운영

① 지방자치단체장은 마을만들기 기본계획 수립과 사업지구 지정 등 주요사항 심의를 위하여 행정과 마을, 전문가로 구성된 마을만들기 정책협의회(이하 "정책협의회"라 한다)를 구성, 운영한다.

② 정책협의회는 마을만들기 정책의 다음 각 호의 사항을 심의한다.

  1. 마을만들기 기본계획 승인에 관한 사항
  2. 사업지구의 지정과 변경 및 취소에 관한 사항
  3. 마을만들기 사업의 내용에 관한 사항
  4. 사업지구 사이의 조정과 협력관계 구축에 관한 사항
  5. 마을만들기 지원센터의 지원에 관한 사항
  6. 그 밖에 회장이 회의에 부치거나 위원 과반수의 요구에 따라 회의에 부치는 사항

③ 정책협의회는 회장과 부회장 각 1명을 포함하여 20명 이내의 위원으로 구성한다. 회장은 지방자치단체장이 되며 부회장은 호선한다. 위원은 당연직과 위촉직으로 구성하며 사업 관련 실과소장(이하 "실과소장"이라 한다)은 당연직 위원이 되며, 위촉직 위원은 의회 의원, 지구협의회에서 추천한 추진위원장, 학식과 덕망을 겸비한 전문가 가운데 회장이 위촉한다.

함께 만드는 마을, 함께 누리는 삶

④ 회의는 정기총회와 임시총회로 구분하며 정기총회는 연 1회 이상 실시하고 그 밖에 세부내용은 별도로 정한다.
⑤ 총회에 출석한 위원에 대하여는 「지방자치단체 각종위원회 실비변상 조례」의 규정에 따른 수당 및 여비를 지급할 수 있다. 다만, 공무원이 직무와 관련하여 참석한 경우에는 그렇지 않다.

지역 중심 지원체계

마을만들기 사업을 조정하고 연계하는 조직은 마을만들기 지원센터를 중심으로 민간영역과 행정영역과의 관계 조성을 할 필요가 있다. 이 중간지원조직은 민간이 참여할 수 있는 가능성을 열어 놓기 위해 민간에게 위탁할 수 있다는 전제조건을 조례에 명문화시켜야 한다. 그리고 마을만들기 중간지원조직은 조사, 연구, 사업을 중심으로 마을만들기 발전을 위해 다양한 시책을 발굴하고 제안하는 역할을 할 수 있는 여건을 만들 필요가 있다. 또한 사업의 전문성과 원활한 수행을 위하여 마을간사를 채용하고, 마을간사협의회를 조직 · 구성하여 마을만들기 사업의 질적 제고를 도모할 수 있도록 제도적 장치를 마련하여야 한다.

마을만들기 지원센터 설치와 운영

① 지방자치단체장은 마을만들기를 지속가능하고 체계적이며 종합적으로 추진할 수 있는 민간 전담기구로서 "마을만들기 지원센터"(이하 "지원센터"라 한다)를 설치하거나 민간에 위탁할 수 있다.
② 지원센터는 조사 · 연구 · 교육 사업을 중심으로 마을만들기의 발전을 위해다양한 시책을 발굴하고 제안하는 역할을 기본으로 정책협의회에서 결정된 사항과 다음 각 호의 사업을 추진한다.
1. 마을만들기 시책 개발
2. 마을만들기의 조사 및 연구 사업
3. 마을만들기 사업지구에 대한 주민교육과 연수, 컨설팅 사업

4. 마을만들기 관련 민간단체의 네트워크 사업
5. 지방자치단체가 위탁한 사업
6. 그 밖에 마을만들기에 필요한 제반 분야에 대한 지원사항 등
③ 정책협의회는 지원센터의 원활한 사업추진을 지원하기 위하여 지방자치단체장에게 공무원 파견을 요청할 수 있다.
④ 지방자치단체장은 지원센터에서 제안된 사업에 대하여는 예산의 범위 내에서 사업의 일부 또는 전부를 지원할 수 있다.
⑤ 지원센터는 사업지구 및 마을만들기 관련 조직 사이의 협력관계가 잘 구축될 수 있도록 노력해야 한다.

마을간사 채용 및 마을간사협의회 설치

① 지방자치단체장은 마을만들기 사업지구의 부족한 인적 역량을 보완하기 위하여 마을간사를 채용하여 파견하거나 사업지구에서 채용하는 것을 지원할 수 있다.
② 채용된 마을간사는 행정예산으로 채용되어 유사한 역할을 맡은 다른 그룹과 연계하여 "마을간사협의회"(이하 "마을간사협의회"라 한다)를 설치하여 운영할 수 있다. 지방자치단체장은 마을간사협의회 공동사업의 일부 또는 전부에 대해 예산을 지원할 수 있다.

도농교류센터 설치

지방자치단체장은 마을만들기 활동과 연계하여 도농교류와 농촌관광 등의 활동을 체계적이고 종합적으로 추진할 수 있는 민간 전담기구로서 "도농교류센터"(이하 "도농교류센터"라 한다)를 설치하거나 민간에 위탁할 수 있다.

도시민의 귀농귀촌 지원

지방자치단체장은 주민들의 자발적인 마을만들기 활동이 더욱 활성화될 수 있도록 도시민 인재의 귀농귀촌을 적극 장려하고 지역사회 기여활동을 적극 지원하여 도시민과 공생하는 마을만들기를 추진해야 한다.

사업발굴 구체화

지방자치단체장은 마을만들기의 성공을 위해 국·도비 지원사업과 별

도로 특색 있는 마을만들기 사업을 발굴하고 추진할 수 있도록 노력하여
야 하며, 이를 위해 해당 지방자치단체에 맞는 마을만들기 사업을 특화시
킬 필요가 있다. 그리고 사업의 원활한 수행을 위해 행정사업을 체계화하
고 단계설정을 도모할 필요가 있다.

마을만들기 사업의 발굴

지방자치단체장은 마을만들기 성공 모델을 창출하기 위하여 국·도비 지
원사업과 별도로 특색 있는 마을만들기 사업을 발굴하여 추진해야 한다.

으뜸마을가꾸기 사업

지방자치단체장은 주민들의 학습활동과 토론을 활성화하고 마을만들기
사업의 성공 모델을 창출하기 위하여 주민주도 상향식의 으뜸마을가꾸기 사
업을 추진한다.

행정사업의 체계화와 단계설정

① 지방자치단체장은 각종 마을만들기 사업을 지원액수와 예산출처 등을
기초로 명확하게 구분하고 각 사업의 지침을 수립하여 투명하게 추진
해야 하며 사업 간의 관계를 종합적으로 고려하여 체계적으로 지원해
야 한다.
② 지방자치단체장은 선택과 집중을 통해 마을만들기 사업의 효율성을 높이
고 성공 모델을 확대하기 위하여 마을만들기 사업을 단계별로 지원한다.
③ 지방자치단체장은 신규로 도입 혹은 지정되는 마을만들기 사업이 있을
경우에는 이를 제2항에 따라 단계를 구분하고 별도로 명시해야 한다.

마을축제로 마을만들기 승화

마을만들기의 핵심은 마을공동체의 형성이다. 마을과 마을, 마을주민
간의 호혜적 관계가 형성되면서 건강하고 행복한 지역사회가 되는 것이
다. 따라서 마을만들기를 추진하는 행정과 민간 영역은 마을공동체 형성
을 위한 제도적 장치가 필요하다. 즉 마을마다 자발적으로 기획하고 집행

하고 실행할 수 있는 마을축제를 적극 지원·권장할 수 있는 제도적 장치가 필요하다. 마을축제가 주민주도적으로 진행될 수 있도록 상설적인 마을축제위원회를 민간에 설치할 수 있는 가능성도 마련하여야 한다.

마을축제의 목적과 성격

① 지방자치단체장은 마을만들기의 성과를 집약하여 내부적으로는 사업지구 사이의 연계와 확산을 도모하고, 외부적으로는 전국적인 교류와 협력 관계 도출을 위해 매년 마을축제를 기획하고 개최해야 한다.
② 마을축제에 참가하는 마을은 마을만들기 사업지구를 중심으로 모든 마을을 대상으로 공모하여 선정해야 하며, 참가 마을은 주민주도로 축제의 주제를 발굴, 기획하고 자발적으로 추진해야 한다.
③ 마을축제는 매년 1회 개최하되, 마을마다 자발적으로 주제를 정하여 사시사철 수시로 개최하는 방향으로 발전할 수 있도록 지원해야 한다.

마을축제 조직위원회의 설치와 구성

① 마을축제가 주민 주도로 진행될 수 있도록 상설적인 마을축제 조직위원회(이하 "조직위원회"라 한다)를 민간에 설치할 수 있다.
② 조직위원회는 마을만들기의 취지와 활동내용을 잘 이해하는 자로 구성해야 하며, 의회 및 마을만들기 관련 조직이 참가할 수 있도록 해야 한다.

마을축제 조직위원회에 대한 행정의 지원

① 지방자치단체장은 마을축제의 예산을 매년 확보해야 하며, 조직위원회의 원활한 운영을 위해 인건비, 일반운영비 등을 지원할 수 있다.
② 마을축제의 준비 및 원활한 행사진행을 지원하기 위하여 공무원을 파견근무하게 할 수 있다.

마을만들기 생태계 구축

위와 같은 내용을 중심으로 마을만들기 사업의 체계를 이루게 된다. 그리고 궁극적으로 다음의 그림처럼 민간이 운영하고 행정이 지원하는 마을만들기 생태계를 구축하게 된다. 행정은 행정 내부의 거버넌스와, 민간영

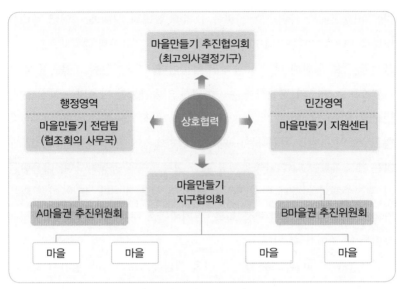

마을만들기 추진협의회
(최고의사결정기구)

행정영역
마을만들기 전담팀
(협조회의 사무국)

상호협력

민간영역
마을만들기 지원센터

마을만들기
지구협의회

A마을권 추진위원회

B마을권 추진위원회

마을 마을 마을 마을

마을만들기 생태계 구축

역은 센터 중심의 체계를 기반으로 지원체계를 구축하고 이를 제도화하면 된다.

마을공동체를 위한 매니페스토 개발

마을만들기 조례제정으로 제도화가 보장되는 것은 아니다. 마을공동체 활동이 효과를 거두기 위해서는 ① 시민과의 소통을 활성화하기 위한 지속가능한 마을공동체 공약이행 활동에 시민참여를 확대, 발전시킬 수 있는 계획 수립, ② 지속가능한 마을공동체 공약이행을 위한 지방자치단체, 기초-광역의회의 공동 실천방안 조율과 협력계획 수립, ③ 정당의 정책검토와 지원활동 강화방법 및 제도화 계획 수립과 긴밀하게 연계되어 추진되어야 한다(이창언, 2014: 205).

마을공동체를 위한 매니페스토(manifesto, 선거공약) 개발 사업은 마을만들기 운동의 제도화를 위한 중요한 과제이다. 이 사업은 마을에 대한 바람직한 미래목표를 확립하고 실현하기 위한 합리적 선택과 이행에 중대한 영향을 미치는 일련의 과정이다. 지속가능한 마을공동체 매니페스토는 마을이 앞으로 실천해 나갈 내용이고 약속이다. 지속가능한 마을공동체 매니페스토는 마을의 정체성을 유지하면서 지속가능한 마을의 미래상을 설정하고 이를 달성하기 위해 마을이 가진 인적·물적·내부·외부·유형·무형의 자원을 동원하는 구체적인 실천계획이다. 한편 매니페스토 개발은 제도화를 통해 마을공동체를 위한 활동기반을 공동화하며, 마을만들기 추진주체의 역량과 영향력을 강화할 수 있을 것이다. 또한 이 사업은 창의적 지역발전과 공동체성 회복, 뉴거버넌스 구축 및 책임과 성찰성을 높이는 데 기여할 수 있다.

마을공동체 매니페스토 개발은 마을 매니페스토 이행과 평가시스템 가치를 확산하고, 이 활동의 제도화를 목표로 지속가능한 마을공동체 실현을 추구하는 장기적 목표와 함께 주민 스스로 현안을 찾고 해결방법을 찾아가는 정기적 토의과정, 소수의 전문가에 의한 톱다운(top-down) 방식이 아닌 보텀업(button-up) 방식의 어젠다 개발에 바탕하여 진행해 나가야 한다. 주민의 눈높이에서 특정 이해관계자의 사익추구와 특정 집단의 요구를 넘어서 주민의 참여와 소통을 바탕으로 민의 삶에서 용출되는 지역 어젠다를 도출해 내는 것이다.

10장

공동체로
꽃피우기

1. 마을만들기와 시민참여

마을을 이야기할 때마다 딜레마가 하나 있다. 서구사회와는 달리 민주적 시민사회가 올바르고 성숙되게 성장해 온 적 없는 한국의 현실에서는 대한민국 헌법이 정하고 있는 "대한민국은 민주공화국이다. 대한민국의 주권은 국민에게 있고, 모든 권력은 국민으로부터 나온다"는 말이 어색하게 들릴 정도이다. 제대로 성장해 온 적 없는 시민성을 앞에 두고 우리는 늘 시민참여를 논의한다. 시민참여가 곧 객체로서의 참여인지 아니면 주체로서의 참여인지는 그 반응 정도에 따라 달라진다고 할 수 있다. 그러면 마을만들기는 어떤 수준의 참여인가를 살펴볼 필요가 있다. 마을이라는 공간적 범위는 주민참여라는 단어가 적절할지도 모른다. 그러나 시민은 'demos'의 뜻으로 자기 내면의 성찰을 통하여 삶의 문제를 주체적으로 해결한다는 의미에서 주민보다는 시민이라는 말이 더 적절하다고 본다.

2. 시민참여와 주민통제

시민참여는 시민이 행정과정에 참여하여 영향력을 행사하는 행위의 정도로 정의할 수 있다. 시민이 행정에 참여하여 영향력을 행사하는 정도는 참여 정도와 역량에 따라 그 참여의 수준과 정도가 달라진다. 시민이 적극적으로 참여하면 시민통제의 수위가 높아질 것이며, 소극적으로 참여하면 행정의 통제수위가 높아진다. 시민참여의 사다리를 언급한 아른슈타인(Arnstein)은 참여의 단계를 시민권력단계, 명목단계, 비참여단계로 구분하여 그 의미를 설명한 바 있다. 전체 8개의 단계로 구성된 시민참여의 단계 가운데 마을만들기는 어느 정도 수준인가를 파악하는 것이 마을마을기의 주체적 역량이 어느 수준인지 판단할 수 있는 지표라고 본다. 이 외에도 능동적 참여 대 수동적 참여, 정부의 통제 대 시민의 통제, 제도적 참여 대 비제도적 참여 등으로 구분하여 시민참여 정도를 논의하고 있으나 내용은 대동소이하다.

통제양식에 따른 참여 정도와 참여의 사다리에 기준에 비추어 볼 때 기존 마을만들기의 참여의 수준과 정도 그리고 지금 진행하고 있는 마을만들기의 참여의 정도는 접근방식에서 분명한 차이를 보인다. 과거에는 통제적·동원형 시민으로서의 역할론이 강조된 반면, 현재의 마을만들기 정책이 보여 주는 시민참여의 수준은 참여적 시민으로서의 역할론이 강조되고 있음을 알 수 있다.

통제양식에 따른 참여 정도

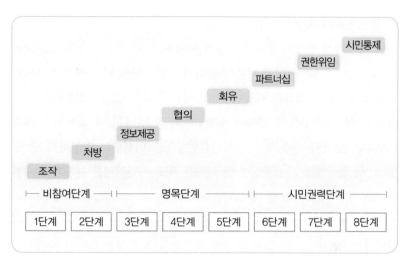

아른슈타인(Arnstein)의 참여의 사다리

출처: Arnstein S. R.(1969).

3. 적극적 참여와 시민통제

마을만들기는 시민참여가 관건이라 해도 과언이 아니다. 극히 제한적인 행정서비스 또는 하향적 시민참여는 주권자로서의 기능보다는 한 조직의 구성원으로 소극적이며 동원된 자원의 한계에 직면하게 된다. 이 과정은 동원형 참여가 우선한다. 물론 행정은 편리하게 일을 진행할 수 있다. 그러나 소극적이며 동원된 자원으로서의 시민이 아닌 보다 주체적이고 내발적 가치에 기반한 시민을 위해서는 행정과 시민 간의 상호 협력적인 거버넌스가 매우 바람직하지만 행정 입장에서는 매우 번거로운 일이 아닐 수 없다. 그러나 적극적 참여와 행정, 시민 간의 상호 신뢰와 공동체 형성이라는 측면에서는 매우 중요한 의미를 지닌다. 또한 이는 행정의 변화도 요구되는 부분이다. 행정은 정책을 집행하는 과정에서 시민의 목소리를 들고 시민에게 다가가야 한다.

그 과정에서 행정의 정보가 폭넓게 공개되고, 행정과 시민의 상호 소통의 폭이 넓어진다. 이러한 변화의 분위기는 단순한 분위기 전환이 아니라 행정 패러다임의 전환을 이끌어 낸다. 이는 물리적 성과에 집중하거나 결과지향적인 행정운영이 아니라 시민참여와 소통, 나눔과 호혜의 관계를 도모하는 일련의 과정 중심적 시민참여행정을 이행하는 것이라고 할 수 있다. 즉 참여행정 이행과정에 큰 의미를 두고 시민참여를 유도한다는 점이 매우 큰 특징이라고 할 수 있다.

OECD(2001)는 정책참여 유형을 설계, 집행, 평가로 정책이행 과정에 나타나는 유형을 정보, 협의, 참여로 구분하고 그 특징을 설명한 바 있다.

이는 '정보-협의-적극적 참여'로 이어지는 참여행정의 이행과정이 정책결정 과정에서 시민의 참여와 영향력에 영향을 주면서 정보와 의사소통이 일방향에서 쌍방향으로 전환됨을 알 수 있으며, 따라서 쌍방향 소통이

OECD 정책 이행과정의 참여유형

정책 사이클의 단계	정보	협의	적극적 참여
설계	• 백서, 정책문서 • 입법 프로그램 • 법안과 규제	• 대규모 여론조사 • 토론집단이나 시민패널의 활용 • 법안에 대한 논평	• 대안적인 법안이나 정책제안 제출 • 정책 이슈와 옵션에 대한 공적 대화
집행	• 새로운 정책이나 규제 및 조항	• 보조법안을 개발하기 위한 포커스 집단의 활용	• 새로운 법안 준수에 대한 정보를 확산시키기 위해 시민사회단체와 파트너십 형성
평가	• 평가회의와 참여 기회에 대한 공지	• 정부 평가 프로그램과 결과 검토에서 이해당사자 포함	• 시민사회단체가 수행하는 독립적인 평가

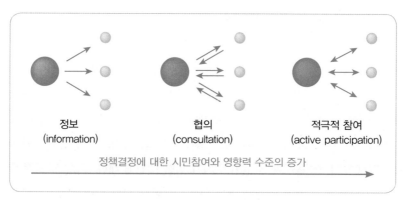

정보 | 협의 | 적극적 참여
(information) | (consultation) | (active participation)

정책결정에 대한 시민참여와 영향력 수준의 증가 →

정보-협의-참여의 논의

출처: Canada, Health(2000). OECD(2001: 23)에서 재인용.

시민참여행정의 중요한 핵심임을 알 수 있다.

　마을만들기에 참여하는 시민은 객체로서의 참여가 아니라 주체로 참여하는 시민으로서, 그 과정에서 공동체를 형성하는 마을만들기 생태계를 자연적으로 형성하게 된다. 마을만들기는 주체로서의 시민이 성장하는 과정이라고 할 수 있다. 시민이 성장하는 과정에서 마을이 가지고 있는 지역에 대한 강한 동료의식과 지리적·문화적 공감을 이루는 지역성(locality)이 적절하게 결합되면서 마을의 주체로 성장하게 된다.

마을만들기 참여 정도

객체로서의 마을만들기	주체로서의 마을만들기
동원형 참여	적극적 참여
행사동원 제한된 정보 수동적 참여 무비판 수용	자율성 강화 자존감 강화 열린 공동체 참여민주주의 및 추첨민주주의 확장

4. 개인의 키움과 공동체의 성장

마을만들기를 통하여 성장한 개인은 곧 공동체와 연결된다. 그리고 강화된 시민통제 그리고 돈독해진 동료의식과 역할의식은 마을이 지향해야 할 공동체를 형성하게 된다. 로자벳 켄터는 공동체의 성공은 ① 공동체 구성원의 복지가 보장되는 생활, ② 일정한 이념과 목적의 지향성, ③ 일정한 질서 유지, ④ 공동체 구성원이 되기 위한 조건에 대한 합의, ⑤ 공동체 생활양식을 낳는 특정 기제에 대한 이해, ⑥ 어느 정도 경제적으로 자급자족이 가능한 체제 등에 달려 있다고 보았다. 마을만들기가 마을공동체와 연결되기 위해서는 개인의 온전한 성장이 우선되어야 한다.

5. 작은 행동, 큰 힘 그리고 공동체

공동체를 이루기 위해 한 명 한 명이 모인 생활 단위의 공동체, 즉 생활공동체는 다시 모여서 지역공동체를 이루게 된다. 결국 마을만들기라는

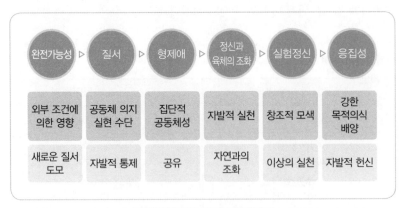

로자벳 켄터의 공동체 형성단계

출처: 로자벳 켄터(1983).

함께 만드는 마을, 함께 누리는 삶

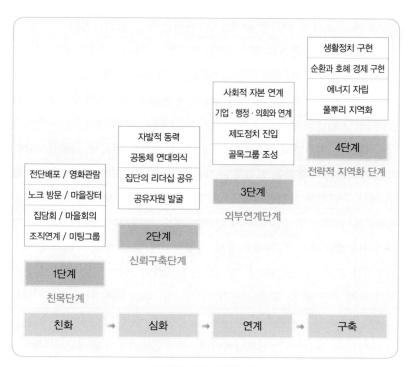

생활정치 구현

순환과 호혜 경제 구현

에너지 자립

풀뿌리 지역화

4단계

전략적 지역화 단계

사회적 자본 연계

기업 · 행정 · 의회와 연계

제도정치 진입

골목그룹 조성

3단계

외부연계단계

자발적 동력

공동체 연대의식

집단의 리더십 공유

공유자원 발굴

2단계

신뢰구축단계

전단배포 / 영화관람

노크 방문 / 마을장터

집담회 / 마을회의

조직연계 / 미팅그룹

1단계

친목단계

친화 → 심화 → 연계 → 구축

트랜지션 타운 단계별 과정

거시적 미션도 작은 행동과 출발로부터 시작됨을 알 수 있다. 최근 한국에 서는 트랜지션 타운(transition town)으로 마을만들기의 핵심 이슈로 등장하 고 있는 사례를 보면 마을만들기의 형성 단계에 주목하고 있다. 이는 앞에 서 언급한 시민참여와 민관협력 거버넌스가 가능하도록 하는 생태계를 만 들었다는 점에 주목할 필요가 있다. 트랜지션 타운 운동을 사례로 마을만 들기가 향후 모색해야 할 시민참여 그리고 민주적 시민개입과 통제의 의 미를 찾아볼 수 있다.

트랜지션 타운 운동은 소극적 참여가 아니라 적극적 참여 수준의 주민 참여를 기반으로 거시적 미션을 수행하는 단계를 지닌다. 그 단계를 그림 에서와 같이 그룹을 형성하고 친밀도를 높이는 친화단계 그리고 높아진 친밀도에 기초하여 함께할 수 있는 일거리를 찾는 심화단계를 이루게 된다. 심화단계는 주민 이외의 다양한 자원과 연결되는 연계단계를 이루고 난 후 최종적으로 4단계에서는 1단계에서 3단계를 기반으로 정립한 전략적 사고를 지역에 뿌리내리는 지역화 단계를 모색하는 것이라고 할 수 있다. 이러한 일련의 단계를 통해 트랜지션 타운을 형성하게 된다. 트랜지션 타운 운동은 기후변화, 석유정점에 대응한 지역화 전략이 최종목적이라 하더라도 이를 이해하는 일련의 과정을 더 중요하게 여긴다. 즉 상호 이해를 위한 주민소통 환경을 만드는 일로부터 시작하는 것이 중요하다는 것이다. 제1단계는 초기단계로 이 단계는 서로 친해지는 것을 목적으로 한 단계이다. 거시적인 미션과 목표를 시행하기에 앞서 상호 이해와 협력의 가능성을 모색하는 단계이다. 방법론은 다양하다. 서로 알아 가면서 친해지기 위해 전단 배포, 포스터 부착, 영화관람, 다른 조직과 네트워킹하기, 집담회, 마을장터, 마을회의 등 서로 소통할 수 있는 방법을 모두 동원하는 과정이다. 제2단계는 심화단계이다. 서로 친해지면서 쌓여진 신뢰를 구축하는 단계이다.

그 과정은 함께할 수 있는 일거리를 찾아 가면서 집단에 대한 리더십을 공유하고 이해하는 단계이다. 제3단계인 연계단계는 모아진 힘, 즉 임파워먼트(주민권력)를 지역사회로 확장시키는 단계이다. 이 단계에서는 활동을 진행하는 과정에서 접촉하지 않았던 그룹과 관계하는 단계로 지방의회와 지방자치단체 그리고 지역기업과 지역관계자를 연계시킨다. 이 단계는 지역사회에서 트랜지션 타운 운동을 보다 더 깊이 뿌리내리게 하는 단계이다. 제4단계는 1단계부터 3단계까지 진행된 사항을 구축하는 단계이자 전략적 사고를 시작하는 단계이다. 전략적 단계는 진정한 아래로부터 형성된 풀뿌리 조직이 운동으로 연결되는 단계이다. 그 과정에서 에너지 자립을 지원하는 지역에너지회사, 순환과 호혜의 경제를 도모하는 마을기업, 로컬푸드, 로컬머니 등의 전략을 선택하게 된다.

함께 만드는 마을, 함께 누리는 삶

11장

사람만이
희망이다

1. 온전한 시민성 찾기

마을만들기는 민관협력 거버넌스에 기반한 풀뿌리 주민자치운동인 동시에 진정한 마을의 의미를 복원하는 운동이다. 마을만들기의 시작과 끝은 주민과 마을이다. 그 어떤 제도와 정책적 장치에도 불구하고 가장 고려되어야 할 사항은 상호 협력적 관계를 유지하고 있는 주체별 역할 정립이다.

진정한 아래로부터의 변화의 근간이 되는 주민이 주체가 되고 행정과 중간지원센터는 협력자가 되도록 하는 것이 모범답안이라고 할 수 있다. 마을공동체 사업과 같이 주민주도성에 의해 형성된 사회적 인프라는 주민이 거주하는 삶이 터 단위에 국한되는 것이 아니라 더 나아가서는 그 어떤 정책에도 상향식 발전을 도모할 수 있는 시스템을 갖추어 나가야 한다. 주민의 삶의 터에 연계된 마을공동체 사업은 근본적으로 공공성에 기반하여 운영되게 된다. 마을만들기는 특정 주민에 의해 진행되는 것이 아니라 다수의 주민참여를 통하여 공공성의 강화가 필요하다. 그리고 '호혜·나눔·관계'의 공간사회의 성격을 지닌 마을공동체는 행정이나 중간지원기구의 역할이 아니라, 온전한 시민으로서의 역할이 그 무엇보다도 중요하다.

2. 마을만들기는 곧 온전한 시민만들기

　대한민국 헌법 제1조의 "대한민국은 민주공화국이다"의 민주공화정은 우리나라가 선택한 'democracy'라는 정치체제이다. 우리는 민주주의라고 번역하여 사용한다. 그런데 주의(主義)라는 단어에 매몰되어 이데올로기, 이데아 또는 이념 정도로 생각한다. 그러면 어떤 이념인가를 반문해 보면 '국민이 주인이 되는 주의'를 의미한다. 민주공화정은 민주라는 데모스(demos)와 크라시(crcay)의 합성어로 시민통치, 국민통치의 의미를 지닌다. 즉 헌법이 정하고 있는 민주공화정은 국민(시민)이 통치하는 정치체제를 의미한다.

　시민에 의하여 통치되는 민주공화정의 시민성은 어떤 시민성인가? 시민은 단순히 공간에 거주하는 사람을 의미하지 않는다. 서구의 근대성 그리고 서양철학에서 보듯이 서양은 종교의 권위에 맞서 끝없는 날선 투쟁의 결과로 얻어 낸 것이 시민이 주인이 되는 정치체제인 공화정이었다.

　이미 이러한 공화정에 대한 논의는 고대의 플라톤과 아리스토텔레스가 폴리스의 정치체제를 분석하면서 시민성에 대하여 논의한 바 있다. 그리고 그 시민성이 발현되는 결과로 배심원제, 민회, 시민의 일원으로서의 공무원의 자세 등을 논의한 바 있다. 이들의 논의의 기초는 시민에 기초한다. 그러나 한국의 현실은 어떠한가?

　우리나라는 근대적 관료제 수립이 완수되지도 않은 상태에서 서구에서 겪고 있는 근대화의 문제점도 동시에 떠안고 있는 상황이다. 근대화의 문제점은 법과 원칙에 지나치게 집착한 나머지 '의미'는 사라지고 '형식'만 남아 있다는 것이다. 절차적 정당성의 문제가 지나치게 강조되는 나머지 형식 합리성이 실질 합리성을 대체하게 되는 문제가 나타나고 있다. 우리나라는 가치보다는 절차로서의 관료제가 도입된 사회의 특징을 보이면서 수단과 목표의 전치 또는 절차주의 과잉의 문제가 더 두드러지게 나타나고 있다.

　반면, 서구에서는 거대담론으로 상징되는 법적 합리성을 보완하기 위해 다양한 시민참여의 활성화, 공론의 부활, 합의를 위한 숙의민주주의 등을 통해 근대 관료제의 문제점을 보완하려는 움직임을 보이고 있다. 결국 한국 사회는 전근대성의 탈피와 근대성의 문제점을 동시에 해소해야 하는 과제를 동시에 떠맡고 있는 상황이다. 왕정시대의 전근대적 가신제로부터의 탈피, 과잉 통제와 규제로 특징지워지는 식민지적 행정체계의 극복, 관존민비의 오랜 전통을 넘어서는 '민주'의 원칙에 대한 재확인의 과제가 동시다발적으로 제기되고 있는 것이 지금 한국의 현실이다. 따라서 헌법의 기본원칙인 '민주'와 '공화'의 원칙에 기초한 새로운 틀이 구성되기 위해서는 시민사회의 형성과 구성이 전제되지 않을 수 없다.

　한국은 서구 시민사회의 등장에 기초한 근대국가의 출현 없이 제도로서 도입된 선거에 의해 국가권력이 창출되고, 헌법에 근거한 국가적 틀을 구축하는 과정에서 가치와 철학 그리고 시민성에 기반한 근대정신과 근대국가의 완성을 이루지 못한 상황에서, 시민사회에 대한 논의는 데모와 시위로 대표되는 저항적 시민사회의 모습으로 각인된 것이 우리 사회가 안고 있는 근본적인 문제이다.

　그러나 최근에는 민주공화정의 오랜 역사를 지닌 국가에서도 국가와 시장의 실패가 사회적 이슈로 등장하면서 시민성에 대한 논의가 구체화되고 있다. 행정, 입법, 사법 등 삼권의 국가기구뿐만 아니라 시장도 시민사회와의 결합을 통해 기업의 사회적 책임, 윤리적 소비, 사회적 경제와 공간재생 등에 대한 논의를 진행하고 있다. 최근에는 시민사회도 데모와 시위로 형상화된 저항적 시민사회가 아니라 일상과 생활정치 영역에서 자연발생적으로 진행되는 보편적 시민사회에 대한 관점이 구체화되고 있다.

　즉, 서구에서는 시민사회의 등장이 근대국가 등장의 전제가 된 데 비해 한국 사회에서는 역문화 지체의 한 특징으로 제도로서의 선거에 의한 국

완전함과 온전함의 차이

완전함	온전함
100%	지향성
평가	숙고
판단	분별
자기부재	자기현존

출처: 양세진(2014: 5).

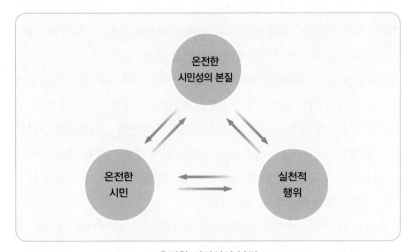

온전한 시민성의 본질

출처: 양세진(2014: 6).

가권력의 창출, 헌법에 근거한 지배라는 형식적 국가의 틀이 확립되었고, 그에 따라 가치와 철학의 차원에서의 근대정신의 형성이 더디었고, 국가에 비해 시민사회의 구성이 지체되었다. 이미 공화정의 오랜 역사를 지닌 나라에서도 최근에는 국가와 시장의 실패에 대한 대안으로 시민사회의 복원을 주장하고 있다.

민주공화정이 가지고 있는 가치와 철학 그리고 실행의 주체인 시민은 보편적 시민사회의 주체가 되며 그 과정은 온전한 시민적 주체로 바로 서야 하는 것이 주어진 과제이다.

완전함을 추구하기 위해 경쟁과 갈등 그리고 완벽함을 채우기 위한 결과가 아닌 심사숙고와 온전한 분별로 자기의 모습을 묻고 또 묻는 깨물음의 과정에 기인한 온전한 시민성이 전제되어야 한다. 바른 길로부터 벗어난 것을 바로잡아 가는 온전한 모색에 의한 시민성을 구축하여야 한다.

온전한 시민의 실천적 행위로부터 온전한 시민성에 이르는 주된 발걸음은 온전한 시민성으로부터 온전한 시민의 실천적 행위에 이르는 발걸음과 마찬가지로 하나의 순환을 이룰 뿐만 아니라, 우리가 내딛는 걸음 걸음이 모두 이러한 순환 속에서 이루어져야 할 때이다(양세진, 2014: 6).

3. 시민성의 시작과 끝, 풀뿌리 마을자치

주민 중심의 풀뿌리 지역사회 권력을 위해서는 '사회화 → 정치화 → 제도화 → 정책화'의 과정이 중요하다. 사회화 과정은 정책이나 제도를 시행하기 전에 관련된 의제를 지역사회의 관련 집단을 대상으로 의견수렴과 공론화를 거치는 과정이다. 이 사회화 과정에서는 행정이 의제를 주도하는 것이 아니라 의제만 던지고 지역사회 구성원이 자발적으로 네트워크하면서 논의할 수 있는 장을 만들어 주는 것이 중요하다. 이러한 과정을 통하여 도출된 의제를 가지고 행정은 합의를 이끌어 내면 된다. 사회화 과정은 다양한 시민참여의 통로를 포함하고 있으며, 시민, 이행당사자, 전문가, 시민단체, 기업 등 다양한 사회집단이 정책의 의제설정, 결정, 집행 및 평가에 어떻게 영향을 주고 있는지를 분석하는 것이 매우 중요하다.

그다음은 정치화 과정이다. 정치화 과정은 의회와의 이해관계를 조율하는 과정이다. 지방자치의 꽃으로 불리는 주민의 대표기구인 의회는 행정부에 대하여 견제와 감시 기능을 하는 것이 주요 목적이지만 지역사회가 긍정적 발전을 도모하여야 한다는 점에서 상호 이해의 대상으로 삼는 것이 중요하다. 정치화 과정에서는 중앙정부, 의회, 정당, 기초단체 등 여러 정치주체가 특정한 정책과정에 어떻게 영향을 주고, 또한 정책이 그러한 정치주체에 어떻게 영향을 미치는지에 대한 이해도를 높여야 한다. 사회화 과정과 정치화 과정 이후에는 이를 실행하는 제도 및 정책을 마련하게 된다. 따라서 의사소통과정이 쌍방향의 입장을 고려한 시민참여행정을 진행할 때 간과할 수 없는 것이 '사회화 → 정치화 → 제도화 → 정책화' 과정이다.

이러한 과정은 과거와는 달리 관주도적으로 계획하고 관리하는 통치적 관계·하향식 발전양식이 아니라, 삶의 장소의 의미를 보다 구체적으로 사람 중심으로 전환시키는 협치적 관계·하향적 발전양식에 기초해야 한다. 그 까닭은 앞서 사회화 과정에서 설명한 바 있다. 즉 마을공동체 사업 지원과정에서 가장 중요한 것은 민관협력과 상호 신뢰의 정치학이라는 사실이다. 결국 건강하게 형성된 거버넌스는 커뮤니티가 가지고 있는 자원을 최대한 활용하도록 노력하고, 그 과정에서 기존의 자원에 대한 이해를 극복하고 사회적 자본이라는 무형의 가치에 큰 의미를 두는 것이다. 결국 지역사회 자원의 효율적인 관리·운영이 지역발전에 중요한 의제로 등장하게 되며, 그것은 지역사회가 지니고 있는 '가치발굴형 내생적 발전양식'에 기초한 발전전략이라고 할 수 있다. 진정한 풀뿌리 지역사회 권력은 다양한 풀뿌리 조직의 연대와 협력, 그리고 상호 신뢰에 기초한 네트워크의 구성과 제도화 모색 등 결과지향적 사업이 아니라 과정지향적 사업이라는 것을 고려할 필요가 있다(김성균, 2014e: 270~271).

▮ 전국 마을만들기 주요 중간지원조직 현황

광역	기초	관련 조례	조직 명칭	설립
서울시	–	서울특별시 마을공동체 만들기 지원 등에 관한 조례	서울시 마을공동체 종합지원센터	2012
부산시	–	부산광역시 마을만들기 지원 등에 관한 조례	부산광역시마을만들기지원센터	2008
전북	–	전라북도 마을만들기 지원조례	전라북도 마을만들기 협력센터	2009
경기도		경기도 마을만들기 지원 조례	마을만들기 지원센터	2012
서울	성북	성북구 마을만들기 지원조례	성북구 마을만들기 지원센터	2012
인천	부평	부평구 살고싶은 도시만들기 지원조례	부평구 도시만들기 지원센터	2010
광주	북구	아름다운마을만들기 지원센터	북구청	2006
경기	수원	수원시 좋은마을만들기 조례	마을르네상스센터	2011
경기	안산	안산시 좋은마을만들기 조례	안산시 좋은마을만들기 지원센터	2008
강원	강릉	강릉시 살기좋은마을만들기 지원조례	강릉시 마을만들기 지원센터	2008
충북	청주	청주시 녹색도시 기본조례	녹색청주협의회	2012
전남	순천	지속가능한 생활공동체 활성화 조례	순천시 생활공동체 지원센터	2011
전북	정읍	정읍시 지역공동체 육성 및 지원 등에 관한 조례	정읍시 마을공동체지원센터	2012
전북	완주	완주군 지역공동체활성화 사업 지원조례	완주 커뮤니티비즈니스센터	2010
전북	진안	진안군 살기 좋고 살고 싶은 마을만들기 기본조례	진안군 마을만들기 지원센터	2010
경남	창원	창원시 환경수도 으뜸마을 만들기 조례	창원시 환경수도 으뜸마을 만들기 지원센터	2011
경남	통영		푸른통영21추진협의회	2011

광역	법적 지위	상근 인력	행정주무부서	모조직	2011년 예산 (억 원)	2012년 예산 (억 원)	지원 공동체 현황
서울시	조례상 기관		마을공동체 담당관				
부산시	조례상 기관	3		(사)부산 시민재단	2.4	2.9	20
전북	조례상 기관	9	전북 문화체육관광국 삶의질정책과	(사)지역 활력센터	4	5.5	150
경기도							
서울	조례상 기관	3	도시재생과	(사)나눔과 미래		1.6	12
인천	조례상 기관	6	부평구 도시 재생과	인하대학교	0.92	0	11
광주	지방자 치단체	1	주민자치과	북구청	3	3	26
경기	조례상 기관	5	마을만들기 추진단	수원의제21 추진협의회	7.1	13.4	79
경기	조례상 기관	3	자치행정과	안산 YMCA	3.5	3.1	
강원	조례상 기관	2	정책기획과	(사)우리 마을	0.47	0.3	77
충북	조례상 기관	3			0.07	0	7
전남	조례상 기관						
전북	조례상 기관	6	정읍시 행복네트워 크사업단			2.7	35
전북	조례상 기관	10	농촌활력과	(재)완주 커뮤 니티비즈니스 지원센터	8	7.1	80
전북	조례상 기관		아토피전략산업과				
경남	조례상 기관		환경수도과				
경남			통영시 환경과	푸른통영21 추진협의회	1.5	0	1

함께 만드는 마을, 함께 누리는 삶

▌마을만들기 지원센터 조례 분석(광역)

구분	서울특별시	부산광역시	경기도	전라북도
조례명	서울특별시 마을공동체 만들기 지원 등에 관한 조례	부산광역시 마을만들기 지원 등에 관한 조례	경기도 마을만들기 지원 조례	전라북도 마을만들기 지원 조례
목적	• 주민자치 실현 • 민주주의 발전 • 주민주도 마을만들기	• 마을공동체 형성 • 살기 좋은 마을환경 조성 • 주민 삶의 질 향상 • 주민참여 • 마을만들기 효율적 추진	• 주민주도 추진 • 주거환경 개선, 경관, 교육, 문화, 복지, 환경, 일자리 삶의 질 향상 추구	• 민주주의 발전 • 주민자치 실현 • 마을공동체 활성화 • 주민주도 • 도민 삶의 질 향상
정의	• 마을 • 마을공동체 • 마을공동체 만들기	• 마을 • 마을만들기	• 마을 • 마을만들기	• 마을 • 마을만들기 • 자원
기본 원칙 (이념)	• 주민 간 긴밀한 관계형성 • 주민참여 기반 주민주도 • 주민·마을 개성과 문화 다양성 존중 • 주민과 행정 상호 신뢰·협력	–	• 공동체 회복 바탕 주거 및 기반시설 등 생활환경 기반 개선 • 주민참여 기반 주민주도 • 주민·마을 개성과 문화 다양성 • 생태환경과의 조화와 미래세대 공존	• 지역특성과 자원활용, 환경과 조화를 통해 후세대와 공존·공영 • 주민·행정 간 상호 신뢰·연대의식 • 주민·마을 개성과 문화 다양성 • 주민자치와 자발적 참여 • 의사결정 민주적, 사업추진은 합리적 • 소외계층·사회적 약자 우선적 배려
책무	• 주민의 권리와 책무 　– 의무 조항 • 단체장의 책무 　– 의무 조항	• 주민 책무 　– 의무 조항 • 광역시 책무 　– 의무 조항	• 도지사 책무 　– 노력 의무	• 주민 역할 　– 의무 조항 • 행정 역할 　– 의무 조항

마을 만들기 사업	• 기본계획 및 연도 별 시행계획 수립 • 기본계획 주민의견 수렴 • 상위 계획과 연계 • 행정협의회 - 광역·기초 행 정협의회 • 사업지원 및 평가 - 사업비 지원 - 주민사업계획 수 립·신청 - 평가·포상 - 사업비 환수 - 형성재산 사용: 재정지원 형성된 재산 시장 승인	• 기본계획 및 연도 별 시행계획 수립 • 기본계획 및 연도별 시행계획 전문가· 주민 의견 수렴 • 사업 지원 및 평가 - 평가·포상	• 지원계획 및 연도 별 시행계획 수립 • 지원계획·연도별 시행계획 주민 의 견 수렴 • 연도별 시행계획 주요 정책 연계 • 행정협의회 - 광역·기초 행 정협의회 • 사업 지원 및 평가 - 사업비 지원 - 전문가 지원 - 6가지 사업내용 제시 - 공모사업 산정 - 평가 및 포상 - 사업비 환수 • 시·군 기준 마련 및 사업운영	• 기본계획 및 연도 별 지원계획 • 기본계획 전문가· 주민 의견 수렴 • 마을 단위 발전계 획 수립·운영 • 사업 지원 및 평가 - 연도별 지원계획 반영된 사업 - 목적 달성하기 위 한 교육·홍보· 컨설팅 지원사업 - 연구·조사 사업 및 시범 운영 사업 - 단체·기관 지 원사업 - 일자리 창출 운 용사업 - 사업비 환수 - 우수마을 지원 - 평가 및 포상 - 사업비 교부방법 및 집행·정산· 재산처분 전라북 도 보조비 관리 조례 준용
추진 체계	• 서울시 마을공동 체 위원회 구성 • 종합지원센터 - 사업계획 수립 및 시행 - 사업계획 수립· 실 행 지원 - 일꾼 발굴 및 육성 - 교육·홍보· 전파	• 마을만들기 위원회 • 부산광역시 마을 만들기 지원센터 - 사업계획 수립 및 시행 - 전문인력 양성 및 활동 지원 - 프로그램 개발 및 보급 - 연구분석 및 평가	• 경기도 마을만들 기 위원회 • 마을만들기 지원 센터 - 사업계획 수립 및 시행 - 기초조사 및 사 업 분석·평가 - 민간단체 네트 워크 및 지원	• 마을만들기 운영 위원회 • 전라북도 마을만 들기 협력센터 - 지도자와 주민 교육 - 컨설팅 지원· 모니터링 - 프로그램 개발 및 보급

함께 만드는 마을, 함께 누리는 삶

	- 자원관리	- 컨설팅 지원 및 모니터링 - 단체기관 지원 사업	- 지도자 발굴 및 육성 - 교육·홍보·전파 - 자원관리	- 연구·조사 - 홍보 및 민간 네트워크 구축 운영
센터 운영	• 위탁 - 관련 법인이나 단체 • 위탁 취소 - 법령·조례 위반 - 위탁계약 위반	• 위탁 - 법인 또는 단체	• 민관협력 추진 - 민간전문가를 과반수 채용 배치 원칙	• 위탁 - 관련 법인이나 협의회 또는 단체

▌마을만들기 지원센터 조례 분석(대도시)

구분	서울 성북구	인천 부평구	수원시	경기 안산시	경남 창원시
조례명	성북구 마을만들기 지원조례	부평구 살고 싶은 도시만들기 지원조례	수원시 좋은 마을 만들기 조례	안산시 좋은 마을 만들기 조례	창원시 환경수도 으뜸마을 만들기 조례
목적	• 자치기능 강화 • 공동체 형성	• 쾌적한 도시 환경 • 거버넌스(주민, 시민사회단체, 학계, 전문가, 기업, 구·의회 참여) • 살고 싶은 도시 만들기	• 주민주도 • 살기 좋은 마을 만들기 • 창조적 활동 지원	• 주민자치 기능 강화 • 지역공동체 형성 • 쾌적한 도시 환경 조성 • 안산시 좋은 마을 만들기 사업 효율적 운영	• 주민 스스로 지속 가능한 살기 좋은 마을 만들기 • 창조적 활동 • 창원시 환경수도 으뜸마을 만들기
정의	• 마을 • 마을만들기 • 마을만들기 사업 • 마을만들기 주민협의체	• 살고 싶은 도시 • 살고 싶은 도시 만들기 • 도시 닥터	• 마을 • 좋은·마을만들기 • 추진주체	• 마을 • 좋은 마을 • 좋은 마을 만들기 사업 • 마을만들기 주체	• 환경수도 • 마을 • 으뜸마을 만들기 • 추진주체
기본 원칙 (이념)	• 주민 간 긴밀한 관계형성을 통한 주민공동체 회복	-	-	-	-

	• 전면철거방식이 아닌 장소 가치와 정체성을 훼손하지 않고 가꾸고 정비하는 활동 • 주민참여 주민주도				
책무	• 주민 책무 – 비의무 조항 • 구청장 책무 – 의무 조항	• 주민 책무 – 비의무 조항 • 구청장 책무 – 비의무 조항	• 주민 책무 – 의무 조항 • 시장 책무 – 의무 조항 • 추진주체 책무 – 의무 조항	• 주민 책무 – 의무 조항 • 시 책무 – 의무 조항	• 주민 책무 – 의무 조항 • 시 책무 – 의무 조항 • 추진주체 책무 – 의무 조항
마을만들기 사업	• 기본계획 수립 및 연도별 지원계획 • 기본계획 주민·전문가 의견 수렴 • 구 중장기 계획 연계 • 사업 지원 및 평가 – 사업신청: 주민자치위원회 의견 수렴 – 지원대상 지정(주거환경 및 공공시설 개선, 환경보전 및 개선, 일자리 창출 및 복지 증진) – 사업분석 및 평가 – 사업비 회수	–	• 기본계획 수립 • 시 발전계획과 조화 • 행정협의회 – 마을만들기·환경·도시계획·문화체육 부서 • 사업 지원 및 평가 – 추진주체 구성 – 교육지원 – 전문가 도움 – 지원대상 지정(주거환경 및 공공시설 개선, 환경보전 및 개선, 일자리 창출 및 복지증진, 문화예술, 학습·교육·교류)	–	• 기본계획 • 기본계획 시 발전계획과 조화 • 행정협의체 – 주관부서, 환경, 도시계획, 문화체육 부서 • 사업 지원 및 평가 – 추진주체 구성 – 지원대상(주거환경 및 공공시설 개선, 생활환경 및 자연환경 개선·보전, 환경수도 만들기 실천운동, 일자리 창출 및 복지 증진, 문화예술, 학습·교육·교류)

함께 만드는 마을, 함께 누리는 삶

			– 마을만들기 발전계획서 수립 – 사무위·공유재산 관리·보조금·재무회계 준용		– 사업신청 – 전문가 지원 – 교육지원 – 사업비 환수
추진 체계	• 마을만들기 운영위원회 • 마을만들기 지원센터 – 분석·평가·연구·보고 – 추진주체 계획수립 및 실행 지원 – 민간단체 네트워크 사업 지원 – 교육, 연수, 박람회, 세미나, 사례현장 견학 – 전문가 파견, 활동공간 확보 – 주민조직 발굴, 주민역량 강화, 주민활동 지원	• 위원회 • 부평구 살고 싶은 도시만들기 지원센터 – 연도별 사업계획 수립 및 집행 – 주민 및 시민사회단체 활동 지원 – 위탁 취소, 기간만료된 경우 시설, 자료 및 비품 반환 • 도시 닥터 – 지원센터 수립계획 및 살고 싶은 도시만들기 프로그램 관리·운영 총괄 – 각 사업 협의, 자문, 발표, 심사 및 견학	• 좋은 마을 만들기 위원회 • 마을만들기 전담부서 • 좋은 마을 만들기 지원센터 – 사업계획 수립 및 집행 – 분석·평가·연구·보고 – 추진주체 계획수립 지원 – 민간단체 네트워크 사업 – 교육, 연수, 박람회, 세미나, 사례현장 국내·외 견학 – 전문가 파견, 활동공간 확보	• 운영위원회 • 안산시 좋은 마을 만들기 지원센터 – 사업계획 수립 및 집행 – 분석·평가·연구·보고 – 주민 마을만들기 계획수립 및 집행 지원	• 창원시 환경수도 으뜸마을 만들기 심의위원회 • 창원시 환경수도 으뜸마을 만들기 지원센터 – 사업계획 수립 및 집행 – 분석·평가·연구·보고 – 주민주체 계획 수립 및 집행 지원 – 민간단체 네트워크 사업 – 교육, 연수, 박람회, 세미나, 사례현장 국내·외 견학 – 전문가 파견, 활동공간 확보
센터 운영	• 위탁운영 • 지도감독 – 서류·시설 검사	• 위탁운영 – 법인이나 단체 • 지도감독 • 위탁계약 취소	• 위탁운영 – 비영리법인·단체 • 위탁계약 해제	• 위탁운영 – 협의회 또는 법인이나 단체	• 위탁운영 – 비영리법인이나 단체 – 3년간 연장

• 위탁계약 해제
  – 법령 · 조례
   위반
  – 위탁계약
   위반
	– 허위나 부정
	  한 방법으로
	  수탁
	  – 계약 위반
	  – 법규 위반
	  – 사업평가 실
	   적 부진, 기
	   능수행 곤란
	   하다고 인정
		– 법령 · 조례
		  위반
		  – 위탁계약
		   위반
			– 3년간 재위탁
			• 지도감독
				• 지도감독
				• 위탁계약 해제
				  – 법령 · 조례
				   위반
				  – 협약 위반

▌마을만들기 지원센터 조례 분석(중소 시 · 군)

구분	전북 진안군	강원 강릉시	전남 순천시
조례명	진안군 살기 좋고 살고 싶은 마을만들기 기본조례	강릉시 살기 좋은 마을만들 기 지원 조례	순천시 지속가능한 생활공 동체 활성화 조례
목적	• 주민 스스로 • 살기 좋고 살고 싶은 마을 만들기 • 자발적이고 창조적 참여	• 삶의 질 향상 위한 생활환 경 조성 • 지역공동체 자치역량 강화 • 살기 좋은 마을만들기 효 율적 추진	• 지속가능한 생활공동체 • 살기 좋은 마을만들기와 커뮤니티비즈니스 사업 체 계적인 개발과 육성
정의	• 마을 • 마을만들기 • 마을만들기 사업 • 사업지구	• 마을 • 마을만들기 사업 • 마을만들기 주체	• 마을 • 지속가능한 생활공동체 • 살기 좋은 마을만들기 • 사업주체 • 커뮤니티 비즈니스
기본 원칙 (이념)	• 평생학습에 기초, 주민의 자발적 학습 · 토론 · 합의 를 통해 사업 결정과 추진 • 주민자치 정신 바탕으로 주민주도 상향식 방식으로 행정과 협력 • 상부상조 정신 기초, 마을 전통문화와 자연환경 살리 고, 모든 주민 존엄성 존중 • 마을 경제자립 위해 농특	–	• 주민 자발적 참여와 자치 • 주민과 지역사회, 상호 신 뢰와 연대의식 • 주민과 마을 개성 살리고, 문화 다양성 존중 • 살기 좋은 지역사회는 좋 은 마을, 좋은 가정에서 시작된다는 것이 기본 • 도시 전체 생태환경과의 조화와 미래세대와의 공

	산물 상품개발과 유통구조 개선, 농촌관광 활성화 통해 주민소득 향상		존 지향
주체 협력 역할	• 마을 • 행정 • 각 주체들은 상호 존중하며 대등한 협력관계 유지	• 주민 책무 • 시의 책무	• 시장 - 마을만들기 및 CB 사업에 필요한 자문이나 조사 및 연구활동 지원
주민 참가	• 주민 마을만들기 관계 • 18세 미만 주민참가 권리 • 주민 책임과 의무 • 주민참가 확대 의무	–	–
추진 체계	• 마을추진위원회 • 마을만들기 행정 전담부서 • 행정협조회 • 마을만들기 지구협의회 • 마을만들기 정책협의회 　- 기본계획 승인 　- 사업지구 지정과 변경 및 취소 　- 사업내용 　- 사업지구 사이 조정과 협력관계 구축 　- 진안군 마을만들기 지원센터 지원	• 강릉시 마을만들기위원회	• 순천시 지속가능한 생활공동체 마을만들기 위원회
지원 체계	• 마을만들기 지원센터 　- 시책 개발 　- 조사 및 연구 　- 사업지구에 대한 주민교육, 연수, 컨설팅 　- 민간단체의 네트워크 　- 군 위탁사업 • 마을간사 채용 및 마을간사협의회 • 도농교류센터 • 도시민의 귀농·귀촌 지원	• 강릉시 마을만들기 지원센터 　- 계획 수립 및 지원 　- 활동가 양성 및 주민교육, 자료정리·홍보 　- 분석·평가·보고·연구 • 행정적 지원 　- 부서 간 기획·조정 역할 　- 주체 및 사업담당 부서 요청 시 지원센터와 관련 전문가 참여 가능	• 순천시 생활공동체 지원센터 　- 지원센터 운영·사업계획 수립·집행·평가·보고 　- 지역자원 발굴·조사·관리 및 사업화 　- 공모사업 추진 및 우수사례 홍보 　- 컨설팅 및 육성 지원 　- 마을만들기와 연계한 CB 육성 지원

			- 사업주체, 기업, 국내외 중간지원조직 등과 네트워크 사업 - 국내외 선진지역과 인적·물적·정보 교류 - 생활공동체 이익을 위한 공공형 사업 - CB 확산을 위한 범시민 운동
기본 계획	• 기본계획 수립 • 기본계획은 군 발전계획과 조화	–	–
사업 발굴 체계화	• 마을만들기 사업 발굴 • 그린빌리지 사업 • 으뜸마을가꾸기 사업 • 행정사업의 체계화와 단계 설정	–	–

추진
절차
	• 행정의 예산 반영 및 지원
	• 사업신청
	• 사업 검토 및 선정
	  - 마을만들기 사업단계별 절차 거친 마을
	  - 젊고 의욕적인 지도자 중심으로 단합이 잘된 마을
	  - 독자적인 유통망 확보한 마을
	  - 도시 소비자들과 교류가 잘 이루어지는 마을
	  - 작목반이 실질적으로 잘 운영되는 마을
	  - 마을 추진위원회가 잘 운영되는 마을
	  - 행정과 협력관계를 잘 유지하는 마을
	• 사업지구 관리
		–	–

	• 전문가 지원 • 분석 및 평가 • 포상		
마을 축제	• 마을축제 목적과 성격 • 마을축제 조직위원회 설치 • 마을축제 조직위원회에 대한 행정지원	–	–
센터 운영	• 센터 설치 또는 위탁	• 민간위탁 • 3년 위탁, 연장가능 • 지도감독	• 위탁운영 – 법인이나 비영리법인 • 2년 위탁, 연장가능
지원 취소	• 지원 취소 및 지원금 회수 – 사업비 지원 목적 이외의 용도 사용 – 정당한 사유 없이 3개월 이내 사업을 착수하지 아니한 때 – 허위 또는 부정한 방법으로 사업비를 지원받은 사실 발견 – 사업 일부 또는 전부를 포기하거나 축소한 때 – 군수가 지원사업의 목적달성이 어렵다고 인정할 때 • 준용	• 준용 – 보조금, 각종 위원회, 민간위탁 관리	• 준용 – 보조금, 각종 위원회, 민간위탁 관리

구분	전북 정읍시	전북 완주군
조례명	정읍시 지역공동체 육성 및 지원 등에 관한 조례	완주군 지역경제순환센터 관리·운영에 관한 조례
목적	• 주민자치 실현 • 민주주의 발전 기여 • 주민주도 지역공동체 만들기	• 농업·농촌의 지속가능한 발전 • 공익적 기능 증진 • 지역주민 소득안정 및 삶의 질 향상
정의	• 지역공동체 • 마을만들기 • 사업주체	–

	• 커뮤니티 비즈니스 • 마을기업	

기본
원칙
(이념)
	• 주민자치와 자발적 참여 전체
	• 주민 협의를 통해 사업 결정
	• 주민과 지역사회, 행정의 상호신뢰와
	  연대의식
	• 마을의 전통과 자연환경 살리고, 문화
	  다양성 존중
		-

주체 협력 역할	• 시장 책무 • 사업주체 책무	• 수탁자 의무
주민 참가	-	-

추진
체계
	• 정읍시 지역공동체 추진위원회
	• 지원센터
	  - 운영 · 사업계획 수립 · 집행 · 평가 ·
	    보고
	  - 활동가 발굴 · 육성을 위한 교육사업
	  - 지역자원 발굴 · 조사 · 관리 및 사업화
	  - 공모사업 선정 · 집행 · 분석 · 평가 및
	    우수사례 홍보
	  - 교육과 컨설팅 및 지속가능한 지역공
	    동체 육성
	  - 마을만들기와 CB 사업, 마을기업 육
	    성, 마을축제 추진
	  - 사업주체, 기업, 국내외 지원센터 등과
	    네트워크 사업
	  - 국내외 선진지역과 인적 · 물적 · 정보
	    교류 협력 및 학술대회 운영
	  - 지역공동체 이익을 위한 공익형 사업
	  - 마을만들기, CB 사업, 마을기업 확산
	    을 위한 범시민 운동 전개
	  - 지역사회 발전을 위한 지역 단위 정책
	    개발 지원
	  - 도농교류 및 귀농 · 귀촌 지원
	  - 시민창안대회
		• 로컬푸드지원센터
		• 커뮤니티비즈니스센터
		• 도농교류 · 도농순환 활성화 센터
		• 지역주민 문화 · 교육 지원시설
		• 마을회사 창업보육센터
		• 완주지역 농특산물 주재료로 사용하
		  는 식당 · 판매점 등의 편의시설
		• 지역경제와 공동체활성화를 위한 사
		  업으로 군수가 필요하다고 인정하는
		  시설

지원 체계	–	–
기본 계획	• 기본계획 및 연도별 시행계획 수립 • 기본계획 수립 시 주민 · 전문가 의견 　수렴	
사업 발굴 체계화	–	–
추진 절차	• 예산편성 및 지원 • 사업공모 　- 사업목적 부합 　- 사업비 산출기초 적정성 　- 지역공동체 조직 적정성 　- 지역공동체 활성화 사업과 연계성 • 사업신청 및 지원절차 • 전문가 등의 지원 • 보고 및 조사	–
마을 축제	• 마을축제 추진	–
센터 운영	• 위탁운영 　- 비영리법인 또는 단체 • 2년 위탁, 재위탁	• 위탁운영 　- 법인 • 3년 위탁, 3년 연장 • 위탁계약 해지 　- 법령 및 조례 위반 　- 위탁재산 관리 소홀 　- 시설 및 구조 무단 변경, 건물 또는 기 　　물 훼손 또는 멸실 　- 천재지변 등의 사유로 시설사용 불가 　　능할 때 　- 기타 군수가 공익상 필요하다고 인정 　　할 때
지원 취소	• 준용 　- 보조금, 민간위탁, 위원회 • 사업비 반환 　- 사업비 목적 외에 사용	–

- 법령 또는 조례지원 조건 위반 - 정당한 사유 없이 3개월 이상 사업 지연 - 거짓 또는 부당한 방법으로 사업비를 지원받을 때 - 조례를 위반하거나 거짓 보고	

· 제1회 마을만들기 전국대회 선언문

"마을이 살아야 지역이 산다"

21세기를 들어 한국사회는 건전하고 살기 좋은 마을공동체 만들기가 핵심과제로 부각되고 있다. 정부주도의 경제개발 정책은 급속한 도시화와 국토 불균형을 초래하고 도시와 농촌의 마을공동체를 해체하여 국민의 삶의 질을 저하시켜 왔다. 이에 시민단체와 주민리더들은 10여 년 전부터 읍·면·동, 마을 단위에서 다양한 마을만들기 활동을 진행해 왔다.

참여정부는 행정자치부, 건설교통부, 농림부 등 각 부처별로 살기 좋은 지역만들기 사업을 추진하기 시작하였다. 전국의 지자체들도 마을만들기 사업에 관심을 가지게 하였다. 그러나 정부정책은 마을만들기의 철학과 준비과정의 부족, 미성숙된 지역추진체계 등으로 시행착오가 거듭되고 부작용이 우려되고 있다.

이번 제1회 마을만들기 전국대회에 참가한 주민리더, 마을활동가, 시민단체, 공무원과 전문가들은 마을만들기의 전국적 상황을 점검하고 공동학습과 정보교류의 시간을 가졌다. 진안군의 으뜸마을가꾸기 사업과 마을간사 제도의 경험을 통해 행정의 역할과 주민참여의 과제를 진단하였다.

전국대회 참가자들은 '마을이 살아야 지역이 산다'는 대회 슬로건에 깊이 공감하며 이제는 마을이 공공정책과 사회운동의 중심이 되고, 새로운 활력과 비전을 제시하는 공간이 되도록 아래와 같이 노력할 것을 다짐한다.

1. 우리는 마을만들기를 할 때 주민자치와 민주주의를 기본원리로 삼

고, 지역 고유문화와 역사, 자연환경, 경제 활력 등을 통합적으로 고려한다.

1. 우리는 사람이 마을만들기의 핵심이자 당면과제임을 다시 확인하고, 마을주민의 내부역량 강화와 마을만들기 인재양성을 위해 노력한다.

1. 우리는 주민주도의 마을만들기를 위한 기술적 방법을 발전시키고, 마을만들기 활동을 지원하기 위한 공동의 협력체계를 만들기 위해 노력한다.

2007. 4. 14.

제1회 마을만들기 전국대회 참가자 일동

• 제5회 마을만들기 전국대회 선언문

"천 개의 마을 이야기, 세상을 바꾸다"

마을만들기 전국대회는 2007년 제1회 진안대회를 시작으로 제4회 대회까지 성장하면서 마을만들기 관련자들이 함께 모여 교류하고 학습하는 대표적인 축제로 자리 잡게 되었다.

제5회 창원대회는 "천 개의 마을 이야기, 세상을 바꾸다"라는 슬로건 하에 대한민국 마을만들기 10년의 흐름을 돌아보고 마을만들기 전국 네트워크 대화모임의 성과를 결집시키며, 진안에서 전국으로, 농촌에서 도시로 확대되는 전국대회의 체계를 마련하였다. 특히 이번 대회에서는 구도심재생지역인 마산 창동거리에서 마을만들기 현장과 직접 결합된 전시, 축제, 컨퍼런스, 학습교류모임 등이 진행되어 마을만들기 대회의 새로운 모델을 보여 주었다.

이번 대회의 모든 참가자들은 마을만들기의 가치를 재확인하고 대회의 성과를 더 발전시키기 위하여 다음과 같은 노력을 기울일 것을 다짐한다.

1. 시민들의 삶의 현장에서 이루어지는 다양한 변화의 노력들이 사회를 보다 인간답고 행복한 세상으로 바꾸어 간다는 마을만들기의 정신을 확산한다.
1. 인재를 키우고 성장시키는 것이 마을만들기의 기본원칙임을 확인하고 마을리더 육성 및 마을만들기 지역역량 강화를 위해 더욱 매진한다.
1. 정부와 지자체, 민간 차원에서 진행되고 있는 다원화된 마을만들기 추진정책들이 상호 보완되고 조화를 이룰 수 있도록 정책협력을 강화한다.
1. 이번 대회에서 각 지역의 마을만들기 지원센터 간 협의회에 관한 공감대가 형성된 것을 환영하고 빠른 시일 내에 구성키 위해 노력한다.
1. 마을만들기 추진 지방자치단체 간 네트워크 구축을 촉구하고, 이를 위한 지자체 마을만들기 담당자 간의 연락모임을 소집할 것을 요청한다.

2012. 6. 9.
제5회 마을만들기 전국대회 참가자 일동

함께 배우고, 성장하는 "공릉동 꿈마을 선언문"

우리는
이웃과 이웃이 반갑게 인사하고, 소통하며, 협동할 수 있는 마을
마을의 모든 아이들이 당당하고, 단단하게 성장할 수 있도록
아이들의 꿈을 응원하는 마을로 공릉동을 만들어가기 위해 모였다.

우리가 꿈꾸는 꿈마을은
1. 우리 아이들의 꿈을 함께 키워 가는 꿈 공동체 마을이다.
2. 배움과 가르침이 마을 곳곳에 넘쳐 나는 학습공동체 마을이다.

3. 마을 곳곳에 꿈꾸는 문화가 흐르는 문화공동체 마을이다.

4. 이웃을 돌보고, 사람과 사람이 더불어 사는 행복공동체 마을이다.

우리 마을을 아끼고, 우리 아이들의 건강한 성장과 꿈을 응원하는
모든 이들은 꿈마을 공동체의 일원이다.
꿈마을 공동체는 공릉동을 꿈마을로 만들어 가기 위한 일에
온 마을 사람들의 힘과 지혜를 모아 함께 노력해 나갈 것을 다짐한다.

2012. 9. 9.
공릉동 꿈마을 공동체

공릉동 꿈마을 공동체 가치와 약속 9

꿈마을에서는

▷ 가치

1. 마을의 주인은 주민입니다.

2. 모든 사람이 소중합니다.

3. 누구나 배우고, 성장하는 일을 멈추지 않습니다.

4. 하고 싶은 일을 하며 사는 것이 성공입니다.

5. 공동체 활동에 신나고, 재미있게 참여합니다.

6. 돈으로 교환되지 않는 것들에도 소중한 가치와 의미를 둡니다.

▷ 약속

7. 경쟁을 줄이고, 친구와 우정을 나누며, 평화롭게 살아갑니다.

8. 일주일에 하루는 컴퓨터, 휴대폰보다 책을 더 많이 읽습니다.

9. 소중한 사람들이 함께 모여 대화와 음식을 나누기 위해 일을 잠시 멈춥니다.

• 제6회 마을만들기 전국대회 선언문

2013년 9월 26일부터 28일까지 수원시에서 "사람이 사는 마을, 마을이 만든 사람"을 슬로건으로 제6회 마을만들기 전국대회를 개최하였다.

이번 대회에서 전국 각지의 마을만들기 리더와 활동가들은 서로의 다양한 경험을 교류하고 현재 상황과 향후 방향 등에 대하여 토론을 하였고, 수원 주민들과 뜻깊은 대화와 현장탐방도 하였다. 이틀째 오후에는 마을만들기의 주요 쟁점을 14개 주제로 나누어 개최한 컨퍼런스에서도 열띤 토론이 이루어졌다.

또 전국의 37개 자치단체장은 지금까지의 경험을 토대로 마을만들기 행정을 현장 중심, 과정 중심으로 더욱 열심히 하겠다는 다짐과 중앙정부에 대한 요청, 전국 자치단체장의 동참 요청 등을 담은 선언문을 발표하는 뜻깊은 자리를 가졌다.

그리고 전국의 14개 자치단체에 설치된 마을만들기 지원센터가 모여 지원센터 상호 간의 공동과제 해결과 중앙 및 지방정부와의 협력관계 모색, 민간 네트워크 강화 등을 목적으로 '한국 마을만들기 지원센터협의회'의 창립총회도 개최하였다.

우리들은 이번 대회에서 주민들의 마을만들기 활동이 전국적으로 급속하게 확산되고 있음을 확인하며 매우 희망을 가지게 되었다. 하지만 한편으로 행정주도로 다양한 사업이 도입되면서 현장마다 많은 시행착오를 겪고 있고 여전히 어려움을 느끼고 있음도 확인하게 되었다.

이에 우리는 이번 대회를 통해 행정 및 지역사회와 협력을 통해 해결해야 할 공동의 숙제를 다음과 같이 제안하며 이를 실천하기 위해 열심히 노력할 것을 다짐한다.

1. 행정은 주민들의 자발적인 활동을 열심히 촉진하되 공무원이 마을만들기의 철학과 방법론을 더욱 학습할 수 있도록 체계적으로 지원해야 하고 사업추진 및 예산집행시스템이 현장 실정에 맞도록 효율

적으로 정비하며 민관협력의 시스템을 갖출 수 있도록 지역인재 육성과 내부 역량강화에 더욱 집중할 것을 요청한다.

1. 중앙정부는 각 부처별로 검토 혹은 추진하고 있는 다양한 법률안과 사업들이 지역과 현장 주민들의 상황을 충분히 이해한 위에 도입해야 하고 마을만들기의 철학과 방법론을 담은 기본법 제정과 국무총리실 산하 독립적인 위원회 설치 등 중앙정부 차원의 통합조정 기능을 강화하고 마을주민들의 자발적 활동이 활성화될 수 있도록 많은 권한과 예산을 지방과 민간으로 이양하기를 요청한다.

1. 모든 지역사회는 마을만들기가 사회적기업과 협동조합, 마을기업, 주민자치, 평생학습, 자원봉사, 지역복지, 자활 등의 영역과 강하게 결합할 때 성과를 높일 수 있다는 것을 인식하고 지역 단위로 다양한 민간 그룹 사이의 횡적 연대망을 갖추고 상호 협력할 수 있는 협의기구 설립, 공동사업 발굴 및 추진 등을 위해 소통의 자리를 빨리 가질 것을 요청한다.

2013. 9. 28.
제6회 마을만들기 전국대회 참가자 일동

마을만들기 활성화를 위한 지방자치단체장 공동선언문

우리 사회는 21세기로 넘어오면서 국가운영 방식이 관리에서 협치로 바뀌고 소통과 참여의 시대가 되었다. 이제는 지역개발도 행정과 전문가 주도에서 주민이 직접 참여하고 디자인하는 지역계획 수립방식으로 변화하고 있다.

우리는 민선 4기와 5기의 지방자치를 실현하면서 마을만들기가 지역사회 혁신과 주민의 삶의 질 향상을 위한 가장 효과적이고 기본적인 정책임을 확인하였고 물량 중심의 지역개발행정을 사람에게 투자하는 소

함께 만드는 마을, 함께 누리는 삶

통행정으로 전환시켜 왔다.

우리는 중앙정부의 마을만들기 관련 법률제정, 정책추진에 적극적으로 부응해 나가고 중앙정부에 마을만들기의 독창성과 자율성, 주민 중심의 기본이념에 이반되는 획일적인 평가와 물량 위주의 지원방식은 지양할 것을 요구하며 분권과 자치의 큰 틀에서 마을만들기 운동이 전국적으로 확산될 수 있도록 지원해 줄 것을 요청한다.

우리는 지방자치단체의 장으로서 제6회 마을만들기 전국대회를 맞아 각 지자체에게 마을만들기를 핵심 전략사업으로 채택할 것을 권고하고 지속가능한 마을만들기를 위해 다음과 같이 실천할 것을 선언한다.

1. 마을만들기는 주민 중심, 과정 중심, 현장 중심으로 추진되어야 함을 다시 한 번 확인하고 이러한 기조에서 우리 지자체는 마을만들기를 추진하기 위한 민·관 거버넌스 체계를 운영한다.

1. 우리 지자체는 주민 리더십 강화, 현장 활동가 양성 등 지역주민의 역량강화와 인재육성을 위한 투자를 늘려 나가고 마을만들기 지원센터 등 민간전문가가 참여하는 중간지원조직을 운영·지원한다.

1. 우리 지자체는 획일적인 지역개발에서 벗어나 지역의 자원과 개성을 활용한 마을만들기를 위해 노력하고 마을만들기 담당공무원 및 현장 활동가 간의 교류와 학습을 위한 네트워크를 구성하여 운영한다.

1. 우리 지자체는 마을만들기를 새롭게 시작하는 지자체에게 올바른 방향과 방법을 제안하고 역량을 강화할 수 있도록 적극 지원해 나간다.

1. 우리 지자체는 마을만들기를 통해 도시와 농촌의 상호 교류에 힘써 도시와 농촌의 상생을 통한 지속가능한 국가발전에 기여한다.

2013. 9. 26.
제6회 마을만들기 전국대회
마을만들기 활성화를 위한 지방자치단체장 공동선언 참가자 일동

제7회 마을만들기 전국대회 선언문

"지속가능한 거버넌스를 꿈꾸며, 마을의 미래를 상상하다"

제7회 완주대회는 지금까지 마을만들기 전국 네트워크가 추진해 온 대화마당의 성과와 작년에 창립한 마을만들기 지원센터협의회의 논의 결과를 나누는 장이었다. 또 완주군의 "와일드푸드 축제"와 함께 진행하면서 흥겨운 분위기 속에서 전국의 마을만들기 일꾼들과 교류할 수 있었다.

특히 일본의 경험을 통해 생활정치의 현장인 지역사회를 되돌아보고 풀뿌리 주민자치 운동으로서의 마을만들기 본래의 의미를 재점검하였다. 또 마을만들기의 주체인 주민, 행정, 그리고 매개자인 중간지원조직 활동가들이 서로 협력하여 지속가능한 거버넌스를 구축하고 마을의 풍요로운 미래를 상상하기 위해 심도 깊게 토론하였다.

이번 대회 모든 참가자들은 마을주민들의 자치와 민주주의 실현이 삶의 질 개선을 위한 전제조건임을 확인하고, 마을만들기는 풀뿌리 주민자치 운동이라는 점을 재확인하였다. 행정공무원과 활동가들은 마을에 밀착하여 주민들의 자치활동을 지원하기 위해 노력할 것을 다짐하였다. 대회 참가자 모두는 의견을 모아 다음과 같이 우리의 결의를 밝힌다.

1. 한국 마을만들기 운동의 역사와 전통을 소중히 여기고 풀뿌리 주민자치에 기반한 마을만들기 실천을 통해 우리 사회의 미래 비전을 창조하기 위해 노력한다.
1. 주민은 사회변화의 주도자이고 창의적 힘의 원천이다. 삶의 주인으로서 스스로 개척할 수 있는 역량을 키우고 지역 현장에서의 민주주의를 강화한다.
1. 공무원도 마을의 구성원이자 마을만들기의 중요한 주체이다. 지역 주민의 목소리에 귀 기울이고 자주적 학습운동을 전개하며 거버넌스 실현을 위해 노력한다.

함께 만드는 마을, 함께 누리는 삶

1. 중간지원조직은 주민자치 실현을 위한 마을만들기의 다양한 영역을 상상하고 행정과 주민 사이의 거버넌스를 통해 주민이 주인공이 되는 지역사회를 만들기 위해 노력한다.

2014. 9. 27.
제7회 마을만들기 전국대회 참가자 일동

가토 토시하루, 윤전우. 제진수 역(2006). 『에코머니』, 이매진.

고철기(1997). 『자본주의의 종말』, 물병자리.

구자인(1997). "마을만들기의 발상1", 「도시와 빈곤」, 통권 제26호.

권순명 · 이승휘(2009). "지역 아카이빙을 위한 기록화 방안 연구", 「기록학연구」, 21.

김기섭(2012). 『협동조합으로 기업하라』, 들녘.

김병국(2013). "주민자치회 전환과 과제", 주민자치회 이슈점검 토론회 "주민대세", 강남대학교 사회과학연구소.

김성균(2009). 『에코뮤니티』, 이매진.

_____(2011). 『녹색커뮤니티 만들기: 녹색 커뮤니티, 커뮤니티 그 이상의 상상』, 국토연구원.

_____(2012). "마을만들기 중간지원조직을 중심으로 한 거버넌스 구축방안", 「한국미래행정학회보」, 제1권 제2호, 한국미래행정학회.

_____(2014a). "풀뿌리 지역사회 권력과 지역자치", 「아나키즘 자치를 말하다」, 한국아나키즘학회 2014년 정기학술대회.

_____(2014b). "5 · 18정신과 마을자치공동체", 「시민참여 행정과 시민자치공동체」, 세계행정학술회의 자료집, 한국행정학회.

_____(2014c). "마을공동체와 시민참여행정", 「서울시 시민참여행정의 성과와 과제」, 서울시.

_____(2014d). "마을공동체와 학습교과과정", 「공공인재 육성을 위한 NGO 교육」, 한국NGO학회 춘계학술대회 자료집.

_____(2014e). "마을만들기 네트워크 전개과정과 그 의미: 서울시를 중심으로", 『마을만들기 네트워크: 사이넘어 결핍은 네트워크로 메운다』, 국토연구원.

_____(2015). 『분명한 전환: 생태적 재지역화의 개념, 이론 그리고 모색』, 이

담북스.

김영 · 정규식 · 천성봉(2013). "도심재생사업을 위한 로컬 거버넌스가 사회적
　자본에 미치는 영향", 「한국지역개발학회지」, 제25권 제2호.

김왕배(1995). "일상생활의 철학적 의미와 생활정치", 한국공간환경연구회 엮
　음, 『세계화 시대 일생공간과 생활정치』, 대윤.

김용웅(2003). 『지역발전론』, 한울아카데미.

김익한(2010). "마을 아카이빙 시론", 「기록학연구」, 26.

다무라 아키라, 강혜정 역(2005). 『마을만들기의 발상』, 소화.

대화문화아카데미(2004). 『마을만들기와 지역공동체의 대안적 발전전략』, 마
　을만들기 2번째 대화모임 대화록, 대화출판사.

로자벳 켄터(1983). 『공동체란 무엇인가』, 심설당.

루이스 멈포드, 김영기 역(1990). 『역사 속의 도시』, 명보문화사.

류태희 · 김성균(2015). "마을중간지원조직의 마을공동체 교육프로그램의 현
　황분석 및 향후과제", 「작은살이 작은연구」, 서울시 마을공동체종합지원
　센터.

마을공동체 풀뿌리TFT(2011). 『반가운 이웃, 함께 사는 마을, 살고 싶은 서
　울』, 서울시 마을공동체 1차 시장보고 자료집.

_____(2011). 『반가운 이웃, 함께 사는 마을, 살고 싶은 서울』, 서울시 마을
　공동체 2차 시장보고 자료집.

_____(2011). 『반가운 이웃, 함께 사는 마을, 살고 싶은 서울: 서울에 핀 마을
　이라는 꽃』, 서울시 마을공동체 3차 시장보고 자료집.

마을만들기 전국네트워크 편(2013). 『마을만들기지원센터의 전국적 현황과 전
　망』, 국토연구원 도시재생지원센터.

민경희 · 강희경 · 배영목 · 최영출(1996). "청주 지역사회의 권력구조에 관한
　연구", 「한국사회학」, 제30권 제1호.

박영실(2014). "다양한 평가방법을 적용한 조사표 설계 사례연구", 「조사연
　구」, 제15권 제1호.

방영준(1996). "아나키즘의 이데올로기적 특징", 『아나키 · 환경 · 공동체』, 모색.

브라이언 핼웨일, 김종덕 · 허남혁 · 구준모 역(2006). 『로컬푸드』, 이후.

서울시정발전연구원(2012). 『서울시 마을공동체 계획』.

서울연구원(2012). 박현찬 박사, "서울시 마을공동체 기본계획(안): 기본방향 및 주요내용."

서울특별시 마을공동체 종합지원센터(2013). 『마을아카이브 교재』.

_____(2013). 『마을공동체 기록관리 매뉴얼』.

손동유(2013). "마을공동체 아카이브 활성화 방안", 「기록학연구」, 35.

손혁재(2006). "한국 지방선거와 시민단체의 정치참여", 「지방선거의 정치발전에 관한 한 · 일 비교 국제학술회의 자료집」, 내나라연구소.

숲길(2007). 『지리산길 거점 · 부거점 마을 청문조사 및 구간별 테마수립 연구』.

스테파노 자마니, 송성호 역(2012). 『협동조합으로 기업하라』, 북돋움.

안양시(2011, 2012). 결산검사의견서.

양세진(2014). 『온전한 시민성의 본질에 대한 철학세미나 자료집』, 소셜이노베이션그룹.

양준호(2011). 『지역과 세상을 바꾸는 사회적 기업』, 두남.

엄수진 · 박소현(2010). "마을 아카이브를 통해서 본 마을 단위 문화유산 기록화 연구", 한국도시설계학회 2010년 춘계 학술대회 발표논문.

에벤에제 하워드, 조재성 · 권원용 역(2006). 『내일의 전원도시』, 한울아카데미.

오수길 · 이창언(2013). "한국 지방의제21의 새로운 추진 전략에 관한 연구", 「지방정부연구」, 17(2).

유문종 · 이창언 · 김성균(2011). 『시민과의 약속, 매니페스토』, 이학사.

유창복(2010). 『우린 마을에서 논다』, 또하나의문화.

_____(2014a). "마을이 혁신이다-협력적 거버넌스를 위하여", 한국NGO학회 발표집.

_____(2014b). 『도시에서 행복한 마을은 가능한가』, 휴머니스트.

윤은하(2012). "공동체와 공동체 아카이브에 대한 고찰", 「기록학연구」, 33.

이기옥 · 고철기(2001). 『공동체경제를 위하여』, 녹색평론사.

이윤재(2010). 『사회적기업 경제』, 탑북스.

이정옥(2015). "미완의 근대-탈근대의 공존과 민주시민교육의 복합적 과제", 세종특별자치시 · 세종특별자치시 교육청 · 세종시민연대회의 · 한국NGO학회, 『지역공동체와 세종시민교육의 과제』, 2015 세종특별자치시 민주시민교육포럼 자료집.

이창언(2009). "한국 사회 거버넌스의 제약 요인과 민주적 구축 방안", 한국NGO학회 · 한국비영리학회 공동추계학술대회 발표집.

_____(2013). "먹을거리 위기의 대안, 로컬푸드", 『사회문제를 보는 새로운 눈(한국 사회의 33가지 쟁점)』, 선인.

_____(2013). "정치사회와 신뢰: 시민과의 약속, 매니페스토", 『사회문제를 보는 새로운 눈』, 선인.

_____(2013). "한국 로컬거버넌스(지방의제21)의 현황과 민주적 재구축", 「진보평론」, 55.

_____(2013). "한국의 급진주의적 사회운동과 아나키즘", 『지금, 여기의 아나키스트』, 이학사.

_____(2014). "서울시의원 매니페스토 실천을 위한 조례와 제도 정비 방안", 「기억과 전망」, 제30호.

_____(2015a). "지속가능한 농업의 새로운 추진력, 홍동을 가다", 『역사의 현장을 찾아서』, 한국방송통신대학교출판문화원.

_____(2015b). "장일순-모심, 섬김, 살림의 삶과 사상", 이혜령 외, 『인물로 본 문화』, 한국방송통신대학교출판문화원.

이창언 · 김광남(2015). 『열린사회와 21세기: 마을에서 희망을 찾다』, 한국방송통신대학교출판문화원.

이창언 · 오수길 · 유문종 · 신윤관(2014). 『갈등을 넘어 협력 사회로: 로컬 거버넌스 시대의 지방의제21과 지속 가능한 지역공동체』, 살림터.

ICLEI, 한국지속가능발전센터 역(2013). 『세계 지방의제21 20년사』, 리북.

일본건축학회 편, 김선직 · 김광남 · 이창언 외 역(2015). 『마을만들기 디자인 프로세스』, 살림터.

임희섭(2009). 『집합행동과 사회운동의 이론』, 고려대학교 출판부.

장세훈(2010). "지방자치 이후 지역엘리트 재생산 과정: 철강도시 포항사례를 중심으로", 비판사회학회, 「경제와 사회」, 통권 제86호, 여름호.

정지웅 · 임상봉(1997). 『지역사회개발론』, 서울대학교 출판부.

조용덕(2013). "지역사회정치권력에 대한 이론적 논의", 「한국미래행정학회보」, 제2권 제1호, 한국미래행정학회.

존스턴 베챌, 장종익 역(2003). 『21세기의 대안. 협동조합 운동』, 들녘.

최상호(1996). 『지역사회개발론』, 박영사.

퇴니스, 오영환 역(1984). 『공동사회와 이익사회 이데올로기의 유토피아』, 삼성출판사.

피에르 조제프 푸루동, 이용재 역(2003). 『소유란 무엇인가』, 아카넷.

한국도시연구소(1996). 『도시서민의 삶과 주민운동』, 발언.

_____(2001). "마을만들기의 현황과 전망", 「도시와 빈곤」, 통권 제52호.

한정은(2007). "대중적 이용을 위한 구술기록의 수집과 활용 방안", 한국외국어대학교 석사학위 논문.

헬레나 노르베리 호지, 이민아 역(2001). 『허울뿐인 세계화』, 따님.

황유근 · 김영수(2010). 『커뮤니티 비즈니스』, 삼성경제연구소.

Arnstein, S. R. (1969). "A Ladder of Citzen Participation", *JAIP*, Vol. 35, No. 4.

Canada, Health (2000). *Health Canada Policy Toolkit for Public Involvement in Decision-Making.* Ministry of Public Works and Government Services, Ottawa.

Clark, Terry N. (1971). "Community Structure, Decision-Making, and Public Policy in Fifty-One American Communities", in Brian T. Downs (ed.), *Cities and Suburbs. Belmont*, CA: Wadsworth Publishing Company Inc.

Dowding, Keith, Patrick Dunleavy, Desmond King, and Helen Margetts (1995). "Rational Choice and Community Power Structures", *Political Studies.*

Lyon, Larry (1987). *The community in Urban Society*, The Dorsey press.

OECD (2001). *Citizens as Partners: Information, Consultation and Public Participation Policy-Making*, Paris: OECD.

Park, Robert E. (1915). "Suggestions for Investigation of Human Behavior in the City Environment", *The American Journal of Sociology*, Vol. 20, No. 5.

Wirth, Louis (1938). "Urbanism as a Way of Life", *The American Journal of Sociology*, Vol. 44, No. 4.

日本建築學會(2004). 『まちづくり デザイン プロセス』.

함께 만드는 마을, 함께 누리는 삶

찾아보기